nuevo PRISMA

Curso de español para extranjeros

LIBRO DEL ALUMNO

NIVEL

B2

Equipo nuevo Prisma

Edi
numen

nuevo Prisma

© **Editorial Edinumen**, 2015
© **Autores y adaptadores de nuevo Prisma, nivel B2:** David Isa y Susana Molina
© **Autores de los contenidos de fonética y ortografía:** Manuel Rosales y María Sabas
© **Autores de Prisma Avanza:** Gloria María Caballero, Esther Fernández, Raquel Gómez, Ainhoa Larrañaga, Adelaida Martín,
Silvia Nicolás, Carlos Oliva, Isabel Pardo, Marisa Reig, Marisol Rollán, María Ruiz de Gauna y Ruth Vázquez

Coordinadoras del nivel B2: María José Gelabert y Mar Menéndez

ISBN Libro del alumno: 978-84-9848-640-7
Depósito Legal: M-5631-2017
Impreso en España
Printed in Spain

1.ª edición: 2015
1.ª reimpresión: 2016
2.ª reimpresión: 2017
3.ª reimpresión: 2017
4.ª reimpresión: 2018
5.ª reimpresión: 2019

Editorial Edinumen
José Celestino Mutis, 4. 28028 - Madrid
Teléfono: 91 308 51 42
Fax: 91 319 93 09
e-mail: edinumen@edinumen.es
www.edinumen.es

Coordinación pedagógica:
María José Gelabert

Coordinación editorial:
Mar Menéndez y Amelia Guerrero

Diseño de cubierta:
Juanjo López

Diseño y maquetación:
Juanjo López, Sara Serrano y Ana Gil

Fotografías:
Ver créditos en página 191

Impresión:
Gráficas Glodami. Madrid

Agradecimientos:
Nuestro más sincero agradecimiento a Alberto Cubas y Rita Retala por su mirada crítica y sus magníficas fotos. Gracias a David Generoso
por sus imágenes y sus préstamos literarios, que se pueden seguir en www.davidgeneroso.com. Muchas gracias a José Manuel Anguiano
por cedernos los textos e imágenes de su cortometraje: *¿Bailamos?*, de www.jafproducciones.com, y a M.ª José e Inmaculada Isa por las
imágenes de la pág. 71.

nuevo PRISMA es un curso de español estructurado en seis niveles: A1, A2, B1, B2, C1 y C2, tal y como se propone en el *Marco común europeo de referencia para las lenguas* (MCER) y acorde a los contenidos propuestos por el *Plan Curricular del Instituto Cervantes. Niveles de referencia para el español* (PCIC).

Con **nuevo PRISMA** · Nivel B2, el alumno podrá:

- Hablar con fluidez, precisión y eficacia sobre una amplia serie de temas generales, académicos, profesionales o de ocio, marcando con claridad la relación entre las ideas.
- Comunicarse espontáneamente adoptando un nivel de formalidad adecuado a las circunstancias.
- Comprender las ideas principales de conferencias, charlas e informes, y otras formas de presentación académica y profesional lingüísticamente complejas.
- Escribir descripciones claras y detalladas de hechos y experiencias reales o imaginarias en textos claros y estructurados, marcando la relación entre las ideas y siguiendo las normas establecidas del género literario elegido.
- Escribir una reseña de una película, de un libro o de una obra de teatro.
- Comprender cualquier tipo de habla, tanto conversaciones cara a cara como discursos retransmitidos, sobre temas habituales o no, de la vida personal, social, académica o profesional.
- Tener capacidad lingüística para negociar la solución de conflictos, como pueden ser reclamar, pedir responsabilidad económica por daños y perjuicios, etc., utilizando un lenguaje persuasivo.
- Desenvolverse bien en la mayoría de las transacciones que pueden surgir mientras viaja, organiza el viaje o el alojamiento, o trata con las autoridades competentes durante un viaje al extranjero.
- Tomar la iniciativa en una entrevista y desarrollar sus ideas, obteniendo ayuda del entrevistador si la necesita.

Información para el profesor

El curso **nuevo PRISMA** está elaborado siguiendo el **enfoque comunicativo, orientado a la acción** y **centrado en el alumno**, tal y como recomienda el MCER, con el fin de fomentar el aprendizaje de la lengua para la comunicación en español dentro y fuera del aula. Este enfoque considera al estudiante como un **agente social** que deberá realizar tareas o acciones en diversos contextos socioculturales movilizando sus recursos cognitivos y afectivos.

En **nuevo PRISMA** se presta especial atención al desarrollo de una serie de técnicas y de **estrategias de aprendizaje y de comunicación** que contribuyen a que el alumno reflexione sobre su proceso de aprendizaje.

A lo largo de las unidades didácticas se podrán encontrar actividades especiales para el desarrollo específico del **trabajo cooperativo**, de modo que los alumnos trabajen juntos en la consecución de las tareas, optimizando su propio aprendizaje y el de los otros miembros del grupo, la **reflexión intercultural** y el conocimiento de diversos aspectos de la cultura del mundo hispano, con el fin de proporcionar a los estudiantes las herramientas necesarias para desenvolverse en un ambiente hispano en el que convergen diferentes culturas y diversas variantes del español. También se tiene en cuenta el **componente emocional** a través de propuestas que ayudan a crear un entorno de aprendizaje positivo y ayudan a aumentar la motivación.

Estas actividades vienen indicadas mediante las siguientes etiquetas:

| Grupo cooperativo | Intercultura | Cultura | Sensaciones |

nuevo PRISMA · Nivel B2 consta de doce unidades didácticas y un examen final que reproduce la dinámica del **examen DELE B2** (Diploma de Español como Lengua Extranjera, del Instituto Cervantes) y que sirve tanto para evaluar los conocimientos adquiridos por los alumnos al término del libro, como para el entrenamiento en la dinámica y particularidades de este examen oficial.

Cada actividad viene precedida de dos iconos que indican, por un lado, la dinámica de la actividad, y por otro, la destreza que predomina en ella. Estos símbolos gráficos son los siguientes:

- Actividad para realizar individualmente.
- Actividad para realizar en parejas.
- Actividad para realizar en grupos pequeños.
- Actividad para realizar con toda la clase.
- Actividad de expresión e interacción orales.
- Actividad de comprensión oral.

- Actividad de expresión escrita.
- Actividad de comprensión lectora.
- Actividad de reflexión lingüística.
- Actividad de léxico.
- Actividad para el desarrollo de estrategias de aprendizaje y comunicación.

Audios descargables en la ELEteca: http://eleteca.edinumen.es

ÍNDICE

1. VIDAS ANÓNIMAS 8

Contenidos funcionales
- Expresar deseos.
- Hablar sobre hipótesis y probabilidad.
- Expresar gustos, sentimientos, aversiones y emociones.
- Dar una opinión y hacer valoraciones.
- Hablar de la vida de algunas personas refiriéndose a sus expectativas, sentimientos, proyectos...

Contenidos gramaticales
- Presente de subjuntivo.
- Pretérito perfecto de subjuntivo.
- Repaso de algunos usos del subjuntivo: verbo + que + subjuntivo; quizá(s) + subjuntivo; ojalá + subjuntivo; que + subjuntivo; es/me parece + adjetivo/nombre + que + subjuntivo.

Tipos de texto y léxico
- Documental, reportaje.
- Entrevista.
- Guion con acotaciones.
- Relato corto.
- Léxico relacionado con las experiencias.
- Léxico relacionado con la expresión de gustos y aversiones.
- Expresiones de probabilidad o hipótesis.

El componente estratégico
- Estrategias de comprensión lectora: comprender palabras nuevas por el contexto o por los campos semánticos.
- Estrategias orales: leer un guion siguiendo las acotaciones.
- Entonación y lectura en voz alta.

Contenidos culturales
- Voluntariado: las ONG.
- Cofrentes (Valencia).
- José Manuel Anguiano: cortometrajes.
- El escritor David Generoso.

Fonética/Ortografía
- Las interrogativas disyuntivas y la entonación de mandato.

2. VIAJAR PARA APRENDER 22

Contenidos funcionales
- Conocerse: presentaciones formales e informales.
- Pedir y dar información sobre si se sabe o conoce algo o a alguien.
- Preguntar y negar la existencia de algo o de alguien.
- Hacer objeciones.
- Hablar de algo resaltándolo.

Contenidos gramaticales
- Oraciones de relativo: explicativas + indicativo, especificativas + indicativo/subjuntivo.
- Pronombres y los adverbios relativos.

Tipos de texto y léxico
- Decálogo.
- Foro.
- Textos publicitarios.
- Léxico de carácter y personalidad.
- Léxico relacionado con el aprendizaje del español u otro idioma.

El componente estratégico
- Interaccionar con profesores y compañeros en relación con el desarrollo de procedimientos propios de aprendizaje a través de discursos orales.
- Reflexionar sobre el aprendizaje: estilos, técnicas, conductas, preferencias...
- La motivación en la clase de idiomas.

Contenidos culturales
- Programas para estudiar español o un idioma extranjero.
- Emigrantes españoles en los años 60, contraste entre España y Suiza.
- La película Un franco, 14 pesetas, de Carlos Iglesias.

Fonética/Ortografía
- Pronunciación de estructuras vocálicas: diptongo, triptongo, hiato, sinéresis y sinalefa.

3. CON RITMO 36

Contenidos funcionales
- Dar una opinión argumentando a favor o en contra por escrito y oralmente.
- Expresar acuerdo, acuerdo parcial y desacuerdo.
- Escribir una biografía.
- Hablar de trayectorias vitales.

Contenidos gramaticales
- Conectores de la argumentación.
- Usos de los tiempos del pasado de indicativo (revisión): pretéritos perfecto, indefinido, imperfecto y pluscuamperfecto.
- Expresiones para dar una opinión y para mostrar acuerdo y desacuerdo.

Tipos de texto y léxico
- Test.
- Entrevista.
- Biografía.
- Textos de opinión.
- Texto argumentativo.
- Texto expositivo.
- Léxico relacionado con la música y la danza.
- Léxico para hablar del carácter.
- Expresiones coloquiales.
- Expresiones frecuentes para organizar un texto argumentativo.

El componente estratégico
- Ordenar las ideas para poder argumentar sobre un tema de cierta complejidad.
- Recabar información para ser capaz de hacer una exposición de forma clara y bien argumentada.
- Reflexionar sobre la música como recurso para la motivación y el aprendizaje de una lengua extranjera en su dimensión lingüística y cultural.

Contenidos culturales
- Música en español: Pablo Alborán, David Bisbal y Macaco.
- El Ballet Nacional de Cuba: Viengsay Valdés.
- La canción Hijos de un mismo dios, de Macaco.

Fonética/Ortografía
- Entonación: agrupaciones que normalmente no admiten pausa.

4. CUÍDATE 50	**5. TODO CAMBIA** 64	**6. IMAGINARTE** 78
Contenidos funcionales - Expresar deseos y preferencias. - Pedir y dar consejos. - Pedir o exigir formalmente. - Emitir juicios de valor y constatar una realidad. - Hablar de las actividades físicas que pueden mejorar nuestra salud.	**Contenidos funcionales** - Hablar de recuerdos del pasado. - Hablar sobre los cambios de la vida. - Debatir sobre cómo las redes sociales nos han cambiado la vida. - Expresar que se recuerda algo o no. - Reflexionar sobre cómo la experiencia de viajar influye en una persona.	**Contenidos funcionales** - Definir y describir. - Valorar positiva o negativamente personas, acciones, estados y cosas. - Juzgar situaciones. - Hablar sobre diferentes expresiones artísticas. - Hacer una crítica de arte.
Contenidos gramaticales - Pretérito imperfecto de subjuntivo: morfología. - Contraste presente/imperfecto de subjuntivo. - Correlación de los tiempos verbales en las oraciones subordinadas con subjuntivo. - Valor de las oraciones impersonales con ser/estar.	**Contenidos gramaticales** - Perífrasis modales y aspectuales. - Verbos de cambio: *ponerse, hacerse, volverse, quedarse, llegar a ser* y *convertirse en*. - Expresiones de tiempo para hablar de una experiencia.	**Contenidos gramaticales** - Usos de *ser* y *estar* (repaso). - Oraciones pasivas de proceso y de resultado. - Pasiva refleja y pasiva con objeto directo + pronombre. - Oraciones reflexivas impersonales.
Tipos de texto y léxico - Texto divulgativo. - Texto conversacional, formal e informal. - Texto digital: página web. - Texto radiofónico, consulta de un oyente. - Testimonio. - Texto publicitario. - Léxico sobre vida y actividades deportivas saludables. - Léxico para opinar y valorar. - Léxico sobre avances médicos.	**Tipos de texto y léxico** - Artículo divulgativo. - Texto informativo: reportaje. - Titular de prensa. - Testimonio. - Programa de radio. - Reseña de un libro. - Entrevista. - Léxico específico de Internet. - Léxico relacionado con las etapas de la vida y los cambios físicos. - Expresiones con *ponerse* + colores. - Léxico relacionado con las personas que viajan.	**Tipos de texto y léxico** - Citas. - Foro. - Entrevista. - Artículo divulgativo. - Léxico relacionado con el arte. - Adjetivos que cambian de significado con *ser* y *estar*.
El componente estratégico - Uso del diccionario monolingüe: comprender y saber elaborar una definición. - Pautas para redactar un texto argumentativo. - Pautas para redactar una petición formal. - Conocer la relación de tiempos verbales para construir frases.	**El componente estratégico** - Comprender los elementos de cohesión de un texto complejo y ser capaz de ordenarlo. - Extraer la información relevante de un texto oral para hacer un resumen. - Deducir las funciones que corresponden a las perífrasis y a los verbos de cambio.	**El componente estratégico** - Hacer resúmenes extrayendo la información esencial de un texto. - Desarrollar una actitud de curiosidad y apertura hacia el arte de la lengua que se estudia. - Activar habilidades que permitan entender los productos culturales a través de la observación, la comparación, la asociación y la inferencia.
Contenidos culturales - Estilos de vida: gente saludable y activa. - Deportes que están de moda. - El Sistema Nacional de Salud. - Sanidad pública frente a sanidad privada. - Fragmentos de: *Rima XXXIV*, de Gustavo Adolfo Becquer; *Novia del campo, amapola* de Juan Ramón Jiménez; *Mariposa del aire*, de Federico García Lorca.	**Contenidos culturales** - Cambios en la sociedad actual: Internet, redes sociales, Instagram. - Cambios en los modelos de familia y la educación. - El programa *Españoles por el mundo*. - La inmigración en España.	**Contenidos culturales** - Expresiones artísticas: la pintura (Frida Kahlo, Pablo Picasso) y la fotografía (Isabel Muñoz, Chema Madoz, Alberto Cubas y Rita Retala). - Cómic, grafiti, arte reciclado, tatuaje, *body painting* y *Trash-Art*. - La Casa Azul (Coyoacán) y el museo Picasso (Málaga).
Fonética/Ortografía - Lectura y entonación de poemas sencillos.	**Fonética/Ortografía** - Manual de estilo (1): escritura de fechas y horas.	**Fonética/Ortografía** - Manual de estilo (2): escritura de citas.

7. ¡NI PUNTO DE COMPARACIÓN! 92

Contenidos funcionales
- Hablar de apariencias y parecidos.
- Valorar una información y dar opiniones.
- Hacer comparaciones o establecer diferencias.
- Describir a través de comparaciones imaginarias.

Contenidos gramaticales
- Verbos *parecer* y *parecerse*.
- Grados de comparación: comparativo de superioridad, inferioridad e igualdad; superlativo relativo y absoluto.
- Usos de *como si/ni que* + imperfecto/ pluscuamperfecto de subjuntivo.
- Verbos con preposición.

Tipos de texto y léxico
- Reportaje radiofónico.
- Descripciones de personas.
- Conversaciones coloquiales.
- Texto expositivo.
- Léxico para descripción física.
- Léxico para hablar de un lugar.
- Tipos de viviendas.
- Léxico relacionado con la compra o el alquiler de una vivienda.

El componente estratégico
- Describir a través de comparaciones.
- Trabajar la pronunciación siendo conscientes de una correcta articulación.
- Prescindir del vocabulario que no pertenece al léxico que se presenta.

Contenidos culturales
- Barrios con personalidad propia: Malasaña y Palermo.
- Alquilar o comprar una vivienda en España.
- Fiestas populares en el mundo hispano: el descenso del Sella, Inti Raymi, el carnaval de Cádiz.

Fonética/Ortografía
- Acento enfático, expresivo u oratorio.

8. DE PELÍCULA 106

Contenidos funcionales
- Reproducir una conversación.
- Transmitir y resumir una información o una conversación.
- Expresar sorpresa, indiferencia o incredulidad.
- Escribir una crítica de cine.

Contenidos gramaticales
- Discurso referido o estilo indirecto.
- Correlación de tiempos en el discurso referido o estilo indirecto.
- Otras transformaciones en el discurso referido: pronombres, determinantes, marcadores temporales…

Tipos de texto y léxico
- Guion de cine.
- Crítica de cine.
- Ficha técnica y sinopsis de una película.
- Léxico relacionado con el cine.
- Expresiones para mostrar sorpresa, indiferencia e incredulidad.
- Léxico relacionado con las mentiras.

El componente estratégico
- Reflexionar y valorar los recursos que el cine puede aportar al aprendizaje de una lengua extranjera.
- Adquisición de léxico a través del cine en versión original.
- Aprender vocabulario y extraer información a partir de la lectura de revistas de cine.

Contenidos culturales
- Cine actual español e hispanoamericano: actores y directores.
- Festivales y premios de cine.
- Revistas especializadas en cine: *Fotogramas* y *Cinemanía*.
- Las mentiras por cortesía.

Fonética/Ortografía
- Acentuación gráfica (1): la tilde diacrítica en los pronombres interrogativos y exclamativos directos e indirectos en comparación con los relativos.

9. COLECCIÓN DE RECUERDOS 120

Contenidos funcionales
- Expresar hipótesis, deseos y lamentaciones en el pasado.
- Indicar una acción en el pasado anterior a otra.
- Establecer semejanzas imaginarias.
- Expresar condiciones posibles y poco probables en el presente y en el futuro, e irreales en el pasado.
- Expresar la condición mínima imprescindible o la única para el cumplimiento de la acción.

Contenidos gramaticales
- Pretérito pluscuamperfecto de subjuntivo: morfología y usos.
- Oraciones condicionales reales e irreales.
- Conectores condicionales.
- Condicional compuesto.

Tipos de texto y léxico
- Texto informativo.
- Blog.
- Refranes.
- Léxico de las relaciones sociales.
- Léxico relacionado con las vivencias personales.
- Cuestionarios personales.
- Léxico relacionado con la historia.

El componente estratégico
- Inferir información a partir de una imagen.
- Estrategias de comprensión lectora: la importancia de poner título a un texto.
- Desarrollo de la destreza oral a partir de la comparación de situaciones personales.

Contenidos culturales
- Diferentes estilos de vida.
- Biografía de Victoria Subirana.
- Acontecimientos de la historia mundial.
- Hechos históricos de Argentina, Panamá, España y América Central.
- Los dichos y refranes en español.

Fonética/Ortografía
- Acentuación gráfica (2): la tilde en las palabras compuestas, voces latinas y voces adaptadas.

10. DESPERTANDO LOS SENTIDOS. 134

Contenidos funcionales
- Expresar sentimientos, gustos y emociones.
- Hablar de experiencias relacionadas con los viajes.
- Hablar de olores y sabores, y de recuerdos asociados a estos.
- Expresar propósito y finalidad.

Contenidos gramaticales
- Verbos de sentimiento: *gustar, alegrarse, sentir, sorprenderse, estar harto de…*
- Oraciones y conectores finales.

Tipos de texto y léxico
- Crítica gastronómica.
- Receta de cocina.
- Foro.
- Testimonio.
- Conferencia.
- Léxico relacionado con los viajes y la geografía.
- Léxico relacionado con la gastronomía y los sentidos.
- Expresiones idiomáticas relacionadas con la comida.

El componente estratégico
- Expresar sentimientos a partir de la visualización de imágenes.
- Conocer las palabras clave de un texto como estrategia para la comprensión auditiva.
- Realizar una lectura con el objetivo de resumir un texto.
- Promover una actitud de curiosidad hacia la gastronomía española.

Contenidos culturales
- Chile.
- Los restaurantes Casa Botín, Celler de Can Roca y Sublimotion.
- Literatura: Isabel Allende, Proust, Vázquez-Montalbán, Laura Esquivel y Carmen Martín-Gaite.

Fonética/Ortografía
- Símbolos alfabetizables y no alfabetizables en español.

11. VIVIENDO DEPRISA 148

Contenidos funcionales
- Expresar concesión.
- Argumentar para convencer.
- Discutir sobre diferentes tipos de profesiones y perfiles profesionales.
- Presentar objeciones a lo dicho por otros.
- Captar la intención del hablante en determinadas conversaciones.

Contenidos gramaticales
- Oraciones y conectores concesivos: *aunque* + indicativo/subjuntivo, *por más/mucho/ muy que, a pesar de que, pese a.*
- Gerundio circunstancial.
- Estructuras reduplicativas con valor concesivo.

Tipos de texto y léxico
- Artículo expositivo.
- Tertulia radiofónica.
- Entrevista.
- Reportaje.
- Definiciones.
- Diálogos coloquiales.
- Léxico relacionado con las nuevas tecnologías.
- Léxico relacionado con el trabajo y las profesiones.
- Expresiones idiomáticas relacionadas con el trabajo.

El componente estratégico
- Tomar notas a partir de un texto auditivo para comprender los aspectos relevantes.
- Hacer un esquema a partir de un texto escrito.
- Trabajar con definiciones, sinónimos y antónimos como estrategia de aprendizaje.
- Reflexionar sobre las ventajas e inconvenientes de las diferencias lingüísticas entre variantes hispanas.
- Reconocer si una información transmitida es conocida o desconocida.
- Interpretar un texto según la entonación del emisor.

Contenidos culturales
- Los cambios positivos y negativos que ha supuesto la tecnología en nuestra vida.
- Profesiones antiguas en vías de desaparición.
- Nuevas profesiones.
- México frente a las TIC.

Fonética/Ortografía
- Signos especiales de puntuación: (?), (!), […], (a),*.

12. ASÍ SOMOS 162

Contenidos funcionales
- Destacar o intensificar aspectos negativos del carácter de las personas.
- Hablar mal de alguien usando adjetivos positivos.
- Hablar de otros suavizando la crítica.
- Restar fuerza a la propia opinión.

Contenidos gramaticales
- Oraciones temporales.
- Colocaciones léxicas de verbos + adverbios en –mente y de verbos + nombres.
- Repaso general de los diferentes tipos de oraciones subordinadas.

Tipos de texto y léxico
- Conversaciones, registro coloquial.
- Artículo divulgativo.
- Documental de radio.
- Diálogos en un guion de cine.
- Léxico para describir el carácter de las personas.
- Léxico relacionado con las manías y las formas de comportarse.

El componente estratégico
- Estrategias de comprensión y relación de contenidos.
- Reflexionar sobre la combinación de las palabras en español.
- Análisis del microrrelato y técnicas para escribir uno.
- Estrategias para mejorar la fluidez y la naturalidad en la conversación.
- Reflexionar sobre la importancia de conocer otras culturas para evitar prejuicios y estereotipos.

Contenidos culturales
- Eneagrama.
- Microrrelato: *El coleccionista*, de David Generoso.
- Curiosidades de los genios.
- Costumbres y tradiciones en España: el Colacho, la Romería de Ataúdes, la Tomatina y el maestro Mateo, el santo de los cabezazos.

Fonética/Ortografía
- La pragmática en la pronunciación: recursos pragmáticos.

PRUEBA DE EXAMEN DEL NIVEL B2 177

1 VIDAS ANÓNIMAS

Contenidos funcionales
- Expresar deseos.
- Hablar sobre hipótesis y probabilidad.
- Expresar gustos, sentimientos, aversiones y emociones.
- Dar una opinión y hacer valoraciones.
- Hablar de la vida de algunas personas refiriéndose a sus expectativas, sentimientos, proyectos…

Contenidos gramaticales
- Presente de subjuntivo.
- Pretérito perfecto de subjuntivo.
- Repaso de algunos usos del subjuntivo: verbo + *que* + subjuntivo; *quizá(s)* + subjuntivo; *ojalá* + subjuntivo; *que* + subjuntivo; *es/me parece* + adjetivo/nombre + *que* + subjuntivo.

Tipos de texto y léxico
- Documental, reportaje.
- Entrevista.
- Guion con acotaciones.
- Relato corto.
- Léxico relacionado con las experiencias.
- Léxico relacionado con la expresión de gustos y aversiones.
- Expresiones de probabilidad o hipótesis.

El componente estratégico
- Estrategias de comprensión lectora: comprender palabras nuevas por el contexto o por los campos semánticos.
- Estrategias orales: leer un guion siguiendo las acotaciones.
- Entonación y lectura en voz alta.

Contenidos culturales
- Voluntariado: las ONG.
- Cofrentes (Valencia).
- José Manuel Anguiano: cortometrajes.
- El escritor David Generoso.

Fonética/Ortografía
- Las interrogativas disyuntivas y la entonación de mandato.

---

1 EL CAJÓN DE HISTORIAS OLVIDADAS

> | 1 | Observa la iniciativa que está llevando a cabo esta web. ¿En qué crees que consiste? ¿Te parece interesante? ¿Por qué? Habla con tus compañeros de grupo.

www.cajondehistoriasolvidadas.com

Cajón de historias olvidadas

Law – Lis   Pir – Pra

Inicio   Archivo   Mi cuenta   Contacto

Todos vivimos nuestra historia

Historias que el resto del mundo no conoce y que quedan archivadas aquí, sin caer en el olvido. ¡Participa y cuéntanos tu historia!

| 1.1. | Comparte con el resto de la clase una historia especial para ti que tengas guardada en el cajón de tus recuerdos. ¿Por qué es especial? ¿En qué crees que puede ayudar a tus compañeros?

| **1.2.** | Muchos usuarios nos han acercado historias de personas anónimas que han cambiado el rumbo del mundo. Leedlas para saber por qué se les ha dedicado un cajón. ¿Cuál de ellas os ha llamado más la atención? ¿Por qué?

1 Una enfermera polaca, **Irena Sendler**, consiguió sacar en 1939 a más de 2500 niños del gueto de Varsovia durante la II Guerra Mundial. Descubierta, torturada y condenada, consiguió huir. Ocultó la identidad de los niños hasta el final de la guerra.

2 Ser mujer y correr la maratón de Boston no era posible en 1967. Con astucia, **Kathrine Switzer** logró apuntarse con el dorsal 261. Su gesta es símbolo de las reivindicaciones para la igualdad y sirvió para que las maratones permitieran la participación de las mujeres.

3 **John Van Hengel** ideó en 1967 una forma de recoger los excedentes de comida de los supermercados y repartirlos entre los necesitados. Fue el primer banco de alimentos en EE. UU. En la actualidad son más de 200 000 las comidas repartidas al día.

4 Un hombre desafió de forma pacífica a una columna de tanques del Ejército Popular de Liberación de China. El **Hombre del tanque** es icono de la protesta por la libertad. Clandestino o exiliado, nadie sabe lo que fue de él.

5 **Haas** y **Hahn** son los fundadores de un colectivo de artistas en Río de Janeiro que en 2005 pintó de color los muros de Vila Cruzeiro, una de las favelas más conflictivas de la ciudad. Con su arte han devuelto el orgullo a una comunidad marginada y revitalizado los barrios desfavorecidos de Río.

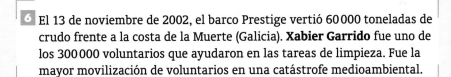

6 El 13 de noviembre de 2002, el barco Prestige vertió 60 000 toneladas de crudo frente a la costa de la Muerte (Galicia). **Xabier Garrido** fue uno de los 300 000 voluntarios que ayudaron en las tareas de limpieza. Fue la mayor movilización de voluntarios en una catástrofe medioambiental.

7 Tras la catástrofe de Fukushima, **Naoto Matsumura** fue el único habitante de Tomioka en quedarse allí para no dejar abandonados a las mascotas y animales. Sigue alimentando a los animales y las mascotas de su ciudad a pesar de estar expuesto a altos niveles de radiación.

8 La joven pakistaní **Malala Yousafzai** se empeñó en defender su derecho a asistir a clase a pesar de las prohibiciones. Fue objeto de un ataque terrorista que la dejó malherida en 2012, y poco después, galardonada por el Nobel de la Paz.

9 **Marta Afuera** y **Doris Pérez**, activistas de la Plataforma de Afectados por la Hipoteca, se sentaron en la puerta del juzgado para detener un desahucio. La plataforma recibió en 2013 el premio Ciudadano Europeo. Marta y Doris se enfrentan a penas de prisión.

Adaptado de http://www.greenpeace.org/espana/es

| **1.3.** | 👤🌐 Tras leer estas historias, otras personas las han comentado en la web. Completa sus intervenciones y relaciónalas con la historia a la que se refieren. Hay una de ellas con dos comentarios, ¿cuál es?

A ☐ Me encanta que colectivos así _mejoran_ (mejorar) las zonas más pobres de las ciudades y _fomenta_ (fomentar) su turismo.

B ☐ Es increíble que algunas personas _arriesgan_ (arriesgar) incluso su vida por ayudar a los niños.

C ☐ Ojalá los gobiernos _se conciencian_ (concienciarse) de que la educación debe ser un bien universal.

D ☐ Por favor, os pido que _colabore_ (colaborar) con esta persona a través de su web. Me parece fantástico que _permanece_ (permanecer) todavía allí cuidando de los animales.

E ☐ Me indigna que nadie _se responsabiliza_ (responsabilizarse) del desastre ecológico de las costas de Galicia.

F ☑ Quizás ese castigo _es/sea_ (ser) solo para evitar futuras movilizaciones. No creo que nadie _vaya_ (ir) a prisión por ayudar a gente que está a punto de perder su vivienda.

G ☐ Os recomiendo que _veáis_ (ver, vosotros) el vídeo de cuando se pone delante e impide que el desfile continúe.

H ☐ Hasta que _cambie_ (cambiar) el mundo, haz algo que llame la atención. Esto es lo que hizo ella para promover la igualdad de géneros que poco a poco estamos consiguiendo.

I ☐ Espero que la gente _estuve_ (estar) siempre dispuesta a colaborar cuando _hay_ (haber) algún desastre medioambiental.

J ☐ Es posible que _sea_ (ser) el origen de los actuales comedores sociales. Para mí, su iniciativa es fundamental para que _disminua_ (disminuir) las necesidades de mucha gente.

| **1.4.** | 👤🌐 Vuelve a leer las intervenciones anteriores y completa el cuadro con los ejemplos.

Usos del subjuntivo (Repaso)

✗ Usamos el subjuntivo cuando queremos:

- Expresar **gustos** y **aversiones**: A E
- Expresar **deseos**: I C
- Expresar **necesidades**, **peticiones** o **mandatos**: D
- Expresar una **finalidad**: H

En este grupo, la subordinada va en infinitivo cuando se refiere al mismo sujeto de la oración principal, y en subjuntivo cuando se refiere a distinto sujeto.

- Expresar una **opinión**: B >

En este grupo, la subordinada va en subjuntivo cuando la opinión es negativa, y en indicativo cuando es positiva.

- **Valorar**: D B
- Dar **consejos** y hacer **recomendaciones**: G

En este grupo, la oración va siempre en subjuntivo cuando la valoración o el consejo va dirigido a algo o a alguien en concreto, y en infinitivo cuando se hace de manera general:
  — *Es mejor que hagas deporte.*
  — *Los médicos aconsejan hacer deporte.*

- Expresar una **acción futura**: F I >

En este grupo, la oración subordinada va en subjuntivo cuando se refiere a una acción futura respecto a otra.

- Expresar **hipótesis** y **probabilidad**: J F

  — Los conectores *quizá*, *tal vez*, *posiblemente*, *probablemente*, *seguramente*... con subjuntivo expresan un menor grado de probabilidad que con indicativo:
    — *Quizá ha venido María, he oído la puerta.* (+ seguro).
    — *Quizá haya venido María, aunque me dijo que tenía mucho trabajo.* (− seguro).

  — *Es posible/probable/puede (ser)...* + *que* se construyen siempre en subjuntivo.

  — *A lo mejor, lo mismo, igual* se construyen siempre con indicativo.

| 1.5. |  Vuelve de nuevo a las historias anónimas de la actividad 1.2. y di tres frases utilizando algunas de las estructuras del cuadro anterior. Tu compañero tiene que adivinar a quién te estás refiriendo.

> | 2 | Un apartado especial en el *Cajón de historias olvidadas* está dedicado a los voluntarios que participan para mejorar el mundo. ¿Qué crees que es #Cofrentes17? Lee los siguientes titulares y coméntalos con tus compañeros.

> La central nuclear más grande en España registra un incidente tras quemarse una bobina.

> 17 personas afrontan su juicio más duro por una protesta en Cofrentes.

> Greenpeace se enfrenta a tres años de cárcel por asaltar Cofrentes.

> Los 17 activistas de Cofrentes quedan absueltos de los delitos de desórdenes públicos y lesiones.

| 2.1. | Lee el texto y comprueba tus respuestas anteriores.

Ni héroes ni heroínas, #Cofrentes17

Helena, Sonia, Amanda Luna, Nacho, Virginia, Hernán, Nacho, Marcelí, Sonia, Vicenç, Maite, Araceli, Nelia, Rakel, Auba y Fausto, junto con Pedro, fotoperiodista independiente, se enfrentaron al juicio más duro sufrido por Greenpeace España en su historia.

Estas diecisiete personas fueron juzgadas en 2014 por su participación en una acción en la central nuclear de Cofrentes (Valencia) hace más de tres años. Ellos y ellas son personas normales, como tú y como yo, no son héroes ni heroínas, se levantan por la mañana, desayunan, se marchan al trabajo, tienen aficiones y disfrutan de sus familias. Tienen vidas completamente normales, aunque un día decidieran decir "NO" a la energía nuclear.

Por defender el medioambiente les pidieron casi tres años de cárcel. Sus vidas han cambiado completamente… y es que defender el medioambiente tiene un precio muy alto. La justicia ha demostrado que los 17 de Cofrentes son pacíficos. De tres años de cárcel y 360 000 euros de multa que se pedía a estos activistas por una pintada de "PELIGRO NUCLEAR" en la central de Cofrentes (Valencia), queda un único delito recogido en la sentencia para los activistas: rotura de la valla de la central y otros daños menores por un importe de 19 500 euros. "Defender el medioambiente es nuestro derecho y deber (art. 45 de la Constitución)", comenta Nacho, activista de Greenpeace. "Treinta años de activismo pacífico en España y más de 40 en todo el mundo nos avalan".

Adaptado de http://www.greenpeace.org/espana/es/Blog/un-da-con-los-cofrentes17/blog/51437/

| 2.2. | Conoce a Nacho y Maite, dos activistas de Greenpeace que participaron en las protestas de Cofrentes. Escucha este documental y señala a quién crees que corresponden estos deseos.

Nacho, psicólogo, 35 años

Maite, trabajadora social, 33 años

		Nacho	Maite
1	Espero que la gente respete más el medioambiente.	✓	
2	Ojalá todos levantemos la voz y protestemos para cambiar las cosas.	✓	
3	Quiero que los gobiernos utilicen otras alternativas a la energía nuclear.		✓
4	Que no le demos tanta vuelta a las cosas cuando pretendamos ayudar.		✓
5	Mi sueño es un mundo sin injusticias.	✓	

| 2.3. | 🐱 🌍 Al igual que Nacho y Maite, el resto de participantes en contra de las centrales nucleares nos cuenta sus deseos. En parejas, completad sus comentarios, escribiendo el sustantivo o el verbo adecuado conjugado en el modo verbal correcto, según las indicaciones que se dan.

Expresar deseos

✗ **Querer/Desear/Esperar/Preferir**...
- • + infinitivo, si el sujeto es el mismo:
  - — Quiero ......*realizar*...... acciones en defensa del medioambiente.
  - — Deseo [1] .... más relevancia al cuidado de los recursos naturales.
- • + **que** + subjuntivo, si el sujeto es diferente:
  - — Espero que algún día [2] .... un mundo 100% renovable.
  - — Deseo que mis hijos [3] .... en un mundo que se mueva con las renovables.
  - — Quiero que los seres humanos [4] .... mantener el equilibrio con la naturaleza.
- • + nombre:
  - — Queremos un [5] .... sostenible y respetuoso.

✗ **Sueño con**.../**Mi sueño es**...
- • + nombre/infinitivo:
  - — Mi sueño es un [6] .... mejor y más justo.
- • + **que** + presente de subjuntivo:
  - — Sueño con que las personas [7] .... respetuosas con el planeta.

✗ **Ojalá (que)** + subjuntivo:
- — Ojalá no [8] .... que enfrentarnos más a juicios por la defensa del medioambiente.

✗ **Que** + subjuntivo, expresa deseos dirigidos a otras personas:
- — Que [9] .... un mar lleno de peces y vacío de plásticos.

| 2.4. | 🌐 🌍 ¿Con qué mundo sueñas tú? ¿Estás de acuerdo con la labor de estos activistas? ¿Por qué crees que se han incorporado a la web del *Cajón de historias olvidadas*? Coméntalo con tus compañeros.

>| 3 | 👤 🔊 Escucha las declaraciones de otros voluntarios que participan también en otras ONG y completa este cuadro.
| 2 |

Nombre	Voluntario en...	Motivo	¿Qué desea?
1			
2			
3			
4			

Intercultura

| 3.1. | 🐱 🌍 ¿Has trabajado alguna vez de voluntario? ¿Se fomenta en tu país este tema? ¿En qué organizaciones participarías y en cuáles no? ¿Por qué? Habla con tu compañero.

>| 4 | 👤 🌍 Ahora vas a incluir a una persona en el *Cajón de historias olvidadas*. ¿Qué ha hecho o está haciendo para cambiar el mundo? Escribe un texto en tu cuaderno contando su historia.

>| 1 | En los aeropuertos la gente juega a imaginarse la vida de los demás. ¿Alguna vez os habéis preguntado a dónde irá una determinada persona? ¿Por qué viajará? ¿Qué destino tomará?

| 1.1. | Esta sana curiosidad es la que se refleja en *Aeropuertos*, un programa de televisión que cuenta las historias de viajeros anónimos. Estos son los primeros entrevistados. ¿Qué creéis que les pasa?

| 1.2. | Lee la información del cuadro y responde a las preguntas sobre las imágenes anteriores expresando hipótesis. Fíjate bien en las preguntas porque incluyen pistas. Compara tus respuestas con tu compañero.

Expresar hipótesis

× Con el **condicional simple** podemos hacer hipótesis o expresar probabilidad referida a acontecimientos del pasado en un tiempo terminado:
> ● *¿Quién era la persona que llevaba una maleta roja?*
> ○ ***Sería** la mujer del señor de bigote.*

× Con el **futuro perfecto** podemos hacer hipótesis o expresar probabilidad referida a acontecimientos del pasado en un tiempo no terminado:
> ● *¿Dónde ha ido?*
> ○ ***Habrá ido** a embalar su maleta.*

× Con el **futuro imperfecto** podemos hacer hipótesis o expresar probabilidad referida a acontecimientos del presente:
> ● *¿Quién **es** ese joven?*
> ○ ***Será** un estudiante Erasmus que regresa a su país.*

Imagen 1	Imagen 2	Imagen 3
▪ ¿Quiénes son?	▪ ¿Por qué ha ido al aeropuerto?	▪ ¿Quiénes son?
▪ ¿Por qué fueron al aeropuerto?	▪ ¿A quién crees que espera?	▪ ¿Cuál de las dos se marcha?
▪ ¿A quién crees que esperan?	▪ ¿Por qué parece triste?	▪ ¿Dónde se conocieron?

| 1.3. | Escucha el programa de televisión y comprueba tus hipótesis anteriores. ¿Has acertado?
| 3 |

>| 2 | A continuación entrevistan a Enrique Hernando. Fijaos en su imagen. ¿Quién creéis que es? ¿Qué tipo de viaje va a hacer? Justificad vuestras respuestas.

|2.1.|  Enrique es un afamado montañero argentino que una vez al año viaja al Everest para practicar su gran pasión: el alpinismo. ¿Cómo crees que es? Lee el texto y responde por escrito a las preguntas entre paréntesis expresando hipótesis. Luego, comparte tus suposiciones con tu compañero. ¿Coincidís?

Puede que me hayan acusado de ególatra e indiferente (**¿Por qué será?**), aunque una vez obsequié a un compatriota mío con una botella de oxígeno por arriba de los 8400 m en el Everest y eso, por poco, me cuesta la vida. Es posible que me hayan acusado de egoísta (**¿Qué habrá hecho?**), pero he compartido los recursos que he obtenido de mis patrocinadores para invitar a algún montañista argentino a mis expediciones siempre que he podido. Posiblemente me hayan acusado de inhumano (**¿Qué haría?**), pero ayudé a bajar desde el campo II hasta el campo base a un compatriota en el Everest y, después, le cedí mi lugar en un helicóptero para evitar sus congelaciones, regalándome para mí mismo un largo e incómodo regreso. Quizás me hayan acusado de dominante, perfeccionista, irritante y autoritario (**¿Por qué será?**), pero, tanto a mis clientes como a los miembros de NUVALP, los he puesto siempre en las metas que se proponen. Hoy, a lo mejor, de lo único que pueden acusarme es de ser un montañista apasionado, honesto y fiel a mis ideales, de ser un buen ejemplo del montañismo argentino.

|2.2.| Lee la información del cuadro y complétalo con ejemplos del texto anterior.

Expresar hipótesis o probabilidad con indicativo y subjuntivo

✕ En español, para expresar hipótesis o probabilidad también se utilizan marcadores que se construyen con indicativo y/o subjuntivo:

- *Quizá(s)/Tal vez/Posiblemente/Probablemente* + indicativo o subjuntivo:
  - _____
  - _____

- *Igual/Lo mismo/A lo mejor* + indicativo:
  - _____

- *Es (im)posible/Es (im)probable/Puede (ser)* + *que* + subjuntivo:
  - _____
  - _____

Recuerda

✕ El pretérito perfecto de subjuntivo es un tiempo que sitúa las acciones pasadas dentro o cerca del presente, por lo que tiene los mismos valores temporales que el pretérito perfecto de indicativo.

✕ Se forma con el verbo **haber** en presente de subjuntivo y el participio del verbo principal: *haya subido, hayas escalado, haya tenido, hayamos visto, hayáis ido, hayan vuelto.*

|2.3.| Escucha parte de la entrevista que el programa *Aeropuertos* le hizo a Enrique, e indica

[4]

cuáles de estas afirmaciones son verdaderas. Compara con tu compañero y justifica tus respuestas.

1 ☐ La mala experiencia que tuvo en el ascenso al Everest le aportó un crecimiento como montañista.

2 ☐ Aunque algunos no lo entiendan, él escala por dinero, ya que es imprescindible para vivir.

3 ☐ Él siempre ha intentado escalar, incluso después del incidente que tuvo subiendo el Everest.

4 ☐ A los alpinistas jóvenes les recomienda que, en su carrera de alpinismo, actúen con frialdad y saquen el mayor beneficio posible.

>| 1 | ¿Qué cosas os apasionan? ¿Las lleváis a cabo o solamente son ideas que os gustaría hacer algún día? ¿Qué os impide hacerlas? ¿Creéis que el trabajo puede llegar a ser una pasión en vuestra vida?

| 1.1. | Observa las siguientes imágenes. ¿Cuáles de estas personas crees que trabaja por vocación? ¿Por qué? Habla con tu compañero.

| 1.2. | El trabajo y la felicidad son conceptos que muchas veces parecen ir en direcciones opuestas. Algunas personas han publicado en un foro su opinión al respecto y, como ves, no hay mucha unanimidad. Relaciona cada intervención con una de las frases que aparecen en la página siguiente.

Foro. El trabajo de mi vida

A # Alicia Cuando siento que en el trabajo no se está sacando provecho en absoluto de mis capacidades, entonces no soy feliz y me siento frustrada, porque tiendo a pensar que todo el esfuerzo realizado durante años de preparación no ha servido para nada. Eso es lo más desolador.

B # Emilio Yo creo que hay que trabajar para vivir y no vivir para trabajar. No creo que el trabajo en sí nos proporcione felicidad, a no ser que uno trabaje en lo que le guste. Lo que realmente es satisfactorio es el salario que recibimos por ese trabajo, que son cosas muy distintas.

C # Marta Evidentemente, si trabajas en algo que te apasiona o, por lo menos, que te gusta, trabajarás con más ganas, pero yo creo que lo más importante para que un trabajo resulte motivador no es el trabajo en sí mismo, sino las relaciones interpersonales.

D # David Que no se nos olvide: trabajamos por dinero, el gran motor. No cabe duda de que la vocación no existe, nadie trabaja gratis. Eso y las hipotecas de 50 años es lo que nos convierte en "esclavos" modernos: trabajar para pagar. Cuando hacemos todo eso, estamos integrados en la sociedad y "somos felices".

E # Eduardo Creo que para el ser humano ocuparse es una necesidad, más allá del sistema económico. Por eso me parece que el trabajo ocupa un lugar central en el grado de felicidad de las personas, ya que no solo cubre las necesidades materiales, sino también las sensaciones emocionales que tienen que ver con la autoestima y con el reconocimiento por parte de los demás.

F # Patricia Es básica la actitud ante el trabajo: recordad aquella vieja historia en la que un viajero de la Edad Media se encuentra con dos personas que están partiendo unos bloques de piedra y les pregunta qué hacen. La primera le contesta: "Pues rompiendo piedras, ¿no lo ves?". La segunda le responde, ilusionada: "¡Estoy construyendo una catedral!". Ambas habrán realizado el mismo esfuerzo, que se les retribuirá de igual forma, pero su grado de felicidad será muy distinto.

1 ☐ **No cree que trabajemos** por dinero. Para esa persona trabajar es, sobre todo, una necesidad humana.

2 ☐ **Es importante tener en cuenta** la disposición de cada uno frente al trabajo para establecer su relación de este con la felicidad.

3 ☐ **Le parece que lo más motivador de un trabajo es** el ambiente con los compañeros.

4 ☐ **Es importante que tu trabajo te permita** desarrollar tus habilidades.

5 ☐ **Le parece terrible que la sociedad consumista nos obligue** a trabajar para poder gastar continuamente.

6 ☐ **Cree que lo realmente importante del trabajo es** el dinero que consigues a cambio.

| 1.3. | 👤 🌐 Fíjate en las expresiones usadas en la actividad anterior para dar una opinión y completa el siguiente cuadro.

Opinar y valorar

✕ Para **expresar opinión** de forma afirmativa puedes usar:

- *Creo/Pienso/Opino/Me parece* + *que* + [1] .... :
    - _____
    - _____

- Cuando estas formas se utilizan en forma negativa se construyen con [2] .... :
    - _____

✕ Para **hacer valoraciones** sobre un hecho de manera general se usa:

- *Es/Me parece* + adjetivo/nombre de valoración (*importante, increíble, una pena…*) + [3] .... :
    - _____

- *Está/Me parece* + adverbio de valoración (*bien, mal…*) + infinitivo:
    - *Está bien tener un trabajo bien remunerado, aunque no te guste mucho.*

✕ Cuando la valoración se refiere a las acciones que realizan otras personas, se usa:

- *Es/Me parece* + adjetivo/nombre de valoración + *que* + [4] .... :
    - _____
    - _____

- *Está/Me parece* + adverbio de valoración + *que* + subjuntivo:
    - *Está mal que trabajes solo por dinero, te vas a sentir muy frustrado.*

| 1.4. | 🔽 🟢 Y a vosotros, ¿qué os parece? Escribid en un papel vuestra opinión sobre la relación entre el trabajo y la felicidad. Colgad el papel en un lugar visible de la clase y leed las opiniones de vuestros compañeros. ¿Con quién coincidís? ¿Con quién no? Buscad a una persona con la que no coincidís y rebatid su opinión.

›| **2** | 👤 🔊 Alguien empeñado en hacer lo que de verdad le gusta es José Manuel Anguiano, un granadino con un objetivo muy claro: perseguir un sueño, que en su caso es contar historias haciendo vídeos. Escucha este reportaje del programa *Emprende*, en el que nos cuentan su trayectoria profesional, y responde a las preguntas.

1 ¿Cuándo descubrió José su vocación y su atracción por el mundo audiovisual?

2 Según el reportaje, ¿cuáles son sus prioridades en la vida?

3 Su actual proyecto es JAF Producciones, pero, ¿de qué otras experiencias laborales anteriores se habla?

4 ¿Qué inversión ha tenido que realizar para iniciar este proyecto?

5 En tu opinión, ¿qué crees que ha permitido que esta historia se convierta en viral?

| 2.1. | El primer corto de José fue un gran éxito en Internet, y en él expresa muy bien sus ideas respecto al trabajo y la felicidad. Lee el guion y presta atención a las acotaciones del texto.

Padre: Venga, recoge todo, que nos tenemos que ir.

Hija: Papá, quiero ir a clases de baile.

P: Pero es que con las clases de inglés, las de informática, ajedrez… no tienes tiempo.

H: Eso no me gusta.

P: Pero es bueno para tu futuro.

H: Yo quiero jugar.

P: Sí, claro, pero cuando seas mayor tienes que tener un buen trabajo.

H: Sí, yo quiero ser bailarina.

P: Pero, hija, es que eso no te da de comer.

H: ¿Y qué me da de comer?

P: Pues un trabajo de verdad.

H: ¿Qué es un trabajo de verdad?

P: Pues un trabajo estable con el que ganes mucho dinero.

H: Pero, ¿para qué quiero mucho dinero? [con mucha inocencia]

P: Eso me lo preguntas ahora porque eres una niña.

H: Claro, soy una niña.

P: Ahora es el momento de que estudies y te formes, y así, si trabajas duro y estudias mucho, podrás conseguir un buen trabajo. [Se oyen risas de fondo que desconciertan al padre] Con un buen sueldo. Estable. [risas de fondo] En el que no te tendrás que preocupar más por el dinero. [risas de fondo]

H: Si no voy a clases de baile, ¿tendré todo eso? [con curiosidad]

P: Sí. [con poca convicción] [risas de fondo]

H: ¿Seguro?

P: Claro. [poco convencido] [risas de fondo]

H: ¿Y así estaré más contenta que haciendo lo que me gusta?

P: Sí, [empieza a dudar de lo que está diciendo] bueno a lo mejor no, pero no tendrás más preocupaciones, y te asegurarás una jubilación. [risas de fondo]

H: ¿Eso es algo de jugar?

P: No, [da la sensación de que se está quedando sin argumentos] cuando seas mayor no te interesará jugar.

H: Pues entonces no quiero ser mayor.

P: Eso es inevitable. Eso es siempre así.

H: ¿Tú hiciste todo eso siempre?

P: Claro. [poco creíble]

H: ¿Tú tienes preocupaciones?

P: No. [nada creíble]

H: ¿Y estás contento?

P: Sí. [nada creíble]

H: Vale, seré como tú, me voy a poner a estudiar inglés. [ilusionada]

P: Espera… [la niña lo ha convencido, cambia de opinión] ¿Quieres que bailemos?

H: ¿Juntos? [incrédula]

P: Sí.

H: ¿Tú y yo? [emocionada]

P: Sí.

H: ¡Bien! [muy contenta] Pero [duda un momento] ¿eso está bien para mi futuro?

P: Sí. [totalmente convencido por fin de lo que dice]

http://www.jafproducciones.com/video-bailamos.html

Recuerda

✗ La **acotación** se refiere a las notas o comentarios de naturaleza descriptiva que el autor incluye en la obra teatral para explicar detalles relativos a los movimientos y acciones de los personajes en escena, así como todo lo relacionado con la puesta en escena. En este sentido, las acotaciones no forman parte del texto pronunciado por los actores y su función es más bien indicar a los actores y al director ciertos aspectos de la representación teatral, como gestualidad, tono de voz, expresiones, etc. Las acotaciones, en general, aparecen en todos los textos de carácter dramático, sean para teatro, televisión, cine u ópera.

| 2.2. | En parejas, elegid a uno de los dos personajes, y leed el guion en voz alta, siguiendo las acotaciones del texto. Luego, visionad el vídeo en http://www.jafproducciones.com/video-bailamos.html. ¿Qué tal lo habéis interpretado?

| **2.3.** | 🎧 🔊 Miles de personas vieron el corto *¿Bailamos?* y la idea planteada por José dio la vuel-
ta al mundo generando diversas opiniones entre los espectadores. Escuchad algunas
de las opiniones y decidid con cuál estáis más de acuerdo.

| **2.4.** | 🎬 💬 Dividid la clase en dos grupos y
estableced un debate entre los que están
a favor de la moraleja del vídeo (*Si tu vida
no te permite cada día jugar, bailar, vivir...
cambia de vida*) y los que creen que es
una idea demasiado utópica.

4 ¿TE GUSTA LEER O TE GUSTA QUE TE LEAN?

>| **1** | 🎬 💬 ¿Te gusta leer? ¿Estás leyendo ahora algún libro que recomendarías a la clase? ¿Qué tipo de
libros son los más leídos en tu país? Y además de leer, ¿alguna vez has sentido la necesidad de escribir
una historia, escribir en un diario, componer un poema o algo similar? Habla con tus compañeros y
comprueba si hay en clase algún aficionado a la escritura para que nos cuente su experiencia.

>| **2** | 🎧 🔊 Para muchos la escritura es una vocación, una afición, una pasión o una forma de entender el
mundo. Es el caso de David Generoso, joven escritor madrileño que hoy ya tiene publicados
dos libros. Escucha las respuestas que dio a una periodista en la última Feria del Libro y señala
a cuál de estas preguntas corresponde cada una.

A ☐ ¿Qué aporta la escritura a tu vida?

B ☐ ¿Qué dicen de ti las críticas? ¿Cómo se han recibido tus historias en el mercado?

C ☐ Desde que empezaste a escribir, según tú a los 10 años, hasta la publicación de tus
libros, ¿cuál ha sido tu trayectoria?

D ☐ ¿Qué papel juega la escritura en tu vida? ¿Te ganas la vida escribiendo? ¿Te gustaría
dedicarte a ello como profesión?

E ☐ ¿Cómo son tus historias? ¿Qué intentas transmitir a los que te leen?

| **2.1.** | 🎧 🔊 Escucha la entrevista completa y relaciona las siguientes frases que hablan de David
y su trabajo, según comenta en el audio.

1. Le halaga y le impresiona que...... ✳	✳ **a.** los lectores hagan una buena crítica.
2. Le preocupa.................... ✳	✳ **b.** sus libros tengan éxito en Amazon.
3. Le encanta que... .... ✳	✳ **c.** otros escritores hayan leído su obra.
4. Le hace muy feliz que... .... ✳	✳ **d.** sus historias tengan siempre una pincelada de humor.
5. Está muy orgulloso de que... ..... ✳	✳ **e.** no tener tiempo para poder escribir más.
6. No le importa reconocer que...... ✳	✳ **f.** haber dejado una novela a medias.
7. Le da un poco de pena... .... ✳	✳ **g.** algunos de sus poemas no son muy buenos.

| **2.2.** | 🎧 💬 ¿Qué tienen en común las expresiones anteriores? ¿Qué dirías que transmiten? Elige una
respuesta y, después, completa el cuadro de la página siguiente con las palabras adecuadas.

✕ opiniones　　✕ sentimientos y sensaciones　　✕ recomendaciones　　✕ hipótesis

✕ Cuando se expresan sentimientos y sensaciones sobre acciones, las oraciones se construyen con [1] ....
si la persona que experimenta las acciones de los dos verbos es la misma, y con *que* + [2] .... si se
trata de personas diferentes:

— *A David le apasiona **escribir** historias.*   — *A David le encanta que la gente **lea** sus libros.*

Sensaciones

| 2.3. | ¿Qué sentimientos te producen estas situaciones? Habla con tu compañero y trata de usar la mayor cantidad de expresiones posibles de las que se proponen en el cuadro.

1 La lectura de un buen libro en español.   **4** Un examen inesperado.

2 Tener que escribir un ensayo para clase.   **5** La gente que sabe muchos idiomas.

3 Una actividad en parejas.   **6** Mantener una conversación fluida en español.

✕ Me pone de buen/mal humor/nervioso…

✕ Me da igual/rabia/vergüenza/envidia/asco…

✕ Me sienta bien/mal…

✕ Me hace (mucha) ilusión/gracia…

✕ Me choca/intriga/entristece/fastidia/alarma…

✕ Lamento/No soporto/Odio…

Cultura

> | 3 | Vas a leer un fragmento de uno de los relatos de David Generoso titulado *El capullo*, que se encuentra en su libro *Cróhnicas con h*. Antes de leer, reflexiona sobre qué técnicas te resultan más útiles para entender el nuevo vocabulario.

✔ Inferir el significado de las nuevas palabras a partir del contexto.

✔ Pensar en el campo semántico de las palabras para intentar adivinar su significado.

✔ Detectar las palabras clave.

✔ Decidir cuántas y qué palabras son las que vas a buscar en el diccionario. No deben ser demasiadas para que la lectura no se convierta en lectura de diccionario.

29 de marzo

Hoy ha ocurrido una catástrofe: se me ha terminado la lectura. No quedaba ningún resquicio en las estanterías que no hubiese tanteado primero y rematado después. Me estaba planteando ya la revisión de alguno de los clásicos cuando he recordado el cuadernillo misterioso de mi marido. Una barrera de remordimientos se ha interpuesto entre él y yo. Pero, empujada por las dudas, no he parado hasta dar con las hojas. Espero que sepa perdonarme algún día. La cubierta era negra, con la palabra *Diario* grabada en letras doradas. No existe cerradura alguna que lo defienda de los saqueos, así que digo yo que a mi marido no le importará demasiado que descifren su contenido, o quizá es porque está seguro de que yo no haría nunca algo así. Ay, señor, qué bajo he caído. Junto a la palabra *Diario*, y escrita con bolígrafo azul, una frase anunciaba elocuentemente lo que se avecinaba en el interior: *mi transformación*. Y aquí ya no he sabido resistirme a la curiosidad. Un pecado en doce años de matrimonio, me he dicho, algo que compense su egoísmo y un poco su abandono. Y lo he abierto.

Primero me ha sorprendido la letra, los rasgos superiores retorcidos y los inferiores encharcados en tinta; jamás se me había pasado por la cabeza que mi marido escribiera con tanto dramatismo. Pero lo que sin duda me ha dejado boquiabierta ha sido el significado de las frases, surgidas de un enfermo, frases que insinúan, o más bien certifican, la transformación de mi marido en no sé qué extraño ser, poco a poco, un día el lóbulo de una oreja, al otro un párpado, al tercero las encías, con la firme convicción de que otro individuo abominable lo suplantará a la menor oportunidad. Y, horrorizada, he dejado de leer.

| Grupo cooperativo |

>| 4 | Vais a escribir el principio y el final de este relato. Después, al final, el profesor os dará una ficha con el texto completo para compararlo con el vuestro. Seguid las pautas.

> 1. Dividid la clase en grupos de tres o cuatro personas.

> 2. Asignad un papel a cada miembro del grupo. Este papel debe ir rotando a lo largo de la tarea para que, al final, todos hagáis un poco de todo:
>
>   autor – corrector – encargado del léxico (variado y preciso)

> 3. Mediante una lluvia de ideas, seleccionad posibles argumentos que después pasarán a ser redactados. Tenéis que escribir lo que pasó antes del 29 de marzo y lo que pasó después. Debéis mantener el formato de diario.

> 4. Revisad bien los textos antes de dar por terminada la tarea. Leedlos en voz alta entre vosotros para ver si todo encaja bien. Recordad que el fragmento con el que hemos trabajado tiene que estar incluido.

> 5. Haced sesiones de lectura en la clase. Cada grupo lee para los demás su propuesta.

> 6. Finalmente, podéis leer la versión original de David Generoso que os facilitará el profesor.

---

5 · LAS INTERROGATIVAS DISYUNTIVAS Y LA ENTONACIÓN DE MANDATO

>| 1 | ¿Recuerdas cómo eran tus primeras clases de español? Ponte en situación y piensa en dos preguntas que hacías a tu profesor, teniendo en cuenta que tus recursos eran más limitados. Trabaja con tu compañero.

Ejemplo: *¿Cómo se escribe "tuvo"?*

| 1.1. | Leed la información del cuadro. Luego, fijaos en las oraciones, aunad las dos preguntas en una, leedlas en voz alta y evaluad vuestra entonación junto al profesor.

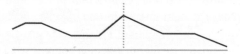
Esquema entonativo de las interrogativas disyuntivas

> x En un nivel mayor de lengua es normal hacer dos preguntas en una. Por ejemplo, si quieres saber si tu amigo tiene frío o pasa calor le decimos: *¿Tienes frío o pasas calor?* Este tipo de preguntas se llaman *interrogativas disyuntivas* y su entonación es un poco diferente a la de las preguntas totales o parciales. Este es su tonema:

Ejemplo: *¿Tienes hambre? ¿Tienes sed?* ➡ *¿Tienes hambre o sed?*

1. ¿Lo hizo sin querer? ¿Lo hizo aposta?

2. ¿Prefieres que vayamos a la playa? ¿Prefieres pasar las vacaciones en la montaña?

3. ¿Quieres que te recoja a las seis? ¿Vas a venir en metro al centro?

> **| 2 |** Una orden no siempre tiene la misma fuerza. En español, una misma orden puede tener connotaciones muy diferentes. Escucha el siguiente ejemplo entonado de tres formas diferentes y, junto a tu compañero, deduce si intenta comunicar orden, orden atenuada o ironía.

	Orden	Orden atenuada	Ironía
Ejemplo 1	☐	☐	☐
Ejemplo 2	☐	☐	☐
Ejemplo 3	☐	☐	☐

| 2.1. | En grupos de tres, escribid cinco ejemplos de órdenes diferentes y decídselos al grupo opuesto. Tenéis que adivinar de qué entonación se trata.

¿Qué he aprendido?

1 Señala la función correspondiente para cada expresión.

	Deseos	Sentimientos	Hipótesis	Opinión	Valoración	Consejo
1 Ojalá…	◯	◯	◯	◯	◯	◯
2 Te sugiero…	◯	◯	◯	◯	◯	◯
3 Posiblemente…	◯	◯	◯	◯	◯	◯
4 Me indigna…	◯	◯	◯	◯	◯	◯
5 No creo…	◯	◯	◯	◯	◯	◯
6 Es una suerte…	◯	◯	◯	◯	◯	◯
7 A lo mejor…	◯	◯	◯	◯	◯	◯
8 Espero…	◯	◯	◯	◯	◯	◯
9 Puede que…	◯	◯	◯	◯	◯	◯
10 Me parece que…	◯	◯	◯	◯	◯	◯

2 Corrige los errores de las siguientes frases. Explícale a tu compañero por qué eran incorrectas.

1. Es maravilloso que hay gente voluntaria dispuesta a dedicar su tiempo a los demás. Creo que se debería valorar mucho más.

2. Me parece que, con el tiempo, nos demos cuenta del gran error que supone abusar de la energía nuclear. Espero que para entonces no es demasiado tarde, porque igual nuestro planeta no resista tanta agresión continuada.

3. ¿Has visto ya a los nuevos vecinos? Creo que son tres estudiantes. Ojalá sean tranquilos porque me molesta mucho que los vecinos están todo el tiempo haciendo fiestas, entrando y saliendo… Por favor, si hablas con ellos, sugiéreles que serán respetuosos.

4. Más vale que estudies para puedas conseguir el trabajo que te gusta. Hacer lo que uno quiere es muy importante, me da pena que la gente no consiga sus sueños solo por no esforzarse un poquito a tiempo.

5. Me encanta esta historia, ¿cómo acabará? Estoy impaciente por llegar al final. Cuando llegaré al último capítulo es probable que lo leo de un tirón porque no podré parar.

3 Piensa en ti y tu experiencia con el español y responde.

1. Ojalá… ....

2. En el futuro puede que… ....

3. A mis amigos les recomiendo… ....

Contenidos funcionales

- Conocerse: presentaciones formales e informales.
- Pedir y dar información sobre si se sabe o conoce algo o a alguien.
- Preguntar y negar la existencia de algo o de alguien.
- Hacer objeciones.
- Hablar de algo resaltándolo.

Contenidos gramaticales

- Oraciones de relativo: explicativas + indicativo, especificativas + indicativo/subjuntivo.
- Pronombres y los adverbios relativos.

Tipos de texto y léxico

- Decálogo.
- Foro.
- Textos publicitarios.
- Léxico de carácter y personalidad.
- Léxico relacionado con el aprendizaje del español u otro idioma.

El componente estratégico

- Interaccionar con profesores y compañeros en relación con el desarrollo de procedimientos propios de aprendizaje a través de discursos orales.
- Reflexionar sobre el aprendizaje: estilos, técnicas, conductas, preferencias…
- La motivación en la clase de idiomas.

Contenidos culturales

- Programas para estudiar español o un idioma extranjero.
- Emigrantes españoles en los años 60, contraste entre España y Suiza.
- La película *Un franco, 14 pesetas*, de Carlos Iglesias.

Fonética/Ortografía

- Pronunciación de estructuras vocálicas: diptongo, triptongo, hiato, sinéresis y sinalefa.

1 — ¡CONECTAMOS!

> | 1 | Observad a estos estudiantes de una escuela de español. ¿Cuál es vuestra primera impresión sobre ellos? Intentad contestar a las preguntas.

¿Quién crees que...	Christian	Barbara	Dirk	Lena	Isabella
1 habla cinco idiomas?	☐	☑	☐	☐	☐
2 está casado/a?	☐	☐	☐	☐	☑
3 viaja constantemente?	☐	☐	☐	☑	☐
4 está en paro?	☐	☐	☐	☐	☐
5 odia las discotecas?	☐	☐	☑	☐	☐
6 tiene origen latino?	☑	☐	☐	☐	☐
7 comparte piso con españoles?	☐	☐	☐	☐	☑
8 aparenta menos edad de la que tiene?	☐	☐	☑	☐	☐
9 tiene una cuenta en Twitter y en Instagram?	☐	☐	☐	☑	☐

| 1.1. | Escuchad cómo se presentan estos estudiantes y comprobad vuestras hipótesis anteriores. ¿Qué es lo que más os ha sorprendido?

| 1.2. | ¿Qué opinas de las primeras impresiones? ¿Con cuál de estas frases estás más de acuerdo? Habla con tus compañeros de grupo.

☐ "La primera impresión es la que cuenta". ☐ "Las primeras impresiones son engañosas".

>| 2 | Observa ahora a tus compañeros de clase y escribe el nombre del que crees que cumple con cada característica. Luego tienes cinco minutos para preguntarles, comprobar tus hipótesis o buscar al que cumpla realmente con ese requisito.

Busca a alguien que...	Nombre	Respuesta
1 haga deporte periódicamente.	*Francesca*	*Francesca es una estudiante que hace deporte todos los días.*
2 se le **dé** bien cocinar.		
3 sea políglota.		
4 hable una lengua no románica.		
5 haya vivido en dos países.		
6 tenga amigos hispanos.		
7 conozca a un famoso.		
8 conozca un país hispanoaméricano.		
9 tenga un contrato indefinido.		
10 haga yoga regularmente.		
11 haya disfrutado de una beca.		
12 le **gusten** los colores chillones.		

| 2.1. | Fíjate en los verbos del cuestionario anterior y completa este cuadro. Después, compara tus respuestas con las de tu compañero.

Oraciones de relativo

✗ Las oraciones de relativo sirven para identificar o describir algo o a alguien (el antecedente). Normalmente se construyen con el pronombre *que* (personas) o *donde* (lugar).

• Si el antecedente es [1] ☐ **conocido**/☐ **desconocido** por el hablante, es decir, sabe que existe, el verbo de la oración de relativo va en [2] ☐ **indicativo**/☐ **subjuntivo**:
  — *Francesca es <u>una compañera</u> **que hace** deporte todos los días.*
  — *Esta es <u>la escuela</u> **donde estudio** español.*

• Si el antecedente es [3] ☐ **conocido**/☐ **desconocido** por el hablante, es decir, no conoce su existencia o no puede identificarlo, el verbo de la oración de relativo va en [4] ☐ **indicativo**/☐ **subjuntivo**:
  — *Busco a <u>alguien</u> **que haga** deporte periódicamente.*
  — *Necesito <u>una escuela</u> **donde pueda** estudiar español.*

✗ Las oraciones de relativo pueden ser de dos tipos:

• **Explicativas**: aportan una información nueva sobre el antecedente. Van entre comas y el verbo va en indicativo:
  — *Javier, **que** es un gran amigo mío, se ha casado.* (Se refiere a Javier, identificado por el oyente, del que se da la información adicional de que es un gran amigo suyo).

• **Especificativas**: concretan lo designado por el antecedente. No pueden llevar como antecedente un nombre propio ni un pronombre personal. El verbo puede ir en indicativo o en subjuntivo:
  — *Hay que coger <u>los libros</u> **que** hay/haya en la estantería.* (Se entiende que hay más libros pero solamente hay que coger los que están en la estantería).

|2.2.| Completa las siguientes frases con el pronombre relativo adecuado y el verbo conjugado. Luego, reflexiona según el cuadro anterior y marca las casillas correspondientes.

	Antecedente		Tipo de oración	
	Conocido	Desconocido	Explicativa	Especificativa
1 En la ciudad hay **una librería** _que es_ (ser) del siglo pasado.	☑	☐	☐	☑
2 Busco una librería .... (ser) del siglo pasado.	☐	☐	☐	☐
3 Me encontré con Sonia, ... (estudiar) **polaco.**	☐	☐	☐	☐
4 Necesito una farmacia .... (encontrarse) por la zona.	☐	☐	☐	☐
5 Querría ir a un restaurante .... (servir) pescado fresco.	☐	☐	☐	☐
6 Me encanta cómo escribe Ruiz Zafón, ... (poseer) **un estilo que te atrapa.**	☐	☐	☐	☐
7 Bogotá es una ciudad .... (existir) multiculturalidad.	☐	☐	☐	☐
8 El postre lo haces tú, ... (gustar) la repostería.	☐	☐	☐	☐
9 Estoy pensando en apuntarme a un gimnasio .... (dar) **Pilates.**	☐	☐	☐	☐

>|3| Vamos a conocernos un poco más. Piensa en estas ideas y transmíteselas a tus compañeros de grupo usando las oraciones de relativo que has aprendido.

- ✕ ¿La clase de español?
- ✕ ¿El profesor?
- ✕ ¿Los compañeros?
- ✕ ¿El libro de español?
- ✕ ¿Las actividades?
- ✕ ¿El aula?

¿Cómo es tu clase de español ideal?

Una clase donde todos los alumnos estemos motivados, nos llevemos bien y aprendamos divirtiéndonos.

¿Y tu profesor ideal?

Un profesor que nos exija hablar español todo el tiempo, y que no se centre solo en actividades de gramática.

|3.1.| Tu profesor te va a dar una ficha con un decálogo que ha escrito un estudiante sobre las características que valora de sus compañeros de clase. Léelo y señala las tres ideas que para ti son las más importantes. Luego, comparte tus opiniones con tu compañero. ¿Coincidís?

|3.2.| En grupos de tres, escribid un decálogo similar indicando qué cualidades debería tener vuestro profesor ideal. Luego, compartid vuestras ideas con el grupo de al lado. ¿Estáis de acuerdo?

> | 4 | 👤🌐 En la web de la escuela hay un foro que sirve para conectar con otros alumnos. Lee las entradas que han escrito algunos de ellos y selecciona la opción correcta.

Foro. conéct@te

Anna Compañeros, necesito una persona que me [1] ☐ **explica**/☐ **explique** algún esquema de los usos del subjuntivo. Hay pocos libros que me lo aclaren visualmente.

➜ Responder

Henry La escuela pondrá en marcha el club de conversación donde todos los estudiantes [2] ☐ **pueden**/☐ **puedan** practicar la expresión oral. ¿Hay alguien que quiera apuntarse?

➜ Responder

Joanna ¡Hola! Soy Joanna. Busco un piso que esté próximo a la escuela y donde se [3] ☐ **habla**/☐ **hable** español. No hay nadie en mi clase que pueda ayudarme. Llamadme al 645352345.

➜ Responder

Miyuki Soy Miyuki. La próxima semana me marcho a mi país, que [4] ☐ **es**/☐ **sea** Japón, y vendo libros de español que [5] ☐ **están**/☐ **estén** en perfecto estado. ¿Conocéis a alguien que esté interesado?

➜ Responder

Mathew Hola a todos. Soy Mathew y estudio B2 en la escuela. Quiero saber de un lugar donde [6] ☐ **puedo**/☐ **pueda** llevar a mi familia a probar la paella, que [7] ☐ **es**/☐ **sea** la comida más típica de España. En mi clase no hay nadie que lo sepa. Escribidme a mathewgreen@email.com

➜ Responder

| 4.1. | 👤🌐 En el foro anterior han aparecido unas nuevas estructuras para preguntar o negar la existencia de algo o de alguien. Lee el cuadro y complétalo con ejemplos de los textos.

Preguntar y negar la existencia de algo o de alguien

✗ Para **preguntar por la existencia** o no de algo o de alguien se usa el modo subjuntivo:
  — *¿Conocéis a alguien que esté interesado?*
  — ☐

✗ Para **negar la existencia** o decir que es **poca** o **escasa**, se usa también el modo subjuntivo:
  — ☐
  — ☐
  — ☐

| 4.2. | 👤🌐 Ahora es tu turno. Piensa en cosas que estés interesado en encontrar o que necesites y escribe una entrada similar en el foro de la escuela. Sigue las instrucciones de tu profesor.

ESTUDIAR CON MOTIVACIÓN

> | 1 | 🌐💬 Lee las razones de por qué la gente aprende español y elige las tres que consideres más importantes. Luego, comparte tu respuesta con tus compañeros. ¿Conocéis otras razones para aprender español? ¿Cuál es la vuestra?

✗ Puede ayudarme para mi carrera profesional.

✗ Estoy pensando en trabajar en el sector turístico.

✗ Quiero conocer a hispanohablantes y hacer amigos.

✗ Es importante para mis estudios.

✗ Me gustaría ser profesora de español en mi país.

✗ Me apasiona la cultura hispana.

✗ Es la segunda lengua más hablada y es útil aprenderla.

✗ Quiero entender las canciones y las películas hispanas.

✗ Me gustaría conseguir un trabajo en una compañía internacional.

Escucha a Isabella, una estudiante italiana de español, y anota por qué quiere aprender español y lo que hizo para aprenderlo.

| **2.1.** | 🔊 Escucha de nuevo la entrevista y coloca estas palabras en su lugar correspondiente.

> ✕ en la cual ✕ lo que ✕ quienes
> ✕ la que ✕ los cuales ✕ los que
> ✕ del que ✕ cuya ✕ para quienes

¿Cómo aprendiste español?

Es una pregunta que me hacen muchas veces y [1] *la que* respuesta nunca he tenido clara. También me preguntan cómo aprendí a entender tan bien el español sin siquiera salir de mi país. Esta semana he empezado un curso de español en Valencia, ciudad [2] *en la cual* he conocido a muchos nativos que se han sorprendido cuando les digo que todo mi español lo aprendí en Italia, que llevo quince días aquí y que es la primera vez que vengo a España. [3] *los cuales* más se sorprenden son mis compañeros de clase, porque aparentemente tengo un nivel bueno, algo que normalmente puede llevar varios meses de estudio. Yo, sin embargo, empecé a estudiar hace relativamente poco tiempo y hasta el momento no he tenido problemas comunicándome con nadie de mi entorno.

Habrá [4] *quienes* digan que [5] .... hablamos italiano el español es más fácil, pero si fuera así habría más gente hablándolo, ¿no? En serio, no es tan fácil como parece.

[6] .... sí es cierto es que la gramática y el vocabulario del español y el italiano son muy similares, así que, cuando uno sabe solo italiano y escucha a alguien hablar en español, es probable que entienda un 50-60%, pero de ahí a decir que es fácil, hay mucha diferencia. Considero muy importante aprender muy bien el idioma y aprender a hablarlo en clases presenciales. Pero no se puede aprender un idioma [7] .... uno no es nativo yendo solamente a clases. Tengo que dedicarle tiempo en otros momentos del día. Por ejemplo, yo dejé de ver televisión nacional y me dediqué a ver series en español por Internet, leer bastantes libros y escuchar mucha música en español. Todas las mañanas ponía alguna emisora de España por TuneIn. Cadena Cien era [8] .... más me gustaba.

Y además de lo anterior, hay que perder el miedo a hablar mal. En mi caso, varias veces me metí en un restaurante donde por las noches la gente se reunía a hablar en otro idioma con nativos. Así conocí a muchos amigos hispanos, [9] .... me ayudaron a mejorar mi pronunciación.

A todo lo anterior yo le agregaría el factor principal: el motivacional. Uno, sin ganas y con pereza, no llega a ninguna parte. Mi motivación es tener más posibilidades para mejorar en mi trabajo como traductora y conocer nuevas culturas.

Adaptado de http://www.fluentin3months.com

| **2.2.** | Lee la información y completa el cuadro con las oraciones de relativo del texto anterior.

Los relativos

> ✕ **QUE**
> • Se utiliza también precedido de artículo (**el/la/los/las que**) si no hay un antecedente expreso, en construcciones enfáticas con el verbo *ser* o tras preposición:
>   – _____
>   – _____
>   – _____
>
> • **Lo que** se utiliza cuando el antecedente se refiere a un concepto o idea:
>   – _____
>
> ✕ **QUIEN/QUIENES**
> • Se refieren solo a personas y equivalen a **el/la/los/las que**:
>   – _____
>
> • Se usan tras *haber* y *tener*:
>   – _____

CONTINÚA ➤➤

× **EL/LA/LO CUAL, LOS/LAS CUALES**

• Su uso en la lengua hablada es menos frecuente que el de *que*. Siempre llevan antecedente expreso:

—

• Pueden llevar preposición:

—

× **CUYO/A/OS/AS**

• Expresan relación de posesión con el nombre expresado anteriormente. Van entre sustantivos y concuerdan con el segundo en género y número:

—

| 2.3. | Relaciona estas frases con su oración subordinada correspondiente. Luego, sustituye los pronombres o adverbios relativos por otros, sin que cambie el significado.

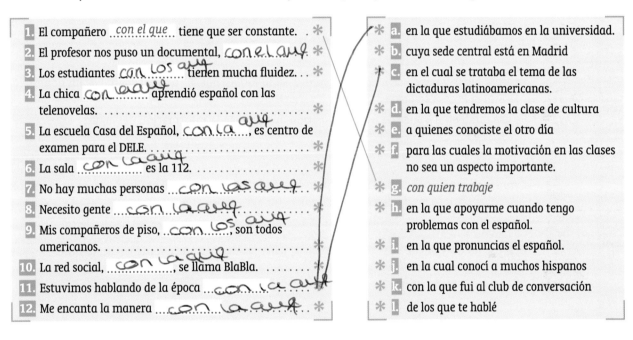

1. El compañero *con el que* tiene que ser constante. *
2. El profesor nos puso un documental, con el que *
3. Los estudiantes con los que tienen mucha fluidez. *
4. La chica con la que aprendió español con las telenovelas. *
5. La escuela Casa del Español, con la que, es centro de examen para el DELE. *
6. La sala con la que es la 112. *
7. No hay muchas personas con las que *
8. Necesito gente con la que *
9. Mis compañeros de piso, con los que, son todos americanos. *
10. La red social, con la que, se llama BlaBla. *
11. Estuvimos hablando de la época con la que *
12. Me encanta la manera con la que *

* a. en la que estudiábamos en la universidad.
* b. cuya sede central está en Madrid
* c. en el cual se trataba el tema de las dictaduras latinoamericanas.
* d. en la que tendremos la clase de cultura
* e. a quienes conociste el otro día
* f. para las cuales la motivación en las clases no sea un aspecto importante.
* g. *con quien trabaje*
* h. en la que apoyarme cuando tengo problemas con el español.
* i. en la que pronuncias el español.
* j. en la cual conocí a muchos hispanos
* k. con la que fui al club de conversación
* l. de los que te hablé

> | 3 | Alex e Ingrid son otros dos estudiantes de español con experiencias muy diferentes. Habla con tus compañeros de grupo sobre los motivos por los que crees que Alex e Ingrid aprenden español.

Alex: un francés que aprende español en Irlanda

"Yo empecé a aprender español en Irlanda. Aunque soy francés, me había trasladado a una pequeña ciudad irlandesa por motivos laborales y no tenía ni idea de español; sin embargo, me puse a aprenderlo con mucho interés".

Ingrid: una austriaca que perfecciona su español en Madrid

"Siempre me ha encantado el español y, cuando tuve la oportunidad de disfrutar de un año sabático, se me ocurrió la idea de pasarlo en Madrid para aprender la lengua y experimentar la cultura desde dentro".

| 3.1. | Escucha ahora sus experiencias y comprueba tus respuestas. Luego, responde a estas preguntas.

| 121 |

1 ¿Tenía Alex un plan para estudiar español cuando viajó a Irlanda? .....No...............

2 ¿Qué conocimientos previos tenía Alex de esta lengua? ..no..con..sus.amigos

3 Para Ingrid, ¿fue difícil empezar sola su vida en Madrid? ....

4 ¿Fue el de Ingrid realmente un año sabático, sin trabajar? ....

| 3.2. | Vuelve a escuchar y completa las siguientes frases con la palabra que falta. Después, completa el cuadro.

1 En la empresa .... **(en la que)** trabajaba había muchos españoles.

2 Me encanta la forma .... **(en la que)** los españoles te acogen cuando eres extranjero.

3 Ese fue el momento .... **(en el que)** me di cuenta de que iba a necesitar aprender español.

Adverbios relativos

✗ [1] ....

- Expresa lugar y puede sustituirse por **en + (el/la/los/las) que** si su antecedente es un nombre:
  —Esta es la casa **en la que**/......................... *nací.*

- Se usa también después de una preposición que precise la información del lugar:
  —*Pasé por* .... *me dijiste.*

✗ [2] ....

- Expresa tiempo y puede sustituirse por **en + (el/la/los/las) que** si su antecedente es un nombre:
  —*Recuerdo aquellos días* **en los que**/......................... *te conocí.*

✗ [3] ....

- Expresa modo y puede sustituirse por **en + (el/la) que** si su antecedente es un nombre:
  —*No me gusta la forma* **en la que**/......................... *actúas.*

>| 4 | Vas a leer ahora un texto sobre los aspectos más importantes de aprender una lengua. Relaciona cada consejo con su párrafo correspondiente. ¿Cuál te ha llamado más la atención? ¿Por qué?

A Practícalo de manera lúdica.	**E** No te dejes llevar por lo fácil.
B Diviértete.	**F** Actúa como un niño.
C Encuentra un compañero.	**G** Ten claro por qué lo estás haciendo.
D Busca la inmersión en el idioma.	**H** Aprende a escuchar.

Matthew Youlden habla nueve idiomas fluidamente y entiende casi una docena más. Trabajamos en la misma oficina en Berlín, así que puedo observar sus habilidades constantemente, cambiando de idioma cual camaleón cambiando de color. Cuando le comenté a Matthew que me estaba costando muchísimo esfuerzo llegar a comprender tan solo un segundo idioma, me dio los siguientes consejos:

CONTINUA »

1 ☐ Puede parecer obvio, pero si no tienes un buen motivo para aprender otro idioma, es muy probable que, a la larga, se te acabe la ilusión. Sea cual sea tu motivación, cuando decidas aprender un nuevo idioma, lo realmente importante es comprometerse al máximo.

2 ☐ Te recomiendo el "enfoque maximizado de 360°": no importa qué herramientas o estrategias uses para aprender el idioma, lo importante es que practiques todos y cada uno de los días. Rodearte y sumergirte en la cultura del idioma que estás aprendiendo es extremadamente importante.

3 ☐ Yo aprendí varios idiomas junto con mi hermano gemelo Michael, ¡ambos abordamos nuestro primer idioma, el griego, cuando teníamos solo ocho años! Aunque no tengas un hermano o hermana que te acompañe en tu aventura para aprender idiomas, contar con un aliado te empujará a seguir intentándolo un poco más y a permanecer motivado.

4 ☐ Si tu objetivo desde el principio es mantener una conversación, es más improbable que te pierdas en libros de texto y manuales. Hablar con gente hará que el proceso de aprendizaje siga siendo relevante para ti. No hace falta que vayas al extranjero, puedes ir al restaurante español que está al final de la calle e intentar pedir la comida en español.

5 ☐ Piensa en alguna manera divertida de practicar tu nuevo idioma: haz un programa de radio con un amigo, dibuja un cómic, escribe un poema o trata de hablar en este idioma con quien puedas.

6 ☐ Aprendemos a base de equivocarnos. Que te vean equivocándote o, incluso, teniendo dificultades es un tabú social que no afecta a los niños. Cuando aprendes un idioma, admitir y aceptar que no lo sabes todo es la llave para alcanzar crecimiento y libertad.

7 ☐ Nunca hablarás un idioma si no te pones a ti mismo en esa situación: háblales a extranjeros en su idioma, pregunta direcciones, pide la comida, intenta hacer chistes. Cuantas más veces lo hagas, mayor será tu estado de seguridad y mayor será la facilidad con la que te enfrentarás a nuevas situaciones.

8 ☐ Cualquier idioma suena raro la primera vez que lo escuchas, pero cuanto más lo oigas más familiar se volverá y más fácil te será hablarlo.

Adaptado de http://es.babbble.com/magazine

‖Sensaciones‖

| **4.1.** | 🎲 🌑 ¿Estáis de acuerdo con Matthew en que el factor importante del aprendizaje es la motivación? ¿Qué os motiva para aprender español? Comentadlo entre todos.

| **4.2.** | 🎲 🌑 ¡Un minuto y cambia! Habla durante un minuto con cada uno de los compañeros de la clase para obtener las respuestas a estas preguntas. ¿Coinciden? ¿Hay muchas diferencias? ¿Qué respuesta te ha sorprendido más?

    ✕ ¿Cuál fue tu primer contacto con el español?   ✕ ¿Dónde usas el español ahora?

    ✕ ¿Por qué decidiste aprender español?   ✕ ¿Cómo se aprende bien una lengua?

‖ Grupo cooperativo ‖

> | **5** | 🎲 ✥ A la hora de aprender un idioma, además de tener una buena motivación, es importante saber cómo se aprende mejor, es decir, conocer vuestro estilo de aprendizaje. Seguid las pautas.

> **1** Cread en clase un "*Dossier* de estilos de aprendizaje" donde se recojan los estilos de aprendizaje de la clase y las actividades con las que mejor aprendéis.

> **2** Cada alumno deberá realizar el test que va a repartir el profesor.

> **3** Según el estilo de aprendizaje predominante de cada estudiante, se divide la clase en tres grupos.

> **4** Cada grupo anotará el nombre de los estudiantes y las actividades que se pueden utilizar en clase según su estilo de aprendizaje.

> **5** Se plasman las conclusiones en un *dossier* explicativo que el profesor deberá tener en cuenta durante todo el curso.

>| 1 | En nuestro mundo actual cada vez es más importante saber idiomas. Algunos estudian en su propio país y otros salen al extranjero. ¿Conocéis estos programas para aprender español? ¿Cuáles son sus ventajas?

- Erasmus
- campamento de verano internacional
- *au pair*
- curso de idiomas en una escuela
- semestre académico
- máster internacional

| 1.1. | Elabora una definición para estos programas y señala a qué tipo de personas va dirigido cada uno. Fíjate en el modelo. Trabaja con tu compañero.

> *El programa Erasmus es un plan educativo que apoya y facilita la movilidad académica de los estudiantes y profesores universitarios dentro de la Unión Europea. Pueden disfrutar de una beca Erasmus los estudiantes que estén cursando una carrera universitaria y hayan terminado su primer año de formación.*

>| 2 | Serena es una joven de EE.UU. que está buscando en Internet información sobre diferentes programas para estudiar español. Lee las páginas que ha visitado y relaciona los programas con sus características correspondientes.

Aprende español

Aprende español

Programas | Blog | Archivo | Foro | Contacto

A Vive en español una experiencia inolvidable. Español para jóvenes, adultos y familias en un entorno rural en los bosques de Asturias. Convive, comparte y aprende de una manera natural. *Todos juntos* es una empresa familiar especializada en aprendizaje holístico y en el ecoturismo responsable. Nuestro proyecto educativo se especializa en crear espacios de ocio y tiempo libre para jóvenes adolescentes, adultos y para los más pequeños, con un enfoque y metodología que apuesta por la igualdad, la cooperación, la solidaridad, el amor por la vida y el respeto a la naturaleza.

Adaptado de http://www.green-spiral.com/es

B Imagina un año de aventuras estudiando en una universidad española, haciendo amigos de todo el mundo, viajando, formando parte de una familia anfitriona, cuidando de sus niños y recibiendo un salario mensual. Estas son solo algunas ventajas que el programa *au pair* te ofrece.

Adaptado de http://www.culturalcare.com.co

C Convive con el idioma, vívelo, apréndelo y *Comunícate* – Agencia de idiomas Comunícate
La mejor forma de aprender un idioma es estudiándolo mientras lo utilizas en la vida diaria. Con *Comunícate* puedes elegir un destino y realizar cursos adaptados a tu edad y exigencias. Vive un idioma y disfruta de su estudio sumergiéndote en su propia cultura.
Cursa un año escolar en el extranjero si eres estudiante de 14 a 18 años. Pasa un año de secundaria en otro país y estudia junto a nativos.

1 ☐	Programa que ofrece la posibilidad de ganar dinero.
2 ☐	Curso al que se puede asistir con los padres.
3 ☐	Programa que se desarrolla en la naturaleza.
4 ☐	Curso que permite convalidar un curso académico.
5 ☐	Opción que tiene en cuenta un aprendizaje integral, que incluye también educación en valores.

| **2.1.** | 🔄 🌐 ¿Qué te parece la idea de estudiar idiomas en un país extranjero? Habla con tus compañeros de grupo sobre las posibles ventajas y desventajas de esta experiencia.

>| **3** | 👤 📖 Lee cómo aprendieron español estos estudiantes y completa las frases con el léxico relacionado con la educación. Puedes usar el diccionario si el contexto no te permite elegir el término adecuado.

✕ clase presencial   ✕ curso intensivo   ✕ curso virtual
✕ academia de idiomas   ✕ colegio bilingüe   ✕ estudios primarios
✕ beca   ✕ escuela secundaria   ✕ tesis doctoral
✕ asignatura obligatoria ✕ expediente académico ✕ curso de perfeccionamiento

Yo cursé mis [1] *estudios primarios* en un [2] ...., por lo que mi nivel de español siempre ha sido bastante bueno. Cuando tenía 18 años, me fui de *au pair* a Mallorca. Quienes no se puedan permitir un curso en el extranjero deberían barajar esta opción. Creo que es la mejor manera para dominar otro idioma.

Hace quince años presenté mi [3] ...., en la cual investigué sobre el aprendizaje del español en contexto de inmersión. Empecé a tomar clases en una [4] .... y ahora soy yo la que da clases de español en una escuela de Corea del Sur, pero aquí no hay nadie con quien pueda hablar español. Hacer amigos hispanos por Internet es lo que más me apasiona.

Yo nunca había tomado clases de español en la [5] .... En la universidad, como tuve un buen [6] ...., me concedieron una [7] .... Esta beca incluía un curso de español en México con estancia en una familia de allí y un [8] .... de cinco horas diarias. Ahora estoy haciendo un máster internacional en Barcelona.

Mi primer contacto con el español fue hace dos años, cuando lo elegí en la universidad en la que estudiaba Comercio Internacional. Empezó como una asignatura optativa y al año siguiente la tuve como [9] .... Habrá quienes digan que podría estudiar mejor ruso o chino, pero me encanta estudiar español. Ahora estoy de Erasmus en Salamanca.

Yo empecé con un [10] .... de español porque lo necesitaba para el trabajo. El curso, cuya duración era de un año, me permitió adquirir los conocimientos básicos de la lengua para después hacer un [11] .... en [12] .... en la escuela "Casa del español", en la cual conocí a mi futuro esposo. Creo que contar con un objetivo y con buenos compañeros en clase es fundamental para motivarnos y aprender mejor.

| **3.1.** | 🤝 🗨 ¿Y tú? Cuéntale a tu compañero qué pasos has seguido para aprender español.

>| 1 | Observa estas dos imágenes. Ambas muestran a una persona que va a hacer un viaje, pero ¿cuáles crees que son las diferencias? Piensa con tu compañero en qué palabras se pueden asociar a cada situación.

Viajar para ganarse la vida

Irse de vacaciones

>| 2 | Esta es la historia de Carlos Iglesias, un actor y director español que pasó su infancia en Suiza. Ordena los párrafos para saber más sobre él.

A ☐ donde podía ir con la bicicleta en verano o jugar con el trineo en invierno.

B ☐ Este hecho explica también la riqueza que se gestó a partir de entonces, ya que estos trabajadores solían mandar hasta el último franco que ganaban a España.

C ☐ de ahí que en la década de los 60 llegaran a salir hasta cuatro millones de españoles, lo cual suponía un porcentaje importantísimo de la población en aquella época.

D ☐ Carlos Iglesias nació en Madrid en 1955. De 1960 a 1966 vivió con sus padres en Suiza, una etapa que le marcó profundamente.

E ☐ "Mi padre dice que los mejores años de su vida fueron los que pasó en Suiza". Muchos españoles tomaron esta decisión: dejar temporalmente su país para trabajar en el extranjero y mejorar su situación económica,

F ☐ Siempre recordará cómo con cinco años llegó a un lugar maravilloso con un río, lagos, bosques, montañas...

| Cultura |

| 2.1. | En 2006, Carlos Iglesias consiguió realizar su sueño: rodar una película contando su experiencia en Suiza. Completa el texto con las palabras que faltan.

✗ pensión   ✗ edredón   ✗ retazos   ✗ higiénico   ✗ sopetón

CARLOS IGLESIAS   JAVIER GUTIÉRREZ   NIEVE DE MEDINA   ISABEL BLANCO

Un FRANCO, 14 Pesetas

Basada en una historia real

EMPRENDÍAN MUCHO MÁS QUE UN VIAJE.
INICIABAN EL CAMINO HACIA UNA NUEVA VIDA.

La historia de *Un franco, 14 pesetas* es la historia de Carlos Iglesias; él mismo hace de su padre, pero incluye [1] .... de las vidas de todos aquellos emigrantes con los que habló. Es la historia de tantos españoles que tuvieron que dejar su vida en los años 60 y emigrar a un país de diferente cultura, un idioma incomprensible y unos avances que les llegaron tan de [2] .... que tardaron en asimilarlos: el papel [3] ...., el [4] .... nórdico, el agua caliente en el baño, el desayuno incluido en el precio de la [5] .... Todas esas anécdotas son tan reales como las de tantos y tantos emigrantes de ayer y aun de hoy que han visto su película y le escriben para agradecérsela, para decirle que se han visto a sí mismos en esa historia, que ellos estaban ahí.

Adaptado de *Revista de actualidad, cultura y economía hispanosuizas*, n.º 11, julio 2006

| **2.2.** |  En los años 60, España y Suiza eran países muy diferentes. Lee tu tarjeta y explícale a tu compañero cómo era el país en esos años.

Alumno A
España

× Dictadura de Francisco Franco.
× Poco desarrollo y escasez de productos.
× Sociedad conservadora y católica.
× Muy poco turismo al extranjero.
× Los españoles no aprendían idiomas.
× Salían al extranjero normalmente por motivos económicos y volvían cuando habían conseguido suficiente dinero.

× Se estudiaban idiomas.
× Ausencia de un estado que ejerciera control sobre sus ciudadanos.
× Educación pública y gratuita.
× Supermercados llenos de alimentos.
× Muchas oportunidades de trabajo.
× Sociedad muy liberal y desarrollada.

Suiza
Alumno B

| **2.3.** | Teniendo en cuenta la información anterior, ¿qué dificultades creéis que encontraron Carlos y su familia en Suiza? ¿Creéis que fue fácil el regreso a Madrid en 1966?

> | **3** | A continuación, vamos a trabajar con varias secuencias de la película en las que se plantean algunos de los choques culturales que se encontraron los españoles en Suiza en aquella época. Léelas atentamente y elige qué acotación pertenece a cada escena y qué tema plantea el autor de los propuestos debajo.

Acotaciones
× La primera carta de Martín a Pilar.
× En el hotel, nada más llegar a Suiza.
× En su casa, mirando un paisaje de montañas.
× El hijo se lo explica al carnicero en alemán.
× En el supermercado, intentado comprar un filete.

Temas
× Problemas con el idioma.
× La facilidad para encontrar trabajo.
× La nostalgia.
× El progreso.

Acotaciones		**Temas**
[....] [00:27]		[.....................]
Martín: El papel higiénico... ¿esto qué es? ¿Para limpiarse el culo?... ¡qué dices!... Entonces aquí los periódicos... ¿para qué los utilizan?		
[....] [00:35]		[.....................]
"Querida Pilar, los días aquí pasan volando. Según llegamos nos hicieron una prueba en la fábrica y enseguida empezamos a trabajar... Esto es muy limpio y bonito pero muy aburrido... Echo de menos los huevos fritos con chorizo, las lentejas o un cocidito de los tuyos. Lo del dinero es verdad, un franco cada 14 pesetas...".		
[....] [01:10]		[.....................]
Pilar: Hí-ga-do, de aquí del hígado, hí-ga-do...		
[....]		
Pilar: Lo que le ha costado a este hombre, es que es un poco lelo, me lo ha visto pedir cuarenta veces... **Carlos:** Ya, yo también te lo he dicho cuarenta veces en alemán y no lo sabes.		
[....] [01:13]		[.....................]
Martín: ¿Sabes lo que me apetece?... Daría cualquier cosa por estar sentado en la Gran Vía de Madrid tomándome una caña... viendo pasar gente.		

| **3.1.** | En grupos de tres, imaginad las conversaciones de las que se han extraído estas secuencias, lo que se dijo antes y lo que se dijo después. Las podéis escribir y representarlas en clase. Luego, podéis ver la película para conocer la versión del director.

| **3.2.** | Lee otra vez el extracto de la carta de Martín y escribe la respuesta de Pilar. ¿Cómo transcurre la vida en Madrid?

>| **4** | Para Carlos Iglesias, la experiencia de la inmigración fue muy positiva; sin embargo, no siempre es así. Quizá habrá personas que pongan peros a sus argumentos, mientras que otros lo verán como una experiencia increíble. Discute con tus compañeros sobre lo bueno y lo malo de irte a otro país para buscar trabajo.

Expresar objeciones y resaltar una información

✗ Para **"poner peros"** puedes usar:
- Ya…, lo que pasa es que no me convence porque…
- No, si es que no me interesa porque…
- El problema es que…

✗ Para **hablar de algo, resaltándolo** puedes usar:
- No te lo vas a creer, pero…
- Esto es algo increíble, fíjate que…
- No te puedes imaginar lo que tiene…
- Vas a alucinar con esto, resulta que… (informal)

>| **5** | Lee este breve artículo y elige con tu compañero un posible titular. Después comparad los diferentes titulares de la clase. ¿Son parecidos?

....

La juventud española está entre las más pesimistas de Europa sobre su futuro laboral. Piensa que vivirá peor que sus padres, y más de la mitad planea mudarse a otros países en busca de trabajo. Los jóvenes españoles, junto con los italianos, son los que menos confianza tienen en su país a la hora de buscar un trabajo. Tres de cada cuatro considera que hay mejores oportunidades laborales en el extranjero y un 58% planea irse de España en busca de una ocupación.

Adaptado de economia.el pais.com/economia/2014/11/23/actualidad/1416766833_921888.html

| **Intercultura** |

| **5.1.** | ¿Es igual en vuestro país? ¿Los jóvenes salen al extranjero a buscar trabajo? ¿Hay muchos extranjeros que llegan para trabajar? ¿Qué cosas han cambiado respecto a la época de la película?

---

5 · PRONUNCIACIÓN DE ESTRUCTURAS VOCÁLICAS: DIPTONGO, TRIPTONGO, HIATO, SINÉRESIS Y SINALEFA

>| **1** | Lee la información del cuadro y clasifica las palabras en su lugar correspondiente.

✗ iniciéis	✗ acentúo	✗ mahonesa	✗ Paraguay	✗ aliada	✗ leer	✗ diurno
✗ vehículo	✗ juicio	✗ duermo	✗ monstruo	✗ cooperante	✗ aéreo	✗ europea
✗ causa	✗ vieira	✗ buey	✗ púa	✗ baúl	✗ peine	✗ ruiseñor

Diptongo, triptongo e hiato

✗ El **diptongo** es la unión de dos vocales en una misma sílaba. Existen tres tipos de diptongo según las vocales que lo forman: **abierta** (*a, e, o*) y/o **cerrada** (*i, u*):
- vocal cerrada + vocal abierta: ...., ..., ...,
- vocal abierta + vocal cerrada: ...., ..., ...,
- vocal cerrada + vocal cerrada: ...., ..., ...,

CONTINÚA ▶▶

Diptongo, triptongo e hiato (Cont.)

✗ El **triptongo** es la unión de tres vocales en una misma sílaba. El esquema del triptongo siempre es el mismo:

  • vocal cerrada + vocal abierta + vocal cerrada: ...., ..., ..., ...

✗ Por último, el **hiato** es la unión de dos vocales seguidas pero que pertenecen a sílabas diferentes. Existen cuatro tipos:

  • dos vocales iguales: ...., ...

  • dos vocales abiertas juntas: ...., ..., ...

  • vocal abierta + vocal cerrada tónica: ...., ...

  • vocal cerrada tónica + vocal abierta: ...., ...

✗ La característica principal de diptongos y triptongos es que todas sus vocales se pronuncian en un solo golpe de voz. En el lado opuesto se encuentra el hiato, que se pronuncia en dos golpes de voz diferentes.

> | 2 | 👤 🔊
| 13 | Lee la siguiente información y marca el número del ejemplo que escuches según el fenómeno fonético correspondiente. Hay un ejemplo en el que se dan los dos fenómenos, ¿cúal es?

Sinéresis y sinalefa

✗ En la lengua oral, la pronunciación de los diptongos, triptongos, hiatos y grupos de palabras se puede ver afectada por dos fenómenos: la **sinéresis** y la **sinalefa**. Estos fenómenos nuncan interfieren en la lengua escrita.

  • La **sinéresis** es la reducción a una sola sílaba, en una misma palabra, de vocales que normalmente se pronuncian en sílabas distintas. Generalmente son vocales iguales o vocales abiertas: *alcohol* /al-kól/, *aeropuerto* /ae-ro-puér-to/:

    Ejemplo: 1. ☐; 2. ☐; 3. ☐; 4. ☐; 5. ☐; 6. ☐; 7. ☐.

  • La **sinalefa** es un enlace de sílabas por el cual se forma una sola de la última de una palabra y de la primera de la siguiente, cuando la primera acaba en vocal y la segunda empieza con vocal, precedida o no de *h* muda. A veces enlaza sílabas de tres palabras: **la o**rden /**laór**-den/, aprend**e a e**scribir /a-pren-**deaes**-cri-bír/:

    Ejemplo: 1. ☐; 2. ☐; 3. ☐; 4. ☐; 5. ☐; 6. ☐; 7. ☐.

¿Qué he aprendido?

1 Imagina que buscas trabajo en un país extranjero. Describe tu trabajo ideal.

....
....

2 Escribe las tres motivaciones más fuertes que tienes para aprender español.

....
....

3 ¿Qué has aprendido sobre tu estilo de aprendizaje? ¿Habías pensado en ello antes?

....
....

4 ¿Qué actividades crees que son las que te ayudan a aprender mejor español? ¿Cuáles son más fáciles de practicar fuera de clase?

....
....

3 CON RITMO

Contenidos funcionales
- Dar una opinión argumentando a favor o en contra por escrito y oralmente.
- Expresar acuerdo, acuerdo parcial y desacuerdo.
- Escribir una biografía.
- Hablar de trayectorias vitales.

Contenidos gramaticales
- Conectores de la argumentación.
- Usos de los tiempos del pasado de indicativo (revisión): pretéritos perfecto, indefinido, imperfecto y pluscuamperfecto.
- Expresiones para dar una opinión y para mostrar acuerdo y desacuerdo.

Tipos de texto y léxico
- Test.
- Entrevista.
- Biografía.
- Textos de opinión.
- Texto argumentativo.
- Texto expositivo.
- Léxico relacionado con la música y la danza.
- Léxico para hablar del carácter.
- Expresiones coloquiales.
- Expresiones frecuentes para organizar un texto argumentativo.

El componente estratégico
- Ordenar las ideas para poder argumentar sobre un tema de cierta complejidad.
- Recabar información para ser capaz de hacer una exposición de forma clara y bien argumentada.
- Reflexionar sobre la música como recurso para la motivación y el aprendizaje de una lengua extranjera en su dimensión lingüística y cultural.

Contenidos culturales
- Música en español: Pablo Alborán, David Bisbal y Macaco.
- El Ballet Nacional de Cuba: Viengsay Valdés.
- La canción *Hijos de un mismo dios*, de Macaco.

Fonética/Ortografía
- Entonación: agrupaciones que normalmente no admiten pausa.

1 MÚSICA PARA EL CUERPO

>| 1 |  Explícale a tu compañero qué es la música para ti. ¿Coincidís?

| 1.1. | | 14 | Varias personas hablan sobre la música en una entrevista en la calle para un programa de radio. Escucha y relaciona estas ideas con la persona que las expresa. ¿Coinciden con tu definición anterior?

Beatriz   Javier   Teresa   Carlos   Sonia   Luismi

La música...

		A	B	C	D	E	F
1	contribuye al bienestar personal.	☐	☐	☐	☐	☐	☐
2	potencia el desarrollo individual y social.	☐	☐	☐	☐	☐	☐
3	emociona de forma diferente según el estilo.	☐	☐	☐	☐	☐	☐
4	es un medio de expresión de nuestra voz interior.	☐	☐	☐	☐	☐	☐
5	se relaciona con las experiencias vividas.	☐	☐	☐	☐	☐	☐
6	permite trabajar con uno mismo y con los demás.	☐	☐	☐	☐	☐	☐

> | 2 | 🙂 🌐 Realiza este test sobre música y danza que ha aparecido en una revista.

1 **¿Qué te aporta la música?**

☐ Relax y felicidad.

☐ Expresarte de otra manera.

☐ Alegría y diversión.

☐ Desconexión del mundo que te rodea.

2 **¿Con qué imagen te identificas más? ¿Por qué?**

De todos los estilos de música, el que más me gusta es .... porque .....

...

...

3 **¿Qué género musical sueles escuchar? Ordena según tus gustos de más a menos.**

☐ pop

☐ rock

☐ baladas románticas

☐ reguetón

☐ flamenco

☐ tecno

☐ clásica

☐ Otros: ....

4 **¿Qué música nunca escucharías? ¿Por qué?**

....

5 **¿Dónde prefieres escuchar música? ¿Por qué?**

Prefiero escuchar música en........................... porque...

6 **¿Qué sentimientos relacionarías con estos tipos de música?**

rock: ....

clásica: ....

celta: ....

salsa: ....

pop: ....

reguetón: ....

7 **¿Con qué color describirías la música? ¿Y la danza?** Con un color...

☐ alegre   ☐ triste   ☐ arcoíris   ☐ brillante   ☐ mate   ☐ Otro: ....

8 **¿Qué baile te gustaría aprender?**

ballet clásico

danza contemporánea

danzas étnicas (africanas, del vientre...)

danza moderna (*salsa*, *hip-hop*, *funky*...)

bailes de salón (tango, merengue, pasodoble...)

flamenco

Estoy interesado/a en .... porque ....

9 **¿Qué instrumentos te gustaría tocar? Elige tres por orden de preferencia.**

1. ....

2. ....

3. ....

10 **¿Qué importancia le das a la música en tu vida?**

☐ Ninguna.

☐ Bastante.

☐ Mucha.

|2.1.| Comparte tus respuestas con tu compañero. ¿Tenéis los mismos gustos musicales? ¿Ocupa la música el mismo lugar en vuestra vida?

>|3| Uno de los entrevistados de la actividad 1.1. decía: "La música es un antidepresivo natural y escucharla y bailarla te eleva el espíritu y te inunda de armonía". ¿Conoces la musicoterapia? ¿Y la *danzaterapia*? ¿Qué beneficios pueden producir en las personas? Habla con tus compañeros.

|3.1.| No cabe duda de que la música influye de forma directa en nuestro estado anímico. Escucha la siguiente entrevista a un experto en musicoterapia y responde a las preguntas.

|15|

1 ¿Cómo interactúa el ritmo con nuestro cerebro?

2 ¿Por qué no todas las melodías nos afectan por igual?

3 ¿Qué es la musicoterapia?

4 ¿Crees que sirve para curar todas las dolencias?

5 ¿Dónde crees que está el secreto de la música?

|3.2.| Lee este artículo sobre la *danzaterapia* insertando las palabras del cuadro en su lugar correspondiente. Después, busca cada una de estas palabras en el diccionario eligiendo la acepción más adecuada según el contexto en que aparece en el artículo.

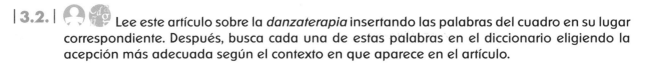

| ✗ movimiento | ✗ imitación | ✗ autoestima | ✗ disciplinas | ✗ bienestar |
| ✗ estimulante | ✗ tensiones | ✗ capacidades | ✗ composición | |

La *danzaterapia* es, tal y como indica su nombre, una terapia llevada a cabo a través de la danza y cuyo objetivo es promover el [1] .... general del cuerpo y de la mente. Estamos hablando de la danza como expresión creativa de la libertad individual responsable. En general, es una danza que parte de este [2] .... propio evitando la [3] .... de pasos y diagramas pautados por un profesor.

Hay que resaltar que el baile es un gran [4] .... en la producción de endorfinas, las cuales nos proporcionan un buen estado mental, físico, y psicológico; también nos ayudan a mantenernos sanos y fuertes desde dentro hacia fuera.

Otro de los beneficios de la danzaterapia es que, por un instante, aleja de nuestra mente las preocupaciones y tensiones que tenemos; nos eleva el cuerpo y nos hace sentir libres, llenos de energía y vitalidad, ya que nos quita esas cadenas de encima que son las preocupaciones y las [5] .... que nos atan a ser personas aburridas. También el baile aumenta la creatividad y la [6] ....

En la *danzaterapia* se van a integrar diversas [7] .... como la expresión corporal, el teatro, la danza, la psicomotricidad, la gimnasia consciente, la [8] .... coreográfica y la musicoterapia.

En muchas partes del mundo se está aplicando la danzaterapia con mucho éxito en el trabajo con niños, jóvenes, adultos, mayores y personas con [9] .... especiales.

Adaptado de http://www.concienciasenred.com/danzaterapia/id22.html

|3.3.| ¿Qué otras terapias conoces para mejorar el bienestar de las personas? ¿Qué beneficios aportan? Habla con tus compañeros.

>| 1 | Observad a estas personas. ¿Qué carácter creéis que tienen? ¿Qué música escuchan? ¿Creéis que los gustos musicales determinan los comportamientos de cada uno? Habla con tus compañeros.

| 1.1. | Relaciona el léxico de carácter que te va a dar tu profesor con las personas anteriores. Trabaja con tu compañero.

>| 2 | Lee las opiniones que hemos encontrado en un foro sobre si la música que escuchamos refleja nuestro carácter y subraya en diferentes colores las frases que son un argumento, un ejemplo o una cita.

Somos lo que escuchamos

Archivo | Foro | Contacto

Alberto
○○○○○

A mi modo de ver, creo que primero existe el estado psíquico y, a partir de ahí, cada persona busca una música que encaje con él. No estoy de acuerdo con la frase: "Dime qué música escuchas y te diré cómo eres". **Yo diría que** en lugar de "cómo eres" se podría poner: "cómo te sientes ahora". Por ejemplo, hay épocas o periodos en que me apetece algo lento y suave, baladas, clásica, etc., y en otros días, momentos o periodos me apetece algo más agresivo y contundente, o bien algo alegre y movido…

Alfredo
○○○○○

No es cierto, como menciona Adrian North, que "la música no determina la personalidad de alguien", sino al revés. **Yo considero que** uno escucha cierto tipo de música porque su personalidad es de determinada manera. Cuando ponen música alegre, aquellos que lo son, inmediatamente se levantarán a bailar o estarán activos y de buen humor. Los depresivos, violentos o cuya personalidad o estado de ánimo no se refleje en esa música, se sentirán más bien molestos. **No considero que** la música marque tendencias, sino que son las tendencias las que dan origen a la música.

Lara
○○○○○

Yo opino que, al contrario de lo que muchos pueden pensar, es la personalidad de cada individuo la que podría llevarlo a escuchar un determinado tipo de música, porque lo identifica o porque le causa ciertos estados de ánimo deseados. Por otra parte, dudo mucho que un ser humano en su sano juicio se vea influenciado por contenidos líricos o por la música misma. Para ejemplificar, puedo mencionar un estudio realizado recientemente **según** el cual la música predilecta de muchos niños superdotados sería el *thrash*, específicamente Slayer, y bandas *death* metal. En fin, solo un ejemplo de que las apariencias engañan.

Luis
○○○○○

No somos lo que escuchamos. Nadie es lo que aparenta. La forma de ser de una persona no tiene nada que ver con lo que escucha o cómo se vista. **Yo veo que** no pueden clasificarnos con solo escuchar la música que nos gusta… La música que escuchamos no refleja la realidad de la personalidad que tenemos.

| **2.1.** | Ahora os toca opinar: ¿estáis de acuerdo en que "somos lo que escuchamos" o se sigue estereotipando por la música que se escucha? Utilizad las expresiones resaltadas en negrita de la actividad anterior y que aparecen recogidas en el siguiente cuadro.

Dar una opinión

- A mi modo de ver,…
- (Yo) considero que…
- (Yo) opino que…

- Según…
- (Yo) veo que…
- (Yo) diría que…

- (*Yo*) *no* + *creo/pienso/considero/opino/veo* + *que* + subjuntivo
- (*A mí*) *no me parece que* + subjuntivo

| **2.2.** | Lee ahora el texto que han leído las personas del foro y señala cuál es la idea principal que presenta y los argumentos que avalan dicha idea, según el autor.

Música y personalidad: ¿un binomio real?

Toda tribu urbana o movimiento ideológico juvenil se establece en base a ciertos signos característicos: estética, algunos principios éticos más o menos esbozados, pero principalmente unos gustos musicales bien definidos. La generación *beat* bailó a ritmo de jazz, el movimiento *hippie* escuchó el folk, y los góticos y emos se estremecen con cantos oscuros. Y estos son solo algunos ejemplos. Músicas que marcaron una generación, o músicas que un movimiento social juvenil hizo suyas.

Habría que preguntarse: ¿somos la música que escuchamos? Desde nuestro punto de vista, la música, a diferencia de lo que solemos creer, no explica en absoluto nuestra manera de ser. Estoy convencido de que usamos la música para vernos identificados con las posturas vitales y políticas que consideramos más validas, pero no existe una vinculación estrecha entre esa identificación y nuestras acciones.

Pongamos un ejemplo: la estética dura y la violencia que rodea al *heavy metal* no corresponde para nada con la personalidad de sus seguidores: "gran parte de ellos son personas amables, pacíficas e, incluso, con una tendencia hacia la introversión", según apunta un estudio efectuado por Adrian North, de la Universidad de Heriot-Watt, mediante una encuesta que fue contestada por 37 000 personas en todo el mundo a través de Internet.

Entonces, destaco que, a pesar de que los estilos musicales difieran mucho, los clásicos y los melenudos podrían categorizarse dentro del mismo perfil psicológico.

Además, hay otra investigación llevada a cabo en la Universidad de Queensland, Australia, donde se apoyan las conclusiones anteriores, descartando de este modo que la música o el estilo musical juegue un papel causal en el comportamiento antisocial, por ejemplo. Sí sugieren, no obstante, que la identificación con un estilo musical es un indicador de vulnerabilidad emocional.

Por consiguiente, considero que el estado psíquico es apriorístico, y a partir de este cada individuo se deja conquistar por aquella música que encaja con su personalidad. Parece ser que escuchar una música con melodías o letras deprimentes a oídos de alguien no quiere decir que sea un factor detonante para deprimir a muchos de sus oyentes, sino que, al contrario, en ocasiones este tipo de músicas ayudan a superar momentos bajos de ánimo y posibles problemas. Lo que yo creo es que la mayor parte de personas siguen fieles a los estilos musicales que escuchaban entre los 14 y los 26 años, y esto ocurre debido a que la juventud marca nuestras identidades, que ya no serán tan plásticas durante el resto de nuestra vida.

CONTINÚA »

Sin embargo, el *Australasian Psychiatry Journal* publicó un estudio de personalidad determinado por la música que escuchamos. Según su autora, Felicity Baker, "las personas que escuchan *rap* y *hip-hop* son altamente violentas, y los metaleros son más propensos a pensamientos suicidas, al consumo de drogas y al vandalismo". [4]

Le otorguemos mayor o menor grado de credibilidad a estos estudios, lo cierto es que, al vincular estilo musical con personalidad, caemos en generalizaciones e imprecisiones. Si así obrásemos, estaríamos jugando en un terreno de demagogia barata y usaríamos los prejuicios que imponen los medios de comunicación y las series juveniles de televisión. [5]

Ahora les toca opinar, ¿están de acuerdo en que "somos lo que escuchamos" o se sigue estereotipando por la música que se escucha?

Adaptado de http://psicologiaymente.net/la-musica-y-tu-personalidad-que-vinculacion-tienen

| 2.3. | Lee la siguiente explicación sobre el texto argumentativo y escribe en la columna de la derecha del texto anterior el nombre de sus partes, analizando el contenido de cada uno de los párrafos. Luego, ordénalas según el desarrollo lógico de este tipo de textos.

Texto argumentativo

- El **texto argumentativo** intenta convencer, modificar o reforzar la opinión del destinatario del texto, mediante razones que sean aceptables, fuertes y capaces de resistir las razones en contra (contrargumentos).

- Las partes de un texto argumentativo son:
  - **Contrargumentación:** son las ideas que se pueden oponer a nuestro razonamiento.
  - **Tesis:** es un enunciado breve a partir del cual se estructura la argumentación.
  - **Conclusión:** aquí se sintetizan las ideas principales del discurso, las consecuencias de lo expresado, determinada actitud o plan de acción a seguir, o los puntos pendientes sobre el tema.
  - **Argumentación:** son las razones que el emisor presenta para convencer al receptor de que la tesis es verdadera o válida.
  - **Introducción:** se enuncia el tema que se tratará y la postura que se va a defender.

| 2.4. | Fíjate en los siguientes recursos que se usan en la argumentación y complétalos con algún ejemplo del texto de la actividad 2.2. Trabaja con tu compañero.

Ejemplificación	Pregunta retórica	Subjetividad	Citas de autoridad	Datos estadísticos
Caso particular que sirve para ilustrar la argumentación.	Pregunta cuyo objetivo no es una respuesta por parte del receptor, sino para que este reflexione acerca de la misma.	Palabras o expresiones que muestran la intención o pensamiento del emisor.	Palabras de un especialista en el tema para apoyar con mayor fuerza la opinión del emisor.	Información numérica real que ilustra una idea que se está sosteniendo.

> | 3 | Otro tema también polémico relacionado con la música es su descarga ilegal. Escucha y decide si el autor está a favor o en contra de esta práctica.
[16]

| 3.1. | Escucha de nuevo y completa el cuadro de la página siguiente con las expresiones que utiliza el autor del texto para organizar sus opiniones e ideas.
[16]

Expresiones frecuentes para organizar los textos argumentativos

✗ Presentar el tema:
- Vamos a hablar de una cuestión que…
- A manera de introducción podemos decir que…
- [ ]

✗ Organizar los argumentos:
- Habría que distinguir varios puntos…
- Aquí hay que hablar de diferentes puntos…
- [ ]

✗ Añadir argumentos y **opinar**:
- Otro hecho importante es que…
- Además de…
- [ ]

✗ Oponer argumentos:
- Por un lado…, aunque por otro…
- Parece que…, pero en realidad…
- [ ]

✗ Presentar nuestro punto de vista:
- En mi opinión… • Estoy convencido de…
- [ ]

✗ Presentar el punto de vista de otros:
- Para… • En opinión de…
- [ ]

✗ Concluir:
- En conclusión… • Para concluir…
- [ ]

| 3.2. | ¿Y tú? ¿Estás a favor o en contra de la descarga de música? Argumenta tu opinión por escrito. Respeta la estructura, las expresiones y los recursos propios del texto argumentativo que has estudiado.

3 ¡COMO LO OYES!

>| 1 | ¿Qué papel crees que tiene la música en el aprendizaje de una lengua extranjera? ¿Con cuál de estas afirmaciones estás más de acuerdo? Coméntalo con tu compañero.

- **A** [ ] Escuchar canciones en español me ayuda a aprender palabras nuevas.
- **B** [ ] En clase me gusta trabajar con música porque forma parte de la cultura.
- **C** [ ] Trabajar con canciones en español es demasiado difícil y no vale la pena.
- **D** [ ] Es difícil que una canción guste a todos en clase, cada uno tiene sus propios gustos musicales.

| 1.1. | ¿Has trabajado con música en clase alguna vez? ¿Qué aprendiste? Comparte con tus compañeros tu opinión sobre las ventajas y desventajas que tiene trabajar con canciones en una clase de idiomas. Comparad vuestras experiencias.

| Cultura |

>| 2 | Aquí tienes una breve presentación de dos cantantes muy populares y conocidos en España y también en Latinoamérica. Con tu compañero, responde a las preguntas que aparecen en la página siguiente. ¿Estáis de acuerdo en todo?

David Bisbal es uno de los artistas más conocidos del panorama musical español. Bisbal comenzó en el mundo de la música de la mano de una orquesta que animaba las fiestas de los pueblos durante el verano. En aquel entonces no podía imaginarse que su éxito se encontraría detrás de un *casting* para un programa de televisión: *Operación Triunfo*.

Pablo Alborán es un joven de Málaga que desde muy pequeño mostró un gran talento musical. Aprendió a tocar varios instrumentos y empezó a componer canciones con solo doce años. A esta edad también actuaba ya con un grupo de flamenco en un restaurante en Málaga. Después, empezó a subir vídeos suyos a YouTube y gracias a esto se le empezó a conocer en toda España e incluso en Latinoamérica.

1 ¿Qué papel ha jugado la suerte en estas dos historias?

2 ¿Te parece que *Operación Triunfo* es un *reality show*? ¿Existe en tu país?

3 ¿Crees que en su caso se trata de una fama efímera o con continuidad? ¿Crees que puede ser diferente para cada uno de ellos?

4 ¿Conoces a otros artistas que hayan llegado a la fama de una forma similar?

| 2.1. | Escucha ahora el siguiente reportaje sobre cómo estos dos músicos han dado el salto | 17 | a la fama y toma nota sobre la trayectoria de cada uno. ¿Coincide con lo que habíais respondido en la actividad anterior?

David Bisbal

Pablo Alborán

> | **3** | Estas son las opiniones de algunas personas sobre los nuevos artistas que nacen continuamente. Como hemos visto, hay programas de televisión que los lanzan a la fama muy rápidamente. Lee y relaciona las expresiones coloquiales marcadas en negrita con las definiciones que aparecen en la página siguiente.

¡DIRECTOS A LA FAMA!

1 ¡Claro que no! No se puede aceptar que cantantes de toda la vida [a] **estén ahora de capa caída** sin grabar discos nuevos mientras otros no paran de hacer conciertos. Programas como *Operación Triunfo* han hecho mucho daño, además de un gran negocio. En fin, "malos tiempos para la lírica".

2 Naturalmente. ¿Por qué no? Las productoras [b] **están al corriente** de la demanda del público y es ni más ni menos lo que hacen, darnos lo que queremos.

3 ¡Qué va! Estoy en contra porque muchos han luchado durante muchos años para estar donde están o… mejor dicho, donde estaban y que lleguen estos [c] **yogurines** [d] **arrasando** como si fueran divos, ¡no puede ser! Ahora toda la música suena igual… marketing con un toque latino.

4 Hasta cierto punto sí, pero me da pena de los otros cantantes porque muchos [e] **no se comen una rosca** desde hace tiempo. Los nuevos "triunfitos", sin embargo, llenan estadios.

5 Sí, pero no deberíamos olvidar que los cantantes de toda la vida siempre estarán ahí y nunca dejarán de ser reconocidos como tales. Yo creo que son dos cosas diferentes y, por lo tanto, no comparables.

7 Estoy totalmente en contra. Me niego a aceptar que estos [g] **listillos** usen a estos pobres chicos con la excusa del éxito cuando lo único que están haciendo es aprovecharse de ellos y después se quedan con la mayoría del dinero.

6 Me parece bien. Soy partidario de que se les dé una oportunidad a muchos chicos que, si no fuera por determinados programas, donde se arriesgan a entrar, siempre [f] **estarían en el anonimato**. Hoy en día no es tan fácil destacar y ser original para triunfar. Después, la prueba para ellos será la permanencia.

CONTINÚA »

1	☐	Que oculta su nombre o personalidad.
2	☐	Tener una persona o cosa mucho éxito, ser muy bien aceptada.
3	☐	Perder algo o alguien la autoridad, vigencia o posición que tenía.
4	☐	Estar enterado o informado de aquello de lo que se trata.
5	☐	Chico/a joven.
6	☐	No conseguir alguien ninguno de los objetivos que se ha fijado.
7	☐	Persona que presume de saber mucho o de ser muy entendido en alguna materia.

| **3.1.** | ¿Quiénes están a favor y quiénes en contra? Lee de nuevo las intervenciones anteriores y escribe las expresiones que usan para expresar acuerdo o desacuerdo.

	A favor	En contra	Expresiones utilizadas
1	☐	☐	....
2	☐	☐	....
3	☐	☐	....
4	☐	☐	....
5	☐	☐	....
6	☐	☐	....
7	☐	☐	....

| **3.2.** | Ya sabéis cómo se expresa acuerdo y desacuerdo, pero vamos a aprender algunas expresiones más. Trabaja con tu compañero y clasifícalas en su caja correspondiente.

1 No estoy de acuerdo al cien por cien.
2 Comparto tu opinión.
3 No lo veo bien.
4 A mí también/tampoco me lo parece.
5 Vale.
6 No lo veo muy claro que digamos.

7 ¡Claro que sí!
8 ¡Muy bien dicho!
9 En efecto.
10 No es que lo vea mal pero…
11 ¡Por supuesto que no!
12 Pues sí.
13 Estoy de acuerdo pero solo en parte.
14 Puede ser, pero…

15 Evidentemente.
16 Es indudable.
17 Soy de la misma opinión.
18 Yo en eso discrepo.
19 No hay duda de que…
20 Sin duda (alguna).
21 Estoy de acuerdo con casi todo.
22 Creo que te equivocas.
23 Yo no lo veo así.

Expresar acuerdo	Expresar acuerdo parcial	Expresar desacuerdo
	1	

|| Intercultura ||

| **3.3.** | ¿Estás de acuerdo con que las productoras lancen a jóvenes cantantes al mundo de la música? ¿Ocurre algo parecido en tu país? Escribe tu opinión señalando con cuál de los comentarios de la actividad 3 estás de acuerdo y con cuál no.

| **3.4.** | En parejas, discutid sobre los siguientes temas. Cada uno debe elegir una de las dos opciones y defenderla, argumentando y rebatiendo las opiniones de su compañero, expresando acuerdo parcial o desacuerdo y llegando a una conclusión.

✗ ¿Escuchar música a todo volumen o escuchar música sin que se enteren los vecinos?
✗ ¿Solistas o grupos y bandas?
✗ ¿Descargar un cedé de Internet o comprarlo?
✗ ¿Macroconciertos y grandes festivales o conciertos en salas pequeñas?

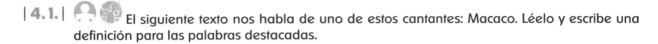

> **| 4 |** Hay artistas que se lanzan a la fama a través de las redes sociales, de programas de televisión, pero también los hay que empiezan en la calle. Discute con tu compañero las principales razones que pueden llevar a un músico a tocar en la calle.

- ✗ Por hobby, para entretenerse.
- ✗ Para practicar y perder el miedo a tocar ante el público.
- ✗ Para conseguir dinero para sobrevivir.
- ✗ Para hacer llegar su música a la gente.
- ✗ Para financiarse un viaje.
- ✗ Para hacerse famoso.

| 4.1. | El siguiente texto nos habla de uno de estos cantantes: Macaco. Léelo y escribe una definición para las palabras destacadas.

Macaco es un artista español nacido en Barcelona en 1972, cuyo nombre real es Daniel Carbonell de las Heras. En sus orígenes como músico callejero en las ramblas de Barcelona, reclutaba a músicos de diversos países como Brasil, Camerún, Venezuela o España, creando su propia banda multicultural y bautizándola con el nombre de su apodo: "Macaco". Su música es una mezcla de rumba, *reggae* y *funk* con acentos electro de música hispanoamericana. Canta en diferentes idiomas, entre ellos, español, portugués, francés, inglés, catalán e italiano.

| 4.2. | Ahora comparad la definición que cada uno de vosotros ha escrito de las palabras resaltadas. ¿Coincidís? Buscad en el diccionario la definición para comprobar si habéis acertado.

| 4.3. | ¿De qué temas crees que habla un artista como Macaco en sus canciones? Elegid, de estos, los cinco que, según vosotros, sean los más recurrentes.

- ☐ el amor
- ☐ el desamor
- ☐ la música
- ☐ los celos
- ☐ la paz
- ☐ el/la amado/a
- ☐ una ciudad
- ☐ la injusticia
- ☐ la amistad
- ☐ el mar
- ☐ la libertad
- ☐ Otros: ....

| 4.4. | Escucha en Internet la canción *Hijos de un mismo dios* de Macaco; descubre de qué lugares habla completando los espacio en blanco. Luego, ordena los párrafos. ¿De qué trata esta canción? Si no puedes acceder a Internet, el profesor te dará una ficha.

☐ Doce de la noche en el sur de Europa. Pongamos que hablo de .... La palabra crisis bautizará la mañana. Es la banda sonora de tanto repetir.

☐ Un hombre camina por las calles de .... Se pregunta si una enfermedad se puede orquestar. ¿Quién traerá la vacuna? Moneda y cambio de una fortuna. Una banda sonora que pronto se olvidará.

☐ ...., siete de la tarde. Cacerolas en lugar de tambores inundan la calle. João sigue con lo suyo, con sus labores. Fuera suena la banda sonora de sus dolores.

☐ Cinco de la mañana ahí en .... Se oye un disparo desde una ventana. María mira hacia el cielo, ya está acostumbrada. Es la banda sonora de cada madrugada.

☐ Luis, con el mundo, lleva una vida muy social. En la .... un millón de amigos, dice: "No te pueden fallar". Pero en su casa hace un mes que nadie cruza su portal. La banda sonora: solitaria comunidad.

☐ Una pareja viviendo en .... Trabaja a jornada completa, otra cuota, otro ordenador. Su tiempo se resume, con tiempo que no consume. La banda sonora: es el sonido de su reloj.

|4.5.| 👤🌐 Cada uno de los lugares de la canción hace alusión a una realidad social diferente. Relaciona cada estrofa con el tema que trata.

A ☐ La desconexión entre los ciudadanos y sus representantes políticos.

B ☐ El control de la industria farmacéutica y alimentaria.

C ☐ La violencia en las calles, los asesinatos como parte de la normalidad.

D ☐ El paro, los problemas económicos.

E ☐ El vertiginoso ritmo de vida, la adicción al trabajo, la escasa vida familiar.

F ☐ La pérdida de las relaciones personales en favor del "pantallismo *online*".

> ¡Oye! Si somos hijos, hijos de un mismo dios, ¿por qué siempre caen los mismos, por qué?
> Oye, dímelo. Si somos hijos, hijos de un mismo dios, ¿por qué los ojos se nublan? ¿Por qué los ojos se acostumbran a todo este dolor? ¡Vámonos!

Grupo cooperativo

|4.6.| 🌸➕ En grupos, vais a hacer una presentación sobre uno de los problemas que habéis visto en la actividad anterior. Seguid las pautas.

1 Dividid la clase en grupos, tantos como problemas se tratan en la actividad anterior, si es posible.

2 Cada grupo deberá elegir uno de esos problemas.

3 Buscad y seleccionad una canción hispana que hable sobre ese problema. Podéis hacerlo en Internet (YouTube). Si necesitáis ayuda, el profesor os dará una ficha.

4 Analizad la canción y explicad por qué la habéis elegido.

5 Presentadla al resto de los compañeros.

6 Por último, entre todos, comentad los siguientes puntos:
  – ¿Creéis que se pueden hacer buenas canciones que sean reivindicativas a la vez que planteen problemas sociales?
  – ¿Creéis que es "obligación" moral de los artistas que sus obras reflejen la realidad social que los rodea o los problemas del mundo?
  – ¿Os han gustado las canciones que han presentado vuestros compañeros? ¿Por qué? ¿Cuál os ha gustado más?

Sensaciones

>|5| ⚓🌐 En la canción se habla de "la banda sonora" de la vida de algunas personas. ¿Qué banda sonora sería la que pondrías a ciertos momentos de tu vida? ¿Qué canciones o melodías asocias a tus recuerdos? Y el español, ¿te remite a alguna melodía o canción? Coméntalo con tu compañero.

4 VIENGSAY VALDÉS

>|1| 👤📖 Mira la siguiente imagen. ¿Qué tipo de baile es? ¿Qué requisitos crees que debe tener alguien que se quiera dedicar profesionalmente a ello? Señala los que consideres más adecuados de la siguiente lista. ¿Podrías añadir algún otro?

☐ ahínco   ☐ aspiraciones   ☐ iniciativa   ☐ disciplina

☐ esfuerzo   ☐ sacrificio   ☐ empeño   ☐ sensibilidad

☐ tesón   ☐ forma física   ☐ terquedad   ☐ elegancia

☐ perseverancia ☐ codicia   ☐ flexibilidad ☐ humildad

|1.1.| 🌸🌐 Comparte tus opiniones anteriores con tus compañeros. ¿Coincidís? ¿Conocéis a alguien que se dedique a la danza como aficionado o profesionalmente?

> | 2 | 👤 🔊
| 18 |

Una bailarina consagrada y que ha dedicado su vida a la danza es la cubana Viengsay Valdés, primera bailarina en el Ballet Nacional de Cuba. Escucha una entrevista que le hicieron para un programa de televisión y contesta a estas preguntas.

1 ¿Cuáles fueron sus inicios en el ballet?

2 ¿Cómo fue su infancia?

3 ¿Qué ha sido lo más duro para ella en su carrera profesional?

4 ¿Qué momentos destaca como los más impactantes de su carrera?

5 ¿Se arrepiente de haber renunciado a algo en su vida? ¿Ha valido la pena?

| 2.1. | 👤 ⚙️ Aquí tienes algunas frases extraídas de la entrevista que acabas de escuchar. Relaciónalas con las diferentes funciones de los tiempos de pasado en español según el cuadro que tienes a continuación.

1 Viengsay es una estrella que ha bailado en los más importantes escenarios del mundo.

2 Desde niña había estado en gimnasia artística.

3 Ha sido un camino largo de sacrificio.

4 ...y después de un par de pruebas ya me habían aceptado.

5 Estudiaba y acudía a la escuela de baile.

6 Siempre estaba ensayando.

7 Tenía las condiciones físicas.

8 Fue muy duro.

9 Me gustaba más bailar.

10 Nunca antes me había sentido tan orgullosa.

11 Empecé a bailar a los nueve años.

12 Hubo muchos momentos difíciles.

13 De niña, me limitaba mucho en la diversión.

14 Recientemente me ha impactado mucho el festival de Sasaki.

Usos de los tiempos del pasado de indicativo (Repaso)

✕ El pretérito **perfecto**:
- Pasado cercano al presente: *frase n.º* ⬜
- Pasado sin determinar: *frase n.º* ⬜
- Preguntar o responder por experiencias sin importar el momento: *frase n.º* ⬜

✕ El pretérito **indefinido**:
- Pasado terminado sin relación con el presente: *frase n.º* ⬜
- Acciones puntuales: *frase n.º* ⬜
- Acciones de las que especificamos la duración o la cantidad: *frase n.º* ⬜

✕ El pretérito **imperfecto**:
- Acciones de las que no percibimos el final: *frase n.º* ⬜
- Describe las circunstancias, los lugares y las personas: *frase n.º* ⬜
- Acciones que eran habituales en el pasado: *frase n.º* ⬜
- Acciones simultáneas: *frase n.º* ⬜
- Acciones en desarrollo: *frase n.º* ⬜

✕ El pretérito **pluscuamperfecto**:
- Acciones pasadas anteriores a otras: *frase n.º* ⬜
- Acciones posteriores a otras con inmediatez: *frase n.º* ⬜
- Algo que se hace por primera vez justo en este momento: *frase n.º* ⬜

| **2.2.** | 🌐 ⚙️ Ahora leed la reseña de la biografía de Viengsay Valdés y completadla con los verbos en la forma correcta según habéis estudiado en la actividad anterior.

De acero y nube, una biografía inconclusa de Viengsay Valdés

La presentación de *De acero y nube. Biografía de Viengsay Valdés*, del ensayista Carlos Tablada [1] .... (resultar) un suceso en la sede del Ballet Nacional de Cuba, donde [2] .... (presentarse) este volumen, como parte de las actividades de la 23 edición de la Feria Internacional del Libro de La Habana.

El periodista Yuris Nórido y el historiador del Ballet Nacional de Cuba Miguel Cabrera, [3] .... (coincidir) en destacar la excelencia, disciplina, talento y perseverancia que [4] .... (marcar) el trabajo y la obra de la artista. "Este texto hace justicia a Viengsay y ofrece la posibilidad de sacar del escenario a la bailarina y dialogar con el ser humano y su historia". En su intervención, Yuris Nórido [5] .... (explicar) que, en esta biografía, se hace un recorrido por su niñez y los primeros contactos con el baile, la relación con su abuela, el papel de los padres y el diálogo con algunos de sus principales maestros, como el recientemente fallecido Fernando Alonso, cuyos consejos, [6] .... (confirmar) la propia artista en la presentación, [7] .... (resultar) de un valor incalculable.

Miguel Cabrera, quien [8] .... (declararse) uno de los principales admiradores de la obra de Viengsay, [9] .... (evocar) la manera en que ella [10] .... (destacarse) para emerger del supuesto anonimato del cuerpo de baile, "danzar luego en las cuatro esquinas del mundo, acreditarse entre las mejores bailarinas del planeta y conseguir lo que pocos: ser famosa y popular en lo que hace".

Aunque su principal mérito, [11] .... (señalar), [12] .... (ser) convertirse en una genuina continuadora y embajadora de la Escuela Cubana de Ballet, regalarle su presencia al país que la vio crecer, así como ser fiel a sí misma y a los que, orgullosos, la admiran brillar desde el escenario, "porque el arte no tiene patria, pero un artista, sí, y eso Viengsay [13] .... (saber) demostrarlo muy bien". Al respecto, la artista [14] .... (remarcar): "En mi familia crecí con un fuerte sentido de pertenencia hacia mi país y nunca me pregunté por qué no seguir en él".

Por lo pronto, *De acero y nube. Biografía de Viengsay Valdés* solo se encuentra disponible en formato digital.

Adaptado de http://www.lajiribilla.cu/articulo/7022/de-acero-y-nube-una-biografia-inconclusa-de-viengsay-valdes

> | **3** | 😊 💿 Escribe la biografía de un artista a quien admires, siguiendo el modelo de los textos anteriores. Habla de sus inicios, el desarrollo y la consolidación de su carrera. Di también por qué lo admiras, argumentando tus opiniones.

5 ENTONACIÓN: AGRUPACIONES QUE NORMALMENTE NO ADMITEN PAUSA

> | **1** | 👥 ⚙️ Definid estas categorías gramaticales y poned un ejemplo de cada una de ellas.

1 Adjetivo: ....

2 Adverbio: ....

3 Artículo: ....

4 Nombre: ....

5 Perífrasis verbal: ....

6 Preposición: ....

7 Pronombre átono: ....

8 Verbo: ....

| 1.1. | 🗣️💬 Muchas veces la entonación está ligada a la gramática. Existen algunas agrupaciones de palabras que no admiten una pausa entre sus partes. A continuación tienes dos cuadros: uno con agrupaciones gramaticales y otro con los ejemplos. Une cada agrupación con su ejemplo.

1. artículo + nombre .... ✳	✳ **a.** con mi libro
2. nombre + adjetivo .... ✳	✳ **b.** duermo fatal
3. adjetivo + nombre .... ✳	✳ **c.** bastante mal
4. verbo + adverbio .... ✳	✳ **d.** el niño
5. adverbio + verbo .... ✳	✳ **e.** plato sopero
6. pronombre átono + verbo ..... ✳	✳ **f.** lo creo
7. adverbio + adjetivo .... ✳	✳ **g.** se echó a llorar
8. adverbio + adverbio .... ✳	✳ **h.** verde hojarasca
9. forma verbal compuesta ...... ✳	✳ **i.** no estudia
10. perífrasis verbal .... ✳	✳ **j.** bien avenido
11. preposición + término .... ✳	✳ **k.** habían cantado

> | 2 | 🎧🔊 *| 19 |* Estas agrupaciones no admiten una pausa en el centro. Por ejemplo, en la oración *Si hubiera estudiado, habría aprobado el examen de Matemáticas*, la única pausa posible es la que se expresa por la coma. Escucha el siguiente audio en el que hay dos pausas incorrectas. Detéctalas y di el porqué de su incorrección.

Error 1 ....

Error 2 ....

| 2.1. | 🤿⚙️ Crea con tu compañero un diálogo parecido al que acabas de escuchar en el que insertes dos errores de entonación en agrupaciones. Elegid a otra pareja de la clase, leédselo y pedidle que encuentre el error.

¿Qué he aprendido?

1 **¿Recuerdas expresiones para argumentar? Escribe las que conozcas para cada una de estas funciones y compara la lista con tu compañero.**

1. Presentar un tema: ....

2. Añadir argumentos: ....

3. Oponer argumentos: ....

4. Incluir el punto de vista de otro: ....

5. Concluir: ....

2 **Observa estas expresiones y señala cuál es su función: expresar acuerdo, desacuerdo o acuerdo solo parcial.**

1. Puede ser, pero… ....   3. En efecto. ....   5. No hay duda de que… ....

2. Yo no lo veo así. ....   4. Por supuesto que no..................   6. En parte sí, pero…....................

3 **¿Cuál es tu opinión sobre la siguiente afirmación?** *"Los músicos callejeros no tienen interés en hacerse famosos"*. **Argumenta tu respuesta.**

....

....

4 **¿Te ha gustado conocer más sobre la música hispana? ¿Y sobre Viengsay Valdés? Haz una lista de todos los contenidos culturales que has aprendido en esta unidad.**

....

....

4 CUÍDATE

Contenidos funcionales
- Expresar deseos y preferencias.
- Pedir y dar consejos.
- Pedir o exigir formalmente.
- Emitir juicios de valor y constatar una realidad.
- Hablar de las actividades físicas que pueden mejorar nuestra salud.

Contenidos gramaticales
- Pretérito imperfecto de subjuntivo: morfología.
- Contraste presente/imperfecto de subjuntivo.
- Correlación de los tiempos verbales en las oraciones subordinadas con subjuntivo.
- Valor de las oraciones impersonales con *ser/estar*.

Tipos de texto y léxico
- Texto divulgativo.
- Texto conversacional, formal e informal.
- Texto digital: página web.
- Texto radiofónico, consulta de un oyente.
- Testimonio.
- Texto publicitario.
- Léxico sobre vida y actividades deportivas saludables.
- Léxico para opinar y valorar.
- Léxico sobre avances médicos.

El componente estratégico
- Uso del diccionario monolingüe: comprender y saber elaborar una definición.
- Pautas para redactar un texto argumentativo.
- Pautas para redactar una petición formal.
- Conocer la relación de tiempos verbales para construir frases.

Contenidos culturales
- Estilos de vida: gente saludable y activa.
- Deportes que están de moda.
- El Sistema Nacional de Salud.
- Sanidad pública frente a sanidad privada.
- Fragmentos de: *Rima XXXIV*, de Gustavo Adolfo Becquer; *Novia del campo, amapola* de Juan Ramón Jiménez; *Mariposa del aire*, de Federico García Lorca.

Fonética/Ortografía
- Lectura y entonación de poemas sencillos.

1 VIDA SALUDABLE

> | 1 | En grupos de tres, observad las siguientes imágenes. ¿Cuáles creéis que se relacionan con hábitos de vida saludable? ¿Por qué?

| **1.1.** | Lee los siguiente pasos para seguir un estilo de vida saludable y relaciónalos con las imágenes anteriores.

Pasos para un estilo de *vida saludable*

1 **Haz ejercicio.** Realizar una actividad física no solo es bueno para bajar de peso, también mejora la capacidad cardiaca y pulmonar, ayuda a prevenir e incluso tratar enfermedades crónicas (como hipertensión, cáncer y depresión) y disminuye el colesterol. Además, mejora la calidad del sueño y tiene un efecto regulador del estrés, por lo que reduce la ansiedad y estabiliza el estado de ánimo.

2 **Descansa.** El sueño es un indicador de salud. Algunas enfermedades cardiovasculares y respiratorias están ligadas a la calidad del sueño. Procura dormir el tiempo necesario, pero recuerda que, para mantenernos sanos, necesitamos tanto cantidad como calidad.

3 **Relájate.** El estrés se define como cualquier amenaza que nuestro cuerpo percibe, ya sea física (dolor, enfermedad, hambre) o psicológica (depresión, ansiedad). Un estado constante de estrés ocasiona que perdamos masa muscular y acumulemos más grasa, eleva la tensión arterial, aumenta el colesterol en la sangre y disminuye los niveles de colesterol bueno. Esto se traduce en una subida de peso y, por tanto, en un mayor riesgo de padecer enfermedades crónicas. Combate el estrés practicando yoga o meditación.

4 **Visita a tu médico** para prevenir y para curarte. El médico puede guiarte para modificar factores de riesgo de nuevos padecimientos. La mayoría de las enfermedades pueden curarse si se detectan a tiempo. No olvides realizarte un chequeo periódicamente.

5 **Lleva una dieta sana y variada, y toma de 6 a 8 vasos de agua al día.** El agua nos ayuda a tener una buena digestión, mantener la temperatura normal de nuestro cuerpo y eliminar las sustancias de desecho. La mayor parte de los nutrientes que obtenemos de los alimentos pueden usarse por el cuerpo humano solo gracias al agua.

6 **Evita el tabaquismo y el alcoholismo.** Según el informe técnico de la Organización Mundial de la Salud, evitar el consumo del tabaco y del alcohol puede prevenir gastritis, cáncer y enfermedades hepáticas. Recuerda que las consecuencias del tabaquismo y el alcoholismo no solo son perjudiciales para uno, sino para toda la familia y los que te rodean.

7 **Convive.** El bienestar psicosocial es parte de la salud. Realiza actividades recreativas que te permitan divertirte y distraerte. Visita lugares diferentes, da un paseo por la naturaleza y aprovecha para disfrutar con los que más quieres. Recuerda que la salud no es la ausencia de enfermedades, sino el perfecto equilibrio entre cuerpo, mente y espíritu.

| **1.2.** | ¿Y tú? ¿Llevas un estilo de vida saludable? Con tu compañero, responde a estas cuestiones.

× ¿Qué haces para cuidarte?
× ¿Tienes algún hábito insano?
× ¿Comes o te nutres?

× ¿Haces deporte?
× ¿Descansas lo suficiente?
× ¿Sueles acudir al médico o te automedicas?

> | **2** | [20] Marta ha acudido esta mañana al médico y este le ha recomendado cambiar ciertos hábitos. Escuchad la conversación y responded a las preguntas.

1 ¿Cuándo tiene lugar la conversación? ...Medico......

2 ¿Qué funciones aparecen?
☑ aconsejar ☐ desear ☐ influenciar
☐ permitir ☐ pedir ☐ prohibir

3 ¿Qué tiempo verbal se utiliza en estos casos? ....

| 2.1. |  Al día siguiente, Marta se encuentra con su amigo Javier. Leed la conversación y señalad las diferencias con respecto al diálogo anterior.

Javier: ¿Y qué tal todo?

Marta: Bueno, regular… Ayer fui al médico y me pidió que **me cuidara** más, que **bebiera** mucha agua y que **practicase** algo de deporte. Ah, también me prohibió que **comiera** dulces. Luego me encontré con Carmen y estuve hablando con ella. Resulta que está haciendo zumba y le pregunté que qué tal, y me dijo que bien pero me recomendó que **me apuntase** mejor a pilates, porque era más relajado y podría venirme mejor. Me dijo que **me informara** y que **me decidiera** por la actividad que **me llamara** más la atención. También me aconsejó que **probara** alguna sesión antes de pagar el mes completo.

| 2.2. | Fíjate en las formas destacadas del diálogo anterior. Es un nuevo tiempo verbal del subjuntivo. Lee la información del cuadro y deduce las formas que faltan. Después, compara los resultados con tu compañero.

Pretérito imperfecto de subjuntivo regular e irregular

✗ Este tiempo verbal se construye a partir de la 3.ª persona del plural del pretérito indefinido de indicativo y tiene dos formas:

practica**ron** ➔ practica**ra**/practica**se**; bebie**ron** ➔ bebie**ra**/bebie**se**; decidie**ron** ➔ decidie**ra**/decidie**se**

Verbos en –ar Practicar		Verbos en –er Beber		Verbos en –ir Decidir	
practica**ra**	/ practica**se**	[5]	/ bebie**se**	decidie**ra**	/ decidie**se**
practica**ras**	/ practica**ses**	bebie**ras**	/ bebie**ses**	[8]	/ decidie**ses**
practica**ra**	/ [3]	[6]	/ bebie**se**	decidie**ra**	/ decidie**se**
[1]	/ practicá**semos**	bebié**ramos**	/ [7]	decidié**ramos**	/ decidié**semos**
practica**rais**	/ [4]	bebie**rais**	/ bebie**seis**	decidie**rais**	/ [10] ....
[2]	/ practica**sen**	bebie**ran**	/ bebie**sen**	[9]	/ decidie**sen**

• Ambas formas se usan indistintamente, excepto para expresar cortesía y hablar del pasado en textos escritos y de registro culto donde se utiliza la primera forma:
  – *Quisiera un azucarillo más, por favor.*
  – *Se trata de* La persistencia de la memoria *de Dalí, cuadro que pintara en 1931.*

✗ Todos los verbos que son irregulares en pretérito indefinido lo son también en pretérito imperfecto de subjuntivo con el mismo tipo de irregularidad:

pu**dieron** ➔ pu**diera**/pu**diese**; pi**dieron** ➔ pi**diera**/pi**diese**; constru**yeron** ➔ constru**yera**/constru**yese**; **fueron** ➔ **fuera**/**fuese**; **supieron** ➔ **supiera**/**supiese**; **cupieron** ➔ **cupiera**/**cupiese**…

✗ El pretérito imperfecto de subjuntivo puede tener diferentes valores temporales, dependiendo del verbo principal al que acompaña:
  – *Quería que te **quedaras** a cenar con nosotros.* ➔ Presente (de cortesía).
  – *Ayer me pidió que lo **acompañara** al médico.* ➔ Pasado.
  – *Juan me dijo que **buscara** en la web del gimnasio.* ➔ Futuro.

| 2.3. | Completa las frases escribiendo los verbos entre paréntesis en pretérito imperfecto de subjuntivo. Luego di qué expresan las oraciones: consejo (C), orden y petición (O) o prohibición (P).

1 ☐ Mis padres nos pidieron que Javier y yo .... (ir) al médico y nos .... (hacer) un chequeo.

2 ☐ Sería necesario que .... (reducir, tú) el consumo de grasas y alimentos precocinados.

3 ☐ El médico me prohibió que .... (tomar, yo) rayos uva porque mi piel es demasiado delicada.

CONTINÚA ➔

4 ☐ El médico me aconsejó que .... (hacer) más deporte y Carmen me dijo que .... (ir) a su gimnasio para practicar zumba o pilates.

5 ☐ Os recomendaría que .... (dormir) ocho horas y que .... (relajarse) para evitar el estrés.

6 ☐ Te rogaría que .... (llevar, tú) una vida más relajada y .... (huir) de los malos hábitos.

7 ☐ No estoy muy convencida del diagnóstico que me han dado. Necesitaría que me .... (dar) una segunda opinión.

8 ☐ Marta, sería importante que Javier y tú .... (hacer) caso a las recomendaciones y que .... (ser) más abiertos de mente.

9 ☐ Les aconsejó que .... (evitar) el consumo de tabaco y alcohol, y que .... (ingerir) más agua.

10 ☐ Mi madre quiso acompañarme, pero no estaba permitido que los familiares .... (entrar) con el paciente.

>| 3 | En Internet hay algunos foros donde la gente puede hacer consultas a especialistas de la salud. Lee el texto y completa la información del cuadro de la página siguiente con las frases destacadas en negrita.

● ○ ○　　　　　Foro. Estilo de vida sano

Foro salud

Los beneficios que aporta llevar un estilo de vida más sano

Inicio | Noticias | **Foro** | Contacto

Problemas de estrés　　　　　　　　　　　　　hace 3 días

Chiqui

Mi trabajo me obliga a tener una agenda muy apretada y en los últimos meses he notado que mi carácter no es el mismo: me enfado con facilidad, estoy más nervioso, y solo siento un gran cansancio mental al final del día. Antes, disponía de más tiempo libre y practicaba golf y natación, pero ahora no sé qué deporte puede liberarme del estrés sin quitarme demasiado tiempo. **¿Cuál considera usted que es más apropiado?**

> **Respuesta:** En principio, cualquier deporte tiene una indudable utilidad para preservar la salud. En tu caso, y teniendo en cuenta tu problema de tiempo, **te sugeriría que practicaras gimnasia** de mantenimiento tres veces por semana. Creo que es lo más adecuado para combatir el estrés. **Los especialistas recomiendan que estos ejercicios se practiquen de forma regular**, ya que están enfocados a la tonificación muscular y, al mismo tiempo, favorecen la actividad mental.

Problemas digestivos　　　　　　　　　　　　hace 4 días

Roberto

Hace siete meses que sufro dolores de estómago y estoy perdiendo peso. He ido al médico de cabecera y he seguido el tratamiento que me ha mandado, pero sin resultados. Hace unos días, una compañera de trabajo me habló de los métodos homeopáticos y de su efectividad. **¿Qué piensa que es mejor?**

> **Respuesta:** Es mejor que aclaremos, ante todo, que existen diversos tópicos sobre la homeopatía. Aunque sigue alejada de la medicina convencional, ya existe una titulación oficial que permite a un homeópata colegiarse en España. De cualquier forma, **sería aconsejable que tuvieras la información adecuada**. La homeopatía puede ayudarte a mejorar, pero no te aseguro tu curación completa. **¿Y si fueras al especialista para solucionar tus problemas de estómago?**

Adicta al café　　　　　　　　　　　　　　　hace 1 semana

Lourdes

Soy estudiante y ahora estoy en época de exámenes. La verdad es que no descanso mucho. Llevo una semana durmiendo una media de cinco horas diarias. El café es lo que me mantiene despierta. Con este ritmo no sé si luego voy a rendir en los exámenes. Además, después estoy todo el día cansada. He pensado tomar algo que me dé fuerzas para estar despierta todo el día. **¿Usted qué haría?**

> **Respuesta:** Como sabrás, las adicciones nunca son buenas porque crean dependencia, y esto es lo que te está ocurriendo con el café, un producto que contiene cafeína e impide que duermas plácidamente. **Yo en tu lugar, sería prudente** y evitaría el café en exceso. Por otro lado, **no deberías reducir tus horas de sueño**. Dormir bien no solamente permite descansar y recuperar energía, sino que también ayuda a la coordinación y la concentración.

× Para **pedir consejos** puedes usar:

- ¿Qué me **aconsejas/recomiendas/piensas**?
- [1] ¿...?
- [2] ¿...?
- [3] ¿.../mejor/adecuado-a?

× Para **dar consejos** puedes usar:

- *Recomendar/aconsejar/sugerir* + *que* + subjuntivo:
  — |
  — |

- *Es* + *recomendable, aconsejable…* + *que* + presente de subjuntivo:
  — *Es recomendable que sigas los consejos del médico.*

- *Es* + *recomendable, aconsejable…* + infinitivo:
  — *Es aconsejable cuidar la alimentación.*

- [4] .... + *recomendable, aconsejable…* + *que* + [5] .... :
  — |

- *¿Y si* + [6] ....?
  — *¿Y si te apuntas a yoga?*

- *¿Y si* + [7] ....?
  — |

- **Imperativo**:
  - Me han ofrecido otro trabajo, pero no sé qué hacer.
  - No lo dudes, acéptalo.

- *Deber* + infinitivo:
  — |

- *Tener que* + infinitivo:
  — *Luis tendría que hacer yoga. Siempre está muy estresado.*

- *Si yo fuera tú/usted,*
- *Yo que tú/usted,* } + [9] ....
- [8] ...., }
  — *Si yo fuera tú, me haría unos análisis.*
  — *Yo que usted, practicaría más deporte.*
  — |

¿Cuál piensas que es mejor?

Yo que tú, compraría este. Es bastante bueno y no está mal de precio.

| 3.1. | 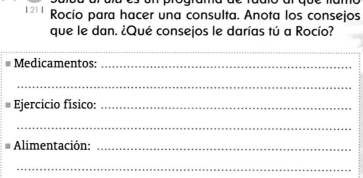 | 21 | *Salud al día* es un programa de radio al que llamó Rocío para hacer una consulta. Anota los consejos que le dan. ¿Qué consejos le darías tú a Rocío?

- Medicamentos: ....
  ....
- Ejercicio físico: ....
  ....
- Alimentación: ....
  ....
- Tus consejos: ....
  ....

| 3.2. | Tu profesor te va a dar una ficha en la que aparecen algunos problemas de salud que padeces. Pide consejo a tu compañero, contándole qué te pasa y cuáles son tus hábitos de vida últimamente. Luego, dale consejos sobre sus problemas y justifícalos.

Ejemplo:

> **Alumno A** Últimamente no puedo dormir bien, estoy nervioso y me despierto continuamente. La verdad es que la situación en mi trabajo no es muy buena y estoy preocupado.

> **Alumno B** Pues te aconsejo que tomes una infusión de tila antes de acostarte. Ya verás como te relaja y te quita tensiones. Si logras dormir bien, verás los problemas desde una óptica diferente.

> | 4 | Elabora un texto en el que dejes claro cuáles son los estilos de vida saludables y cómo influyen estos en la salud.

2 ¡MÍMATE!

> | 1 | Cada vez son más las personas que se deciden por regalar experiencias. ¿Conocéis estas cajas regalo? ¿Sabéis que contienen? ¿Qué tipos de experiencias suelen incluir? ¿Os las han regalado alguna vez?

| 1.1. | Como sabes, realizar actividades que nos diviertan y nos distraigan nos ayuda a mantener un equilibrio perfecto entre cuerpo, mente y espíritu. Lee las siguientes propuestas. ¿Cuál elegirías? ¿Por qué? Coméntalo con tus compañeros de grupo.

Mímate

Mímate *con una experiencia inolvidable*

Usuario:

Packs | Nuevo | Bienestar | Gastronomía | Aventura | Ofertas

0 items

Bienestar

Bienvenido al mundo del bienestar. Sería importante que te relajaras, desconectaras tu teléfono móvil y, después, simplemente, sintieses los fantásticos beneficios del agua del spa, de un exótico masaje, del reiki o de la reflexología. ¡Respira profundamente y cierra los ojos!

Hoy... ¡spa! Acceso a circuito termal en uno de nuestros 270 spas, balnearios, centros termales... para una persona.

Es la hora de tomarte un respiro y de hacerle un regalo a tu cuerpo y a tu mente con un magnífico circuito hidrotermal en un spa cinco estrellas de Sevilla, un famoso balneario de Zaragoza o un elegante centro termal de Valencia. ¡Bienvenido al bienestar!

Comprar

Déjate mimar. Tratamiento de bienestar con 1200 propuestas: masajes, reiki, aromaterapia, reflexología, manicura... Para una persona.

Déjate mimar con un tratamiento facial al caviar en Madrid, un jacuzzi privado y tumbona térmica en Asturias, un masaje de aromaterapia en Barcelona o una sesión de reflexología hindú en Valencia. ¡Demuéstrate lo mucho que te quieres!

Comprar

Escapada relax con sabor. Noche, desayuno y cena en uno de los 160 hoteles de hasta cinco estrellas con spa para dos personas.

Sueña, relájate y saborea la vida desde un antiguo caserío del siglo XVII en Guipúzcoa, una moderna bodega en La Rioja o una habitación con impresionantes vistas al mar en Barcelona. ¡Disfruta cuidándote!

Comprar

| **1.2.** | Imagina que tuvieses la oportunidad de meter en una caja cientos de experiencias increíbles… ¿No sería el regalo perfecto? Piensa en aquella caja que te gustaría que te regalaran. Cuéntaselo luego a tu compañero.

Ejemplo: *Me gustaría que me regalaran una caja que contuviera…*

Expresar deseos y preferencias

- *Me encantaría/gustaría que* + imperfecto de subjuntivo
- *Querría/Desearía que* + imperfecto de subjuntivo
- *Ojalá* + subjuntivo

| **1.3.** | A Nacho le han regalado la "Escapada relax con sabor". Decide escribir un correo al hotel rural elegido, pidiéndoles cierta información y que tengan en cuenta una serie de requisitos antes de canjear el bono, para no encontrarse con problemas durante su estancia. Fíjate en el cuadro y redacta el correo.

Requisitos:

- × Climatización.
- × Servicio de spa y masaje incluido.
- × Terapias y tratamientos disponibles.
- × Habitación insonorizada, lejos del ruido de la calle.
- × Uso de la tarjeta de crédito dentro del hotel.
- × Distancia del pueblo más cercano.
- × Limpieza diaria.

Pedir o exigir formalmente

| - *Me gustaría que*
 - *Sería conveniente que*
 - *Les pediría/agradecería que* | + pretérito imperfecto de subjuntivo |

- *¿Le importaría que* + pretérito imperfecto de subjuntivo?

De: _____   Para: _____

Antes de confirmarles definitivamente mi estancia en el Hotel Rural Aguasmil y canjear mi bono, me gustaría que tuvieran en cuenta los siguientes requisitos. Sería conveniente que…

> | **2** | Escucha el siguiente reportaje sobre la relajación mental y completa.
| 22 |

¿Qué puedes hacer para relajar la mente?	Beneficios

|| **Sensaciones** ||

| **2.1.** | ¿Y tú? ¿Qué haces para relajarte? ¿Qué técnicas utilizas antes de un examen de español? ¿Considerarías importante realizar técnicas de relajación en el aula? ¿Por qué? Coméntalo con tus compañeros.

> | **3** | ⚙️ 🌐 Vais a investigar sobre algunas terapias para la salud y el bienestar físico, mental, emocional y espiritual muy utilizadas hoy en día. Seguid las pautas.

> **1** Dividid la clase en varios grupos, que se encargarán de hacer una presentación sobre alguna de las siguientes técnicas de relajación. Elegid la que os llame más la atención.
>
> mandalas | reiki | reflexología | aromaterapia | yoga | meditación
>
> **2** Buscad información sobre ella: su historia, beneficios y procedimientos.
>
> **3** Preparad vuestra presentación utilizando, para aconsejar, el nuevo tiempo verbal que habéis aprendido. Uno de vosotros será el encargado de redactarlo correctamente.
>
> **4** Intercambiad vuestro trabajo con el de los demás grupos y añadid vuestros comentarios o sugerencias. Revisad los comentarios sobre vuestro trabajo.
>
> **5** Elegid a la persona del grupo que va a exponer el trabajo al resto de la clase.
>
> **6** Decidid entre todos la terapia que os haya gustado más, y la que os parece más completa y beneficiosa.

3 · CUIDAR EL CUERPO

> | **1** | ⚙️ 🌐 ¿Cuáles son las motivaciones más frecuentes de la gente para hacer deporte? Ordénalas por orden de prioridad según tu opinión. Después, compara con tus compañeros.

☐ adelgazar ☐ salud y bienestar ☐ vida social ☐ rehabilitación

☐ competir ☐ diversión ☐ moda ☐ Otras: ....

> | **2** | 🎧 📖 Los tiempos cambian y también los deportes que practicamos. En el siguiente texto se habla de nuevas tendencias deportivas que han surgido en los últimos años. Léelo y escribe el nombre de cada actividad deportiva en su lugar correspondiente. Luego, relaciona cada deporte con la imagen que lo representa.

> ✗ zumba ✗ aeroyoga ✗ método Tabata
>
> ✗ *aquapunching* ✗ *battle rope* o sogas de combate

Nuevos y originales deportes para conseguir el cuerpo de tus sueños

Está claro: el deporte y la salud son conceptos que van de la mano. Si estás cansado de clásicos como el *running*, te descubrimos cinco originales deportes para mantenerte en forma y además fortalecer el corazón, aumentar tu autoestima, desconectar y eliminar el estrés… En definitiva, para sentirte mejor y, sobre todo, ¡ser más feliz!

1 ☐ .... Se utilizan los mismos movimientos que en el boxeo, pero en el agua. Sin embargo, sí necesitas tener un buen fondo físico, porque el agua multiplica por dos el trabajo que necesitan hacer tus músculos. Las clases duran 45 minutos y ¡van acompañadas de música! Al ser un ejercicio tan intenso, acelera la pérdida de grasa en todo el cuerpo, por lo que es un deporte ideal para adelgazar.

2 ☐ .... Es el entrenamiento de moda en todo el mundo. Se trata de una serie de ejercicios de alta intensidad que tienen que realizarse únicamente durante cuatro minutos al día. Como imaginarás, la clave aquí está en dar el 100% de tus capacidades en ese tiempo, que divides en varios ejercicios de 20 segundos con 10 segundos entre cada uno de ellos de descanso. Es un gran deporte para aquellos que tienen poco tiempo.

CONTINÚA »

3 ☐ .... Nunca ha sido tan divertido mantenerte en forma. Olvida el ejercicio, ¡únete a la fiesta! Una vez que los ritmos latinos y de todo el mundo se apoderen de ti, entenderás por qué se suele decir que estas clases son un ejercicio disfrazado. Un entrenamiento completo que combina el trabajo cardiovascular y muscular, equilibrio y flexibilidad, aumento de energía y muchísimos otros beneficios increíbles.

4 ☐ .... Clases que mezclan yoga, pilates y artes del circo. Esta técnica reúne estas tres actividades y se realiza en una especie de hamaca. Nuestro cuerpo sale volando… Normalmente las clases duran 75 minutos y alternan el saludo al sol (un ejercicio de yoga que se utiliza como calentamiento), una fase más dinámica inspirada en la danza y la gimnasia, un trabajo "aéreo" con la ayuda de la hamaca y, finalmente, un periodo de relajación. Las diferentes posiciones mejoran la flexibilidad del cuerpo y lo tonifican. También nos ayuda a mejorar la postura y nos proporciona una mayor calidad del sueño y mucha más energía.

5 ☐ .... Entrenamiento muy motivante que destaca por su exigencia física. Consiste en mover una cuerda gruesa, que varía en longitud y grosor dependiendo del deportista, y realizar ondas más o menos grandes, a diferentes velocidades y con una o dos manos. La principal cualidad que se entrena es la resistencia, y dependiendo de los ejercicios, podrás trabajar también la potencia y la tonificación.

Adaptado de http://www.enfemenino.com/bienestar/deportes-para-adelgazar-novedades-d51672c661214.html

| 2.1. | Ahora escucha a estas personas que hablan de las técnicas anteriores y señala quién | 23 | es un instructor, quién un alumno, y quién alguien que simplemente aporta información sobre la técnica.

    ✕ Instructor: ....

    ✕ Alguien que practica el deporte/la técnica/alumno: ....

    ✕ Alguien que aporta información: ....

| 2.2. | Vuelve a escuchar el audio e indica a quién pertenecen los siguientes comentarios. | 23 |

☐	"Es apta para todo el mundo, hasta para aquellas personas que **tengan** una lesión".
☐	"Llevaba mucho tiempo buscando alguna actividad que me **gustara**".
☐	"Estoy convencida de que en el balanceo el cuerpo **encuentra** su verdadera postura".
☐	"Tenía miedo de que no **cubriera** mis expectativas".
☐	"Muchos piensan en los riesgos que **pueda** acarrear un ejercicio tan intenso".

| 2.3. | Analiza el tiempo verbal de estas frases que hemos extraído del audio anterior. Luego, con tu compañero, relaciona las dos columnas formando las frases adecuadas.

> *Tenía (pasado) miedo de que no cubriera (pasado) mis expectativas.*
>
> *Es (presente) apta hasta para aquellas personas que tengan (presente) una lesión.*

1. Me da pena que .... ✳
2. Dile a Juan que .... ✳
3. Ha sido una gran suerte que .... ✳
4. Antes tenía miedo de que .... ✳
5. Raquel me llamó para que ...... ✳
6. Me apuntaré a yoga cuando .... ✳
7. Sería genial que .... ✳

✳ a. todos pudiéramos disfrutar del ejercicio físico.
✳ b. las clases fueran demasiado difíciles de seguir.
✳ c. haya plazas.
✳ d. no sea tan vago y salga por lo menos a pasear.
✳ e. me hayan aceptado en el equipo de natación.
✳ f. la acompañara a su clase de zumba para probar.
✳ g. la gente lleve una vida sedentaria.

| 2.4. | ¿Las habéis combinado por el sentido de la frase o también por algún aspecto gramatical? Fijaos en la relación entre los tiempos verbales y sacad vuestra propia conclusión. Ahora, leed la información del cuadro de la página siguiente y completadlo.

Correlación de los tiempos verbales en las oraciones subordinadas con subjuntivo

El verbo de la oración principal y el de la subordinada deben mantener cierta coherencia en cuanto al tiempo verbal que emplean.

✕ En relación al **presente**:

- [1] .... + presente de subjuntivo:
  - *Me da pena que la gente lleve una vida sedentaria.*

- Futuro + presente de subjuntivo:
  - *Me apuntaré a yoga cuando haya nuevas plazas.*

- Imperativo + presente de subjuntivo:
  - *Dile a Juan que no sea tan vago y salga a pasear.*

- [2] .... + imperfecto de subjuntivo:
  - *Sería genial que todos pudiéramos disfrutar del ejercicio físico.*

- [3] .... + pretérito perfecto de subjuntivo:
  - *Ha sido una suerte que me hayan aceptado.*

✕ En relación al **pasado**:

- [4] .... + imperfecto de subjuntivo:
  - *Antes tenía miedo de que las clases fueran difíciles.*

- [5] .... + imperfecto de subjuntivo:
  - *Raquel me llamó para que la acompañara a zumba.*

| 2.5. | 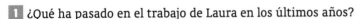 Completa las siguientes frases de la manera que te parezca más adecuada. ¿Qué has tenido en cuenta para elegir el tiempo verbal?

1 Antonio quería encontrar una actividad que le .... conseguir sus objetivos físicos.

2 A Silvia le encanta que sus profesoras .... la clase alegre y divertida.

3 Rubén animaba a todos a que .... a sus clases, incluso a los que .... una lesión.

4 No cree que .... una actividad mejor para encontrar el equilibrio físico y mental.

5 Luis señala que muchos tienen miedo de que algunas técnicas .... riesgos cardiacos.

>| **3** | | 24 | Laura es una mujer de 46 años que habla de los problemas de salud que han aparecido en su vida a causa del estrés. Escucha su testimonio y contesta a estas preguntas.

1 ¿Qué ha pasado en el trabajo de Laura en los últimos años?

2 ¿Desde cuándo sufre los síntomas del "síndrome del quemado"?

3 ¿Qué dolencias físicas sufre?

4 ¿Qué le resulta paradójico de su situación laboral?

| 3.1. | Decide con tu compañero qué deporte crees que le vendría bien a Laura para estar mejor. ¿Qué beneficios crees que le daría esta práctica? Comparad vuestras respuestas con las del resto de la clase.

| 3.2. | Finalmente, Laura empezó a hacer pilates y su salud mejoró considerablemente. Redacta un texto e incluye los siguientes apartados. El profesor te dará una ficha con la información que necesitas. Presta atención a la correlación de los tiempos verbales.

1 Los beneficios de hacer ejercicio (Introducción general al tema).

2 El método Pilates: qué es, beneficios que aporta, a quién va dirigido... (Desarrollo).

3 El caso concreto de Laura: cómo cambió su vida, en qué mejoró, cómo cubrió sus expectativas (Ejemplificación).

4 Conclusión.

| **Intercultura** |

>| **4** | ¿Cuáles son los deportes más practicados en tu país? ¿Ha cambiado la situación en los últimos años? ¿Hay deportes que forman parte de tu cultura y que nunca pasarán de moda? Coméntalo con tus compañeros.

>| **1** |  En las últimas décadas ha aumentado la esperanza de vida en muchos países en el mundo. Vivimos más, pero ¿eso quiere decir también que vivimos mejor? En pequeños grupos, poned en común vuestras ideas acerca de este tema.

| **1.1.** | Seguramente que, entre las ideas compartidas, está la de los avances en la medicina y la mejora de la salud en general. Comprueba que conoces todas estas palabras sobre el tema.

- ✗ profilaxis
- ✗ láser
- ✗ cirugía
- ✗ transfusión
- ✗ bisturí
- ✗ vacuna
- ✗ antibiótico
- ✗ antiséptico
- ✗ quimioterapia
- ✗ fisioterapia
- ✗ calmante
- ✗ trasplante

| **1.2.** | ¿Sabéis a qué término corresponde la siguiente definición: *prevención de la enfermedad*? En pequeños grupos, elaborad definiciones del resto de palabras para que los demás descubran de cuál se trata.

Fíjate

✗ ¿Utilizas con frecuencia un diccionario monolingüe? Úsalo para realizar esta actividad y verás que puedes aprender mucho más, profundizar más en el significado y ampliar tu vocabulario con nuevas acepciones.

| **Cultura** |

>| **2** | En España el Sistema Nacional de Salud trata de garantizar que exista una sanidad pública para todos los que viven en este país. A su vez, también existen empresas de sanidad privadas que dan el servicio a través de seguros sanitarios. Clasifica las siguientes características según las consideres del sistema público (P), del privado (PR) o de ambos (P/PR). Trabaja con tu compañero.

1 |____| Gratuito.
2 |____| Sin listas de espera.
3 |____| Habitaciones individuales para enfermos.
4 |____| Lo que importa es la calidad, no los beneficios.
5 |____| Masificación.
6 |____| Trato más personalizado.
7 |____| Más disponibilidad de médicos.
8 |____| Los pacientes son también clientes.
9 |____| Médicos mejor preparados.
10 |____| Más medios técnico-quirúrgicos.
11 |____| Medicamentos más baratos.

| **2.1.** | Entonces estamos ante un dilema: ¿sanidad pública o privada? ¿Cuál es mejor? Lee estas afirmaciones de personas muy diferentes y decide quién está a favor (F) o en contra (C) de privatizar la sanidad.

1 |F| |C| Es obvio que el sistema público de salud español, gratuito y universal, no solo ofrece una atención de alta calidad, sino que es de los más baratos.

2 |F| |C| La privatización resultará más eficiente al conseguir mantener la calidad del servicio a un coste inferior. Es lógico que el Estado busque la forma de gestionar bien el dinero de los ciudadanos.

3 |F| |C| Me parece injusto que pensemos que todo es malo en la Seguridad Social porque, en casos de enfermedad grave, responde mejor y de forma más segura que los hospitales privados.

CONTINÚA »

4 F C Es una pena que nadie haga nada ante el gasto desmedido del Sistema Nacional de Salud en un momento de profunda crisis. Por eso la privatización de la sanidad sería un primer paso.

5 F C En este dilema hay muchas cosas en juego. La igualdad, la calidad asistencial, la investigación, la aplicación de los últimos avances tecnológicos, la formación de profesionales altamente cualificados… Es indudable que todo ello depende del sistema sanitario público.

6 F C Está demostrado con datos concretos y reales que la gestión privada es más eficiente. Existen estudios internacionales que avalan tal afirmación.

| **2.2.** | Subraya en las opiniones anteriores las expresiones que se utilizan para emitir un juicio de valor y las utilizadas para constatar una realidad. Después, analízalas, lee la información del cuadro y complétalo.

Emitir juicios de valor y constatar una realidad

⊠ Para **emitir un juicio de valor** se usa la siguiente estructura:

• ***Es/parece*** + adjetivo o sustantivo de valoración + ***que*** + [1] .... :

  – _____
  – _____
  – _____

• Estas expresiones pueden construirse con infinitivo cuando la intención del hablante es hacer una valoración más genérica:

  — *Es lógico buscar la forma de gestionar bien el dinero de los ciudadanos.*

⊠ Para **constatar una realidad** se usa la siguiente estructura:

• ***Es/está/parece*** + expresión de certeza + ***que*** + [2] .... :

  – _____
  – _____
  – _____

⊠ Las oraciones introducidas por los verbos *ser/estar* son impersonales desde el punto de vista gramatical, aunque sirvan para justificar una opinión personal. En este caso, la intención del hablante al usar estas estructuras impersonales es expresar objetividad en sus afirmaciones.

| **2.3.** | Aquí tienes otras expresiones similares. Decide con tu compañero cuáles sirven para introducir una constatación y cuáles expresan una valoración.

⊠ es fabuloso	⊠ es innegable	⊠ está visto	⊠ es un error
⊠ es difícil	⊠ está claro	⊠ es importante	⊠ es una vergüenza
⊠ es evidente	⊠ es bueno	⊠ es una tontería	⊠ es probable

Recuerda

⊠ Fíjate que, en las expresiones de constatación, la construcción en negativo funciona igual que con los verbos de opinión:

• ***No es/parece*** + *cierto/seguro/evidente/verdad/obvio* + *que* + **subjuntivo**

• ***No está*** + *claro/demostrado/visto* + *que* + **subjuntivo**

  —No es cierto que sea mejor una sanidad que otra, son distintas y sirven para situaciones diferentes.

⊠ Estas oraciones también son impersonales desde el punto de vista gramatical y sirven para rebatir la opinión expresada por el interlocutor.

| **2.4.** | ¿Quién crees que puede estar mejor capacitado para gestionar la sanidad, el Estado o las empresas privadas? ¿Qué tipo de sistema utilizas tú? ¿Por qué? Expresa tu opinión y pon en práctica las expresiones que has aprendido. Trabaja con tus compañeros de grupo.

> | **3** | Frente a la medicina convencional y todos sus avances, se están haciendo cada vez más populares las medicinas alternativas que proponen un enfoque más holístico de la salud. ¿Sabes en qué consiste este enfoque? Coméntalo con tus compañeros.

|3.1.|  Lee el siguiente texto sobre el tema y comprueba tu respuesta anterior.

La medicina científica se caracteriza por la objetividad y el determinismo, frente al enfoque holístico o global de los sistemas de medicina alternativa. Esta perspectiva parte de la consideración del ser humano como un todo, una unidad integrada por el cuerpo, la mente y el espíritu. El ser humano es considerado, por tanto, como un conjunto en el que las distintas dimensiones que lo conforman, física, psíquica, social, existencial y vital, están estrechamente relacionadas. […] Los cambios culturales asociados con la posmodernidad están muy ligados al aumento de la demanda de medicinas alternativas. Es evidente que la legitimidad absoluta de la que gozaba la ciencia ha dado paso a una actitud en la que están presentes tanto la desconfianza y cautela frente a los efectos adversos y riesgos causados por la misma ciencia, como el reconocimiento de sus límites. El uso de las medicinas alternativas está asociado también a una cierta revalorización de la tradición y, especialmente, de la sabiduría acumulada durante milenios por la medicina oriental, que parte de supuestos muy diferentes. El cambio cultural hacia hábitos más saludables, en el que la prevención, más que la cura, ocupa un gran protagonismo, conecta mucho mejor con la visión holística de estas medicinas.

Adaptado del artículo "El cambio social en España" de Eduardo Bericat. Consejería de Andalucía.

|3.2.| Vas a escribir un texto argumentativo en el que tienes que sostener tu opinión sobre la medicina alternativa frente a la científica. Sigue las pautas.

1. Relee el texto con cuidado subrayando las ideas más importantes.
2. Reflexiona sobre tu opinión personal e intenta leer más sobre el tema.
3. Escribe un borrador con algunas ideas y ordénalas.
4. Empieza a redactar teniendo en cuenta que tu texto cumpla estas características:
   – que tomes posición sobre el tema y a la vez influyas sobre tus interlocutores;
   – que plantees diferentes puntos de vista y tomes partido por uno de ellos;
   – que haya una clara organización textual compuesta de una serie de argumentos o razonamientos que finalizan en una conclusión.
5. Por último, revisa tu texto y corrígelo.

5 ▸ LECTURA Y ENTONACIÓN DE POEMAS SENCILLOS

>|1| **|25|** Escucha el siguiente poema recitado y léelo al mismo tiempo. Fíjate en aquellas partes del verso en las que la entonación es más acusada.

– ¡Tun, tun!	– ¡Tun, tun!	– ¡Tun, tun!	– ¡Tun, tun!
– ¿Quién es?	– ¿Quién es?	– ¿Quién es?	– ¿Quién es?
– Una rosa y un clavel…	– El sable del coronel…	– La paloma y el laurel…	– El alacrán y el ciempiés…
– ¡Abre la muralla!	– ¡Cierra la muralla!	– ¡Abre la muralla!	– ¡Cierra la muralla!

|1.1.| En grupos de tres o cuatro, elegid uno de los siguientes poemas y seguid las pautas.

1. Ensayad vuestro poema para que el recitado sea lo más claro posible y exprese bien el sentido de la composición. Tenéis que intentar entonar el poema de un modo armónico y expresivo.
2. Recitadlo delante de vuestros compañeros. El profesor grabará la actuación de cada uno de los grupos.
3. Al final del recital, decidid entre todos qué poema os ha gustado más y quién lo ha recitado mejor.

Gustavo Adolfo Bécquer

Fragmento de la *Rima XXXIV*

Ella tiene la luz, tiene el perfume,
el color y la línea,
la forma engendradora de deseos,
la expresión, fuente eterna de poesía.
¿Qué es estúpida? ¡Bah! Mientras callando
guarde oscuro el enigma,
siempre valdrá lo que yo creo que calla
más que lo que cualquiera otra me diga.

Juan Ramón Jiménez
Novia del campo, amapola

Novia del campo, amapola,
que estás abierta en el trigo;
amapolita, amapola,
¿te quieres casar conmigo?

Te daré toda mi alma,
tendrás agua y tendrás pan,
te daré toda mi alma,
toda mi alma de galán.

Tendrás una casa pobre,
yo te querré como a un niño,
tendrás una casa pobre
llena de sol y cariño.

Federico García Lorca
Mariposa del aire...

Mariposa del aire,
qué hermosa eres,
mariposa del aire
dorada y verde.
Luz de candil
mariposa del aire,
¡quédate ahí, ahí, ahí!

No te quieres parar,
pararte no quieres.
Mariposa del aire,
dorada y verde.
Luz de candil,
mariposa del aire,
¡quédate ahí, ahí, ahí!

¿Qué he aprendido?

1 Completa estas frases y señala la función en cada caso: aconsejar (A), pedir (P) o hablar de un sentimiento (S).

	A	P	S

1. Tenía miedo de que las clases .... (ser) demasiado duras o difíciles de seguir. ◯ ◯ ◯
2. Me gustaría que me .... (explicar) cómo funciona la sanidad en tu país. ◯ ◯ ◯
3. Mis padres no dejan de recomendarme que .... (hacer) deporte y ....
   (mantenerse) **activo**. ◯ ◯ ◯
4. ¿Y si .... (ir) a yoga? Yo creo que estarías mucho mejor. ◯ ◯ ◯

2 Traduce a tu lengua. ¿Cómo has traducido los subjuntivos?

1. Sería aconsejable que dejaras de fumar. ....
2. Yo en tu lugar sería prudente. ....
3. Estaba prohibido que los familiares entraran a la zona de quirófanos. ....
4. El médico me pidió que me cuidara más y que bebiera más agua. ....

3 Escribe una frase para cada situación.

1. Un consejo para cuidar tu piel en verano. ....
2. Pide consejo a un amigo para superar los problemas de insomnio. ....
3. Tu valoración: "La sanidad privada es mejor que la pública". ....
4. Exige ciertas condiciones para elegir un gimnasio. ....

4 De todos los deportes de los que hemos hablado en esta unidad, ¿cuál practicarías? ¿Por qué? ¿Y cuál recomendarías a tu mejor amigo o amiga? ¿Por qué?

....
....
....

5 TODO CAMBIA

Contenidos funcionales
- Hablar de recuerdos del pasado.
- Hablar sobre los cambios de la vida.
- Debatir sobre cómo las redes sociales nos han cambiado la vida.
- Expresar que se recuerda algo o no.
- Reflexionar sobre cómo la experiencia de viajar influye en una persona.

Contenidos gramaticales
- Perífrasis modales y aspectuales.
- Verbos de cambio: *ponerse, hacerse, volverse, quedarse, llegar a ser* y *convertirse en*.
- Expresiones de tiempo para hablar de una experiencia.

Tipos de texto y léxico
- Artículo divulgativo.
- Texto informativo: reportaje.
- Titular de prensa.
- Testimonio.
- Programa de radio.
- Reseña de un libro.
- Entrevista.
- Léxico específico de Internet.
- Léxico relacionado con las etapas de la vida y los cambios físicos.
- Expresiones con *ponerse* + colores.
- Léxico relacionado con las personas que viajan.

El componente estratégico
- Comprender los elementos de cohesión de un texto complejo y ser capaz de ordenarlo.
- Extraer la información relevante de un texto oral para hacer un resumen.
- Deducir las funciones que corresponden a las perífrasis y a los verbos de cambio.

Contenidos culturales
- Cambios en la sociedad actual: Internet, redes sociales, Instagram.
- Cambios en los modelos de familia y la educación.
- El programa *Españoles por el mundo*.
- La inmigración en España.

Fonética/Ortografía
- Manual de estilo (1): escritura de fechas y horas.

---

1 IMÁGENES PARA EL RECUERDO

> | 1 | Se ha creado un concurso en Instagram para mostrar los cambios que se han producido en los últimos tiempos en nuestra sociedad. Observad la cita de G. Bernard Shaw que acompaña a la publicidad del evento. ¿Estáis de acuerdo con lo que dice?

El *progreso* sin cambio es *imposible* y quienes NO pueden cambiar sus *mentes* no pueden cambiar *nada*.

G. Bernard Shaw

| 1.1. | Estas son algunas de las fotografías que se han presentado a concurso. ¿Qué crees que quiere representar el fotógrafo en cada una de ellas?

1

2

CONTINÚA

3

4

| **1.2.** | Estos son algunos de los aspectos que han cambiado en la sociedad actual. Habla con tu compañero sobre ellos. ¿Con qué fotografía de las anteriores los relacionaríais?

- La situación de la mujer.
- La globalización.
- La igualdad de género.
- La educación.
- La emancipación tardía.
- La expansión de Internet.
- El concepto de familia.
- La población inmigrante.
- Los cambios de valores.

| **1.3.** | Vas a escuchar cómo los cuatro finalistas del concurso hablan sobre el tema de sus fotografías. Escucha y completa la tabla.

| 26 |

	¿De qué fotografía habla?	Tema del que habla	Cambios sociales producidos
Rosa			
Daniel			
Inma			
Jacob			

>| **2** | Según ha comentado Jacob, uno de los cambios de nuestra sociedad se ha producido por la incorporación de Internet y las redes sociales en nuestras vidas. ¿Conoces la aplicación Instagram? ¿La usas? Fíjate en la fotografía, ¿qué hacen estas personas? ¿En qué crees que les ha cambiado la vida? Habla con tus compañeros de grupo.

pablooo   2sem

Instagram nos cambió la vida

| **2.1.** | Lee y ordena el texto de la página siguiente. Antes lee las pautas que te anotamos. ¿Coinciden tus respuestas anteriores con las conclusiones del artículo?

Recuerda

✗ Para ordenar un texto es importante:
- Buscar el párrafo de introducción o presentación del tema.
- Localizar la parte en que se desarrolla el tema.
- Localizar la conclusión o final.

✗ Para ello, debes detectar las palabras clave de cada párrafo y buscar los elementos de cohesión del texto: conectores, sinónimos, pronombres, modos y tiempos verbales, signos de puntuación...

Instagram, la aplicación que cambió nuestras vidas

☐ Sin embargo, más allá de la estética, la inmediatez, el atractivo o las campañas de marketing, el verdadero poder de Instagram reside en su capacidad para compartir "la experiencia". La nueva forma de consumo en una sociedad saturada de estímulos pasa por apreciar la autenticidad y congelarla para distinguirse del resto.

☐ En este triunfo de Instagram se pueden intuir y confirmar la interacción de diversos factores. Uno de ellos es que, en la época de su aparición, los *smartphones* ya incluían en su mayoría una cámara fotográfica con una resolución más que aceptable. Asimismo, compartir la cotidianeidad en las redes sociales había pasado de ser una excentricidad a una costumbre imparable que llega hasta ahora y que, incluso, ha introducido en nuestras vidas un nuevo término, el *selfie*.

☐ La historia de Instagram comenzó en octubre de 2010, cuando dos ingenieros llamados Kevin Systrom y Mike Krieger pusieron a disposición del público una aplicación de retoque fotográfico que permitía compartir las imágenes en las redes sociales. Ni remotamente se podían imaginar el éxito que llegarían a tener. A fecha de hoy y tras haber hecho millonarios a sus creadores, más de 200 millones de usuarios en el mundo suben 26 fotografías por segundo a la plataforma, utilizando *hashtags* y distribuyéndolas por el resto de redes sociales.

☐ Las firmas con presencia *online* adoptaron rápidamente, tras su popularización, este nuevo canal para difundir su discurso y consolidar su marca, a la vez que mostraban sus productos. En Instagram lo tienen todo a su favor: el atractivo de su estética, el creciente número de seguidores, el potencial de sus *hashtags* y la posibilidad de la difusión inmediata en el resto de sus canales *online*.

☐ 5 La plataforma pasó de ser una herramienta a convertirse en una red social en sí misma como podían ser Facebook o Twitter. Instagram hizo una gran contribución al preciosismo que durante una época reinó en las redes sociales y que aún se mantiene. Tras su consolidación, las imágenes que los usuarios colgaban en sus perfiles pasaban obligatoriamente por alguno de sus filtros, haciéndolas más atractivas. Hasta su popularización, a poca gente se le habría ocurrido fotografiar su desayuno o los zapatos que se había puesto esa mañana. Con los filtros de Instagram todo se vuelve más atractivo y la vida que se proyecta parece mejor. Lo sea o no.

☐ Instagram facilitó aún más esa narrativa personal en Internet: convirtió el discurso escrito en visual y lo mejoró estéticamente. Filtros y marcos *vintage* en el incipiente desarrollo del concepto del *hipster* actual y, sobre todo, facilidad de uso. Enfocar, disparar, añadir filtro, escribir texto, compartir… Una cadena de pasos correlativos que el usuario automatiza e incorpora a su actividad diaria.

☐ Internet ha cambiado el mundo para siempre, y las redes sociales lo han revolucionado. De un tiempo a esta parte, las tornas se han cambiado y ya no son las marcas las que dictaminan el comportamiento de los usuarios, sino algunos usuarios los que redefinen y marcan el devenir de las modas.

| 2.2. | 🔳 🔵 Ahora vais a entablar un debate. Para ello, dividid la clase en dos grupos. Pensad en los argumentos que vais a utilizar y tomad nota de ellos. Luego iniciad el debate. Seguid las instrucciones del profesor.

👥 Grupo A
Defenderá Facebook como la red social que más nos ha cambiado la vida.

👥 Grupo B
Defenderá Twitter como la red social que ha cambiado nuestra forma de relacionarnos.

> | **3** | 🧑 🔊 Inma nos contaba que para ella un cambio social fundamental que se ha producido afecta
|27| al concepto mismo de familia. Escucha estos testimonios y relaciónalos con cada imagen y su
descripción.

1☐   **2**☐   **3**☐   **4**☐

| **A** Pareja tradicional. ➜ Testimonio ☐ | **C** Pareja de hecho. ➜ Testimonio ☐ |
| **B** Divorciados y 'singles'. ➜ Testimonio ☐ | **D** Familia monoparental con hijos. ➜ Testimonio ☐ |

| **Intercultura** |

| **3.1.** | 🌐 💬 ¿Conoces otros tipos de familia? ¿También se dan estas en tu país? Coméntalo con tus
compañeros.

| **3.2.** | 🧑 🔊 Vuelve a escuchar y completa estas frases extraídas del audio.
|27|

1 Mi familia .... pensar que tener una familia estandarizada sería lo mejor para mí.

2 Ahora, lo que más le agobia es .... trabajar.

3 Ahora está tan adaptada a estar sola que no .... imaginarse conviviendo con nadie más.

4 Él, por su trabajo, ... pasar más horas fuera de casa.

5 Para eso .... tener una vida más tranquila.

| **3.3.** | 🧑 ⚙️ Como ya sabes, las expresiones con las que has completado las frases son perífrasis
verbales. Lee la información del cuadro, coloca cada frase anterior en su lugar correspondiente y completa las estructuras de las perífrasis.

Perífrasis modales

Existen dos tipos de perífrasis verbales: aspectuales y modales. Las perífrasis modales expresan la actitud
del hablante frente a la realización verbal. Pueden ser:

✗ De **obligación**:

- [1] .... + infinitivo ➜ expresa una obligación que bien puede ser personal o
moral, o bien puede ser entendida más como un consejo o sugerencia:

  — ⌐_____

  — *Mis padres me dicen que debo formalizar mi relación sentimental.*

- [2] .... + infinitivo ➜ expresa una obligación entendida como una necesidad. Es
impersonal:

  — ⌐_____

- [3] .... + infinitivo ➜ expresa una obligación fuerte que suele depender de una
situación o circunstancia concreta:

  — ⌐_____

✗ **Hipotéticas** o de posibilidad:

- [4] .... + infinitivo ➜ expresa la probabilidad o inseguridad de la realización de
una acción:

  — ⌐_____

- [5] .... + infinitivo ➜ expresa la posibilidad de la realización de una acción:

  — ⌐_____

| 3.4. | Elegid un modelo de familia de los que se han planteado en la actividad 3. Volved a escuchar el testimonio correspondiente y resumid su contenido. Luego, analizad las ideas apuntadas y exponed al resto de la clase qué ventajas e inconvenientes tiene pertenecer a una familia con esas características.

Resumir un texto oral

- Fíjate en la entonación para deducir la intención comunicativa del hablante.
- Anota las palabras clave de cada idea o intervención.
- Anota las ideas principales del texto.
- Elimina todos los elementos conversacionales (interrupciones, reformulaciones, vacilaciones…) que caracterizan la comunicación oral.
- Reconstruye las frases a partir de algunos elementos clave del mensaje.

> | 4 | Lee los siguientes titulares y complétalos con las perífrasis anteriores.

1 Las mujeres .... trabajar 79 días más al año que los hombres para terminar cobrando lo mismo.

2 Solteros, familias monoparentales, divorciados… .... formar las nuevas estructuras familiares.

3 La edad de emancipación de los jóvenes en España .... ser una de las más tardías del mundo occidental.

4 La enseñanza primaria universal .... cumplirse por encima de todo, según la ONU.

5 "................... ser ciudadanos más implicados socialmente" opina el presidente del Gobierno.

| 4.1. | Leed de nuevo los titulares. ¿Qué opináis vosotros sobre cada uno de los temas que plantean?

2 ¡QUÉ TIEMPOS AQUELLOS!

> | 1 | Fíjate en la fotografía que aparece en la actividad 1.1. y piensa en tus años de la escuela. ¿Qué recuerdos guardas de aquella época? Coméntalo con tus compañeros.

| 1.1. | Rafa nos comenta en su blog cuáles son sus recuerdos del colegio. Lee el texto y contesta a las preguntas.

www.historiasparaelrecuerdo.com

Inicio   Archivo   Sobre mí   Contacto

Recuerdos del colegio

Hay recuerdos y momentos en la vida de las personas que son realmente difíciles de olvidar. Como los recuerdos de nuestra época de escolares. Estos recuerdos suelen ser buenos momentos, anécdotas y curiosidades que todos hemos experimentado. Y hablo de todo esto porque me ha invadido la nostalgia después de hacer una visita al que, durante trece años, fue mi colegio y, por así decirlo, mi segunda casa. El edificio se veía renovado, pero lo que más me impactó fue el no encontrar en su sitio la legendaria figura de forja que había al entrar en el edificio. **No me he olvidado nunca de esa imagen del herrero trabajando en la forja y la frase que la acompañaba:** *Tú eres el forjador de tu vida.*

No sé qué pensaréis vosotros, pero **yo siempre me he acordado de cómo era mi época de colegio.** Allí fue donde encontré a los amigos que aún a día de hoy veo casi a diario, donde viví mis primeros desengaños, fracasos y triunfos, y donde me enseñaron gran parte de los conocimientos que, con el paso del tiempo, he ido ampliando hasta convertirme en lo que a día de hoy soy.

CONTINÚA »

Dando una vuelta por los pasillos con mis compañeros no pudimos evitar ir a ver las orlas de promociones anteriores. Por supuesto, lo primero que hicimos fue ir a ver la nuestra, para recordar cómo éramos hace unos años. **Me sonaban todas las caras de gente del barrio**, pero **había olvidado que habían estudiado conmigo**. Hablamos de anécdotas que tuvimos con otros compañeros allí presentes a los cuales hacía tiempo que no veíamos, y la verdad, **solamente podíamos recordar haber vivido cosas buenas**, porque con el tiempo, es de eso de lo que uno se acuerda cuando mira hacia atrás. Para no aburriros más con mis divagaciones, solamente diré una cosa: **nunca se puede olvidar de dónde venimos**.

Adaptado de http://pensamientosmacarronicos.blogspot.es/1267457622/recuerdos-del-colegio

1 ¿Qué recuerdos son difíciles de olvidar según el autor?

2 ¿Por qué escribe esta entrada de blog?

3 ¿Qué cambios vio en su colegio?

4 ¿Cómo son sus recuerdos de aquella época?

5 ¿Qué crees que quiere decir con la última frase?

| 1.2. | Vuelve a leer el texto, fíjate en las frases en negrita y completa con ellas el cuadro.

Expresar que se recuerda algo o no

✗ Para expresar que **se recuerda algo o no** puedes usar las siguientes estructuras:

- *(No) recuerdo/(No) me acuerdo de*
- *(No) he olvidado/(No) me he olvidado de*

+ infinitivo compuesto/nombre
que...
qué/cómo/cuándo...

— *Solamente podíamos recordar haber vivido cosas buenas.*
—
—
—
—

- *Me suena* + infinitivo compuesto/nombre/*que* expresa un recuerdo vago de algo o de alguien:
—

| 1.3. | Escucha el programa de radio *Hablar por hablar* donde varias personas recuerdan momentos de la escuela. Relaciona a cada persona con lo que dice.

| 28 |

1. Marina . . . ✳
2. Toño . . . . . ✳
3. Carmen . . ✳
4. Paco . . . . . ✳
5. Laura . . . ✳
6. Javier . . . . ✳

✳ **a.** Se lamenta de la situación actual de la educación.
✳ **b.** Estudió en colegios separados por sexos de los que no guarda buenos recuerdos.
✳ **c.** Comenta la distinción entre el tipo de educación impartida a niños y niñas.
✳ **d.** Tiene buenos recuerdos de aquella época pese al trato de los profesores.
✳ **e.** Posee malos recuerdos debido a las medidas disciplinarias que utilizaban los profesores.
✳ **f.** Muchos de sus compañeros vivían en el colegio porque no tenían padres.

Cultura

> | **2** | ¿Sabes qué es la EGB? Coméntalo con tu compañero y lee la reseña que han escrito de este famoso libro, que ha vendido miles de ejemplares en España, para comprobar si habéis acertado.

Yo fui a EGB

¡Ponte a leerlo ya!

Pues sí, yo fui a EGB e imagino que muchos de vosotros recordaréis esos años con nostalgia y cariño. Es por eso que, cuando me regalaron este libro, sabía que **iba a disfrutar** muchísimo con su lectura y que me llevaría de nuevo a mi infancia. **He acabado de leerlo** y de regresar al mundo actual desde el que escribo. No os podéis hacer una idea de lo que me ha gustado. Me hubiera encantado **seguir viviendo** en ese mundo de recuerdos.

CONTINÚA ⟫

Antes de **empezar a hablaros** del libro, creo necesario definir lo que es o fue la EGB, siglas de Educación General Básica. Es el nombre que recibió el ciclo de estudios primarios desde principios de los años setenta hasta mediados de los noventa y que, hoy en día, **ha acabado representando** a toda una generación junto a los hábitos y costumbres que caracterizaban dichos años.

Son diez los temas en los que los autores se han centrado en *Yo fui a EGB*. En todos ellos nos van hablando, en tono coloquial y con un lenguaje muy sencillo y natural, de cosas que **llevamos añorando** hace tiempo.

A lo largo de estas páginas recordaremos lo que comíamos en aquella época, las chucherías que más nos gustaban, la ropa que usábamos, nuestros juegos favoritos, lo que veíamos en la televisión, la música que escuchábamos, los libros que leíamos en el colegio y que **andan atormentándonos** todavía, lo que hacíamos allí, la llegada del vídeo y las películas que alquilábamos en el videoclub, etc. Estos son algunos de los muchos temas que se van sucediendo a lo largo de las páginas de *Yo fui a EGB* y que consiguen que nos **volvamos a sentir** niños por unos instantes, despertando sensaciones que creíamos olvidadas.

Desde que **comenzamos a leer** el libro, se instala una sonrisa en nuestra cara que ya no nos abandona hasta cerrarlo. Me ha resultado curioso observar que no era el único que deseaba tener un rotulador color carne para poder **dejar de pintar** a las personas de color naranja o rosa, o que soñaba con tener unos vaqueros Bonaventure, que tan de moda estaban.

Aunque nos embargue la nostalgia y quizás consiga que nos sintamos un poco mayores, merece la pena observar cómo han cambiado muchos aspectos de la sociedad que nos rodea y, sobre todo, revivir esas sensaciones que **tenía completamente olvidadas. Dejo terminada** esta reseña, y la retomaré con la lectura del segundo tomo de la colección. De este libro **llevan vendidas** siete ediciones y **está a punto de salir** a las librerías la segunda parte.

Adaptado de http://www.eluniversodeloslibros.com/2013/11/yo-fui-egb-javier-ikaz-jorge-diaz.html

|2.1.| 🧑 🗣️ Fíjate en las perífrasis verbales destacadas en el texto anterior. Lee la información del cuadro y escribe la estructura que completa cada perífrasis en su lugar correspondiente. Ayúdate del contexto de las frases para entender su sentido.

Perífrasis aspectuales

Las **perífrasis aspectuales** indican en qué fase de desarrollo se sitúa la acción verbal.

✖ Fase **previa**:
  • Intención de comenzar una acción: [1] .... + infinitivo
  • Comunica que a la acción le falta poco para realizarse: [2] .... + infinitivo

✖ Fase **inicial**:
  • Comienzo de una acción: [3] .... /[4] .... + infinitivo
  • Inicio repentino de una acción: *echarse a*/[5] .... + infinitivo

✖ Fase **intermedia**:
  • Repetición o reanudación de una acción: [6] .... + infinitivo
  • Continuación de una acción: [7] .... + gerundio
  • Continuación de una acción, valorada casi siempre negativamente: [8] .... + gerundio
  • Duración de una acción que continúa: [9] .... + gerundio + expresión de tiempo

✖ Fase **final**:
  • Conclusión o interrupción de una acción, a veces habitual: [10] .... + infinitivo
  • Acción finalizada recientemente o que se está finalizando: [11] .... + infinitivo

✖ Fase **posterior al final**:
  • Finalización de una acción anterior a otra: [12] .... + participio
  • Realización parcial de una acción: [13] .... + participio
  • Realización de una acción en su totalidad: [14] .... + participio
  • Realización final de una acción después de un proceso largo o difícil: [15] .... + gerundio

| 2.2. | Completa las perífrasis con los verbos que faltan.

1 Ese tebeo lo .... muy visto. Lo habré leído mil veces, y no te estoy exagerando.

2 La semana que viene .... a reunirnos antiguos alumnos y .... a visitar la escuela donde estudiamos.

3 La representación .... concluir con una gran ovación.

4 .... leídas cien páginas del libro y me está gustando mucho.

5 De nada sirvió lo que hicieron los profesores. Rubén .... dejando los estudios.

6 La profesora le ha repetido una y otra vez que .... molestar a sus compañeros.

7 Doña Lucía .... trabajando en la escuela nueve años cuando me cambié de centro.

8 .... diciendo que Luis y Begoña son pareja.

9 La fiesta de antiguos alumnos me .... extenuada. Todavía estoy supercansada.

|| Sensaciones ||

> | 3 | ¿Guardas buenos o malos recuerdos de tus comienzos con el español? Habla con tu compañero y cuéntale tus experiencias pasadas.

3 "YO NO HICE EL VIAJE, EL VIAJE ME HIZO A MÍ"

> | 1 | Fijaos en la frase del epígrafe. Es una frase del español Arturo Pérez-Reverte, escritor, periodista y académico de la lengua. ¿Qué creéis que quiere decir? ¿Estáis de acuerdo?

| 1.1. | Completa ahora los siguientes cuadros con las palabras de la tabla que asocies a cada una de las etapas de la vida. Pregunta a tus compañeros de grupo las que no entiendas. ¿Puedes añadir más palabras relacionadas con cada una de las etapas?

✗ veinteañero/a	✗ nana	✗ inocencia	✗ pubertad	✗ paternidad	✗ madurez
✗ achacoso/a	✗ vejez	✗ canas	✗ pañal	✗ canguro	✗ quinceañero/a
✗ rebeldía	✗ cuarentón/ona	✗ edad del pavo	✗ octogenario/a	✗ infancia	✗ arrugas

[1]	**Adolescencia**	**Juventud**	[11]	[14] ....
[2]		chico/a	adulto/a	[15] ....
[3]	[6]	[9]	[12]	[16] ....
[4]	granos en la cara	[10]	maduro/a	ancianidad
lactancia	[7]		[13]	[17] ....
[5]	[8]	mayor de edad	maternidad	[18] ....

| 1.2. | En general, cada etapa que vamos superando supone algunos cambios en nosotros: cambios físicos, de carácter, de estilo de vida, de expectativas... Observad las fotografías que estas dos personas han colgado en su Facebook para recordar su infancia. ¿Cómo han cambiado físicamente? ¿En qué creéis que han cambiado su carácter y personalidad?

| 1.3. | 🌐 💬 Y tú, ¿en qué has cambiado? ¿Cómo eras en otras etapas de tu vida? ¿Cómo vestías antes? Cuéntaselo a tus compañeros de grupo.

>| 2 | 🎧 🔊
| 29 | Para Alberto, un chico español, los viajes son también parte de su evolución personal. Escucha su testimonio y piensa qué diferentes tipos de viajes hacemos en cada una de las etapas de nuestra vida.

Viajar en la infancia: ....

Viajar en la juventud: ....

Viajar en la madurez: ....

Viajar en la vejez: ....

| 2.1. | 🌐 💬 ¿Estás de acuerdo con Alberto en su idea de que los viajes cambian y ayudan a desarrollarte como persona? Justifica tu respuesta.

>| 3 | 👤 📖 Algunos viajan por turismo y otros se lanzan a la aventura de vivir durante una temporada en un país extranjero. Completa el texto con la experiencia de Marlene, que ya es una experta en esto de cambiar de país y fíjate en los cambios que expresan los verbos marcados.

| ✗ uno más | ✗ adictiva | ✗ triste | ✗ en un vaivén de emociones |
| ✗ quieto | ✗ tu vida | ✗ una persona más humana | |

Cosas que cambian para siempre cuando vives en otro país

A punto de preparar nuestra tercera mudanza en pocos años, miro hacia atrás y sé que apretujar nuestra vida en una maleta y mudarnos a otro país fue una de las mejores decisiones que hemos tomado jamás. Porque cuando te marchas, cuando [1] **conviertes** .... en viaje e incertidumbre, creces. Renuncias a [2] **quedarte** .... Te enfrentas a nuevos retos, descubres en ti facetas que desconocías, te sorprendes y te dejas sorprender por el mundo. Aprendes y amplías tus perspectivas. Evolucionas. Añoras… y creas recuerdos que ya no te abandonarán. Desde el momento en el que decides marcharte, tu vida [3] **se convierte** ...., de lo inesperado, de aprendizaje e improvisación. Los sentidos nunca duermen, y durante un tiempo destierras la palabra *rutina* de tu vocabulario para dejar paso a la adrenalina. Nuevos lugares, nuevas costumbres, nuevas personas… La sensación de comenzar de cero debería asustarte, pero [4] **se vuelve** ....

Pronto te das cuenta de que, ahora, muchas cosas y personas son de paso, y el valor de la mayoría de situaciones se relativiza. Perfeccionas el equilibrio entre crear lazos y saber desprenderte de objetos y recuerdos sin [5] **ponerte** ....: una lucha perpetua entre nostalgia y pragmatismo. Te acostumbras a vivir con dos de todo. Con dos tarjetas SIM (una de ellas repleta de teléfonos de todos los rincones del mundo), con dos carnés de la biblioteca, con dos cuentas bancarias, con dos tipos de moneda que siempre, no sabes cómo, acaban mezclándose cuando vas a pagar algo.

Vivir en otro país, como viajar, te enseña que "normal" significa social o culturalmente aceptado. Así que, cuando te sumerges en otra cultura y en otra sociedad, tu concepto de normalidad se resquebraja. Aprendes que hay otras formas de hacer las cosas y, al cabo de un tiempo, tú también adoptas aquella costumbre antes impensable y [6] **llegas a ser** .... en el lugar en el que te encuentras. En definitiva, [7] **te haces** .... y más empática, algo que, para mí, no tiene precio.

http://masedimburgo.com/2014/05/10/cosas-que-cambian-para-siempre-cuando-vives-en-otro-pais/#sthash.iJcS1JY7.dpuf

| 3.1. | 🗨️ 👥 Encontrad en el texto las palabras que se corresponden con estas definiciones. ¿Las conocíais?

1 [_____] apretar mucho ≠ aflojar

2 [_____] sentir nostalgia ≠ olvidar

3 [_____] balanceo ≠ quietud

4 [_____] sentir miedo ≠ tener valor

5 [_____] renunciar ≠ retener

6 [_____] llena, abarrotada ≠ vacía

7 [_____] romper, debilitar ≠ reforzar

8 [_____] adentrarse ≠ salir

| 3.2. | 👤 👥 ¿Te has fijado en los cambios que expresa cada verbo en negrita en la actividad 3? Completa el siguiente cuadro con ellos, y escribe las frases en que aparecen a modo de ejemplo.

Verbos de cambio

✖ [1] .... ➡ expresa un cambio rápido y a veces duradero, y se refiere a una cualidad contraria o distinta a otra anterior:

— [_____]

✖ [2] .... ➡ expresa un cambio relacionado con la ideología, la profesión (de prestigio), la religión, etc., decidido voluntariamente o no:

— [_____]

✖ [3] .... ➡ expresa un cambio de estado provocado por una acción o situación anterior. Indica el resultado, generalmente negativo, de esa acción. Se usa mucho con adjetivos referidos al cuerpo de una persona: *sordo, ciego, calvo*…:

— [_____]

✖ [4] .... ➡ expresa un cambio en el aspecto físico o estado de ánimo. Es temporal, no definitivo:

— [_____]

✖ [5] .... ➡ expresa un cambio gradual, producto de un proceso, socialmente positivo. Implica esfuerzo y lentitud:

— [_____]

✖ [6] .... ➡ expresa un cambio bastante radical, una transformación importante y, a veces, definitiva. Similar a *transformarse*:

— [_____]

— [_____]

✖ No se dice *ponerse enfadado* ni *ponerse curioso*: *se enfadó/sintió curiosidad.*

| 3.3. | 👤 👥 Relaciona los siguientes contextos con la frase correspondiente. Luego complétalas con el verbo de cambio que falta.

1. Cada vez que Gema vuelve de uno de sus viajes no para de hablar y contar todos los detalles… Si sigue así va a perder hasta la voz. …. ✳

2. Pedro tuvo un accidente en una de sus excursiones en la montaña. No fue nada grave, pero, desde entonces, tiene más cuidado cuando se lanza a explorar nuevos rincones de la naturaleza………….. ✳

3. A Liam le encanta la comida de España. Siempre que está de paso por aquí, se da unos atracones tremendos. Le gusta todo, el pescado, la carne, los embutidos………………………. ✳

4. Tuvo una vida llena de aventuras y peripecias, pasó por momentos difíciles e, incluso, asistió a cambios históricos. Hace poco publicó su autobiografía. ……………………… ✳

✳ **a.** Se ………….. morado cuando viene a España.

✳ **b.** Su vida se ………….. un libro.

✳ **c.** Se va a ………….. ronca.

✳ **d.** Se ha ………….. más prudente.

>| 4 | 👤👥 Fíjate en la frase anterior: *Liam se pone morado cuando viene a España*, y di de qué color te pones en cada una de estas situaciones. Atención, sobra un color, ¿cuál es?

| x **Blanco** | x **Rosa** | x **Negro** | x **Verde** | x **Rojo** |

1 Estás en el metro. Eres muy tímido y, de repente, notas que una chica guapísima te está mirando todo el tiempo y se acerca a decirte algo. Te pones ....

2 Todos los días lo mismo, tus vecinos tienen dos perros y siempre hacen sus necesidades en la acera, es una situación insoportable. Te pone ....

3 Tu piso no está nada mal, pero tu mejor amigo se acaba de mudar a un ático con una terraza estupenda y no puedes evitar morirte de envidia. Te pones ....

4 Vuelves a casa después del trabajo y te das cuenta de que la puerta está abierta, pero estás seguro de que la habías cerrado cuando saliste. Te pones ....

>| 5 | 🌐💬 El profesor os va a repartir unas tarjetas con palabras que frecuentemente aparecen con los verbos de cambio que habéis aprendido. Seguid sus instrucciones.

4 UN NUEVO RUMBO

>| 1 | 🌐 En grupos de tres, elaborad una definición para los siguientes términos, todos relacionados con la idea de viajar. Después, comparadla con la que os dará el profesor.

x expatriado   x exiliado   x extranjero   x inmigrante   x forastero   x refugiado

| 1.1. | 👤🔊 Escucha a Diego, un español expatriado en Seúl, y contesta a las preguntas.
| 30 |

1 ¿Por qué Diego y su pareja decidieron dejar España?

2 ¿Fue difícil encontrar trabajo en Corea?

3 ¿Qué problemas tenían al principio cuando iban a un restaurante?

4 ¿Qué tal lleva Diego el verano en Seúl?

5 ¿Cuáles de los servicios públicos en la nueva ciudad considera que no funcionan bien?

>| 2 | 🌐💬 En grupos, pensad qué tendría que tener en cuenta una persona que decide irse a vivir a otro país y haced una lista con el siguiente título: *Estrategias para adaptarse mejor.*

| 2.1. | 🌐💬 Comparad todas las listas y llegad a una común que recoja las mejores ideas de la clase.

| Grupo cooperativo |

>| 3 | 🌐💬 *Españoles por el mundo* es un programa de televisión muy conocido que habla de la vida de los españoles que han decidido establecerse en otros países. Vamos a investigar sobre el programa. Seguid las pautas.

Dividid la clase en pequeños grupos. Cada grupo va a buscar información sobre este programa y a realizar la siguiente tarea:

1 Ver algunos de los vídeos sobre los españoles expatriados en la web de rtve.es.

2 Elegir un país.

3 Preparar una presentación para la clase con un destino que os haya resultado interesante o un testimonio que os guste especialmente.

4 Comparar las vidas de las personas de las que habéis hablado. ¿Son muy distintas?

5 Hablar sobre si existe un programa similar en vuestro país, y qué os parecen las experiencias que cuentan.

> | 4 | 🌐 💬 **Unos se van, pero otros llegan. Lee los siguientes titulares de prensa y coméntalos con tu compañero.**

> España, entre los diez países con mayor número de inmigrantes.

> Una patera llega a las costas de Algeciras con nueve inmigrantes.

> Seis detenidos por explotar a inmigrantes sin papeles.

> Los inmigrantes aportan más al Estado de lo que reciben, incluso los irregulares.

> Obligaban a los jornaleros a pagarse el desplazamiento y a trabajar en condiciones abusivas.

| 4.1. | 🌐 💬 ¿Qué sabes sobre la inmigración en España? Poned en común entre todos los compañeros lo que sabéis o pensáis sobre este tema.

| 4.2. | 👤 🔊 Escucha el siguiente fragmento de un informativo que habla sobre la inmigración en
| 31 | España y toma nota de los datos estadísticos a los que se refiere para completar la siguiente ficha.

> 1. Número de inmigrantes en España:
>
> 2. Número total de inmigrantes en el mundo:
>
> 3. Décadas en las que llegaron a España:
>
> 4. Puesto de España en el ranking según la acogida de extranjeros en el mundo:
>
> 5. Países que están en los puestos 1.º y 2.º:

| 4.3. | 🌐 💬 Vuelve a escuchar el informativo y toma nota de las ventajas de la inmigración a las que se refiere. ¿Puedes añadir otras? Luego, compara tus propuestas con tu compañero. ¿Coincidís?

Ventajas que aparecen en la noticia	Ventajas que puedes añadir tú

| 4.4. | 🌐 💬 Para saber más sobre la inmigración en España, ordena estos países según el número de inmigrantes que crees que eligen España como destino. Compara tu respuesta con la de tu compañero. ¿Estáis de acuerdo? El profesor os dará la solución. ¿Hay algún dato que os llame la atención? ¿Por qué?

✖ China   ✖ Reino Unido   ✖ Colombia   ✖ Marruecos   ✖ Rumanía   ✖ Italia

| 19607 | 12141 | 9049 | 5301 | 2507 | 1347 |

>| 5 | 😊🌐 Prepara un informe con algunos datos sobre la inmigración en tu país. Puedes seguir el modelo de la audición de la actividad 4.2. y las siguientes pautas.

✗ Datos estadísticos de la llegada de extranjeros en los últimos años.

✗ Nacionalidades más frecuentes que deciden ir a tu país.

✗ Sectores en los que preferentemente trabaja la población extranjera.

✗ Niveles de integración: lingüísticos, sociales, educativos, culturales.

✗ Choques culturales o creación de estereotipos.

| 5.1. | 🔆🗨 Presenta tu informe a la clase. Después, entre todos, comparad las similitudes y diferencias entre vuestros países y España.

5 · MANUAL DE ESTILO (1): ESCRITURA DE FECHAS Y HORAS

>| 1 | 😊🌐 Coge un papel y escribe la fecha de tu nacimiento. El orden de mención de cada uno de los elementos de las fechas (día, mes y año) varía según las distintas lenguas. ¿Cómo se escriben en tu lengua materna las fechas?

| 1.1. | ⚓🌐 A continuación tienes unas frases con expresiones de las fechas en español. Di cuál de las tres crees que es correcta y por qué. Trabaja con tu compañero.

1 a. ☐ Sofía nació el 10 de febrero de 1999.

  b. ☐ Sofía nació el 10 de Febrero de 1999.

  c. ☐ Sofía nació el 10 de febrero de año 1999.

2 a. ☐ En el 1915, Manuel de Falla estrenó, en el teatro Lara de Madrid, *El amor brujo*.

  b. ☐ En 1915, Manuel de Falla estrenó, en el teatro Lara de Madrid, *El amor brujo*.

  c. ☐ En 1.915, Manuel de Falla estrenó, en el teatro Lara de Madrid, *El amor brujo*.

3 a. ☐ El Acueducto de Segovia se construyó a finales del siglo I d. C.

  b. ☐ El Acueducto de Segovia se construyó a finales del siglo I d. J. c.

  c. ☐ El Acueducto de Segovia se construyó a finales del siglo I d. j. C.

>| 2 | 😊🌐 Completa el cuadro con las frases de la actividad anterior.

abc Las fechas

✗ En los países latinos se utiliza habitualmente el orden ascendente, esto es, día, mes, año: *28 de mayo de 2015*. Entre el día y el mes, así como entre el mes y el año, se intercala la preposición *de*.

✗ Las fechas pueden escribirse enteramente con letras, con una combinación de letras y números o solo con números.

• El sistema más común combina letras y números; el día y el año se escriben con números arábigos, y el mes, con letras y siempre con minúscula inicial:

  – ⌐   ⌐

• En la expresión de las fechas se usan las preposiciones *a*, *en* y *de*. La preposición *en* antecede a la indicación del mes: *Estamos en marzo*; o del año, si este no va acompañado del mes:

  – ⌐   ⌐

• Los años anteriores o inmediatamente posteriores al nacimiento de Jesucristo se acompañan de las abreviaturas *a. de J. C., a. de C., a. J. C.* o *a. C.* ('antes de Jesús Cristo') y *d. de J. C., d. de C., d. J. C.* o *d. C.* ('después de Jesús Cristo'):

  – ⌐   ⌐

✗ Es incorrecto escribir con punto la expresión numérica de los años: ~~1.995~~ ➜ 1995.

> |3| 👤 🔊 Escucha el audio y escribe en número las horas que se mencionan. Luego, lee la información
|32| del cuadro y comprueba si las has escrito bien.

1 .... **3** .... **5** .... **7** ....

2 .... **4** .... **6** .... **8** ....

abj Las horas

✖ Para expresar la hora puedes usar:

- Los números del 1 al 12 añadiendo, si es necesario, la indicación del tramo del día al que corresponde la hora expresada: *de la mañana, de la tarde, de la noche* o *de la madrugada*. También podemos añadir las siglas *a.m.* y *p.m.*
- Los números del 0 (para las doce de la noche) al 23.

✖ Si la hora se escribe con números, debe tenerse en cuenta lo siguiente:

- Para separar las horas de los minutos, se usa el punto o los dos puntos: *19.30, 19:30*.
- Opcionalmente puede emplearse tras las cifras el símbolo *h (hora)*, que, como todos los símbolos, debe escribirse sin punto (salvo que se trate del que marca el final del enunciado): *21.30 h* o *21:30 h*.
- También es posible desglosar la mención de horas y minutos, e incluso segundos, utilizando para ello los símbolos correspondientes: *Hizo la maratón en 1 h 24 min 12 s.*
- Las horas en punto se expresan mediante dos ceros en el lugar que corresponde a los minutos: *22.00, 22:00*. Pueden omitirse los dos ceros si tras la indicación de la hora se escribe el símbolo *h*: *El concierto empieza a las 22 h.*
- Cuando se usan las abreviaturas *a.m.*, y *p.m.* no debe añadirse el símbolo *h*, por ser evidente que se trata de una referencia horaria: *17.30 h* o bien *5.30 p.m.*

|3.1.| 🌐 ⚙ Dividíos en grupos de tres alumnos y buscad textos de Internet que contengan errores en la escritura de las horas. Corregidlos y explicad por qué estaban mal.

¿Qué he aprendido?

1 Señala la función correspondiente para cada expresión.

1. Por culpa del accidente **se quedó/se puso/se volvió** cojo.
2. Con el paso de los años **se ha hecho/se ha vuelto/se ha convertido** muy antipático.
3. Ya ha pasado el autobús, **empiezan a/deben de/hay que** ser las doce.
4. Estaba muy cansado, así que **debí/volví a/dejé de** trabajar y me fui a la cama.
5. **Llevo/Acabo/Sigo** llamándote más de una hora y no me contestas.

2 Encuentra el intruso y explica por qué lo es.

1.	2.	3. ponerse...	4.
☐ monoparental	☐ expatriado	☐ rojo	☐ adolescencia
☐ pareja de hecho	☐ refugiado	☐ verde	☐ edad del pavo
☐ divorciado	☐ turista	☐ azul	☐ arrugas
☐ casado	☐ inmigrante	☐ negro	☐ quinceañero

3 Escribe una frase para cada situación que se plantea.

1. Te pones guapo/a para ....
2. Algo que has dejado de hacer ....
3. Algo que has vuelto a hacer ....
4. Un recuerdo escolar que no has podido olvidar ....

6 IMAGINARTE

Contenidos funcionales
- Definir y describir.
- Valorar positiva o negativamente personas, acciones, estados y cosas.
- Juzgar situaciones.
- Hablar sobre diferentes expresiones artísticas.
- Hacer una crítica de arte.

Contenidos gramaticales
- Usos de *ser* y *estar* (repaso).
- Oraciones pasivas de proceso y de resultado.
- Pasiva refleja y pasiva con objeto directo + pronombre.
- Oraciones reflexivas impersonales.

Tipos de texto y léxico
- Citas.
- Foro.
- Entrevista.
- Artículo divulgativo.
- Léxico relacionado con el arte.
- Adjetivos que cambian de significado con *ser* y *estar*.

El componente estratégico
- Hacer resúmenes extrayendo la información esencial de un texto.
- Desarrollar una actitud de curiosidad y apertura hacia el arte de la lengua que se estudia.
- Activar habilidades que permitan entender los productos culturales a través de la observación, la comparación, la asociación y la inferencia.

Contenidos culturales
- Expresiones artísticas: la pintura (Frida Kahlo, Pablo Picasso) y la fotografía (Isabel Muñoz, Chema Madoz, Alberto Cubas y Rita Relata).
- Cómic, grafiti, arte reciclado, tatuaje, *body painting* y *Trash-Art*.
- La Casa Azul (Coyoacán) y el museo Picasso (Málaga).

Fonética/Ortografía
- Manual de estilo (2): escritura de citas.

1 ¿QUÉ ES ARTE?

> | 1 | Observa las siguientes imágenes. ¿Cuál de estas actividades estaría para ti dentro del concepto de *arte*? ¿Por qué? ¿Conoces otras manifestaciones artísticas? Habla con tus compañeros.

(handwritten margin notes: 5 mins. · positive or negative · context · audience · is it art? · qué? evocar · procavar · polémica · retratar · auto retrato · representar · conflicto · tattooing)

| 1.1. | ¿Qué es para vosotros el arte? En parejas, escribid en cinco minutos todo lo que relacionéis con esta palabra. Luego, haced una puesta en común con el resto de la clase.

ARTE

| 1.2. | Observa las siguientes obras de artistas hispanos. ¿Las valorarías como una obra de arte si no supieras de quiénes son? ¿Por qué? Habla con tus compañeros de grupo.

A
Eduardo Chillida
Escultor español (1924-2002)

B
Diego Rivera
Muralista mexicano (1886-1957)

C
Pedro Luis Raota
Fotógrafo argentino
(1934-1986)

| 1.3. | Escucha a Miguel López-Remiro, subdirector del Museo Guggenheim de Bilbao, que |33| nos habla sobre cómo se distingue una obra de arte. Toma nota de lo más importante.

| 1.4. | ¿Qué es importante saber según López-Remiro? ¿Estáis de acuerdo con él?

>| 2 | Una revista ha publicado información sobre tres manifestaciones artísticas. En grupos de tres, leed cada uno un texto. ¿De qué arte está hablando? Haz un resumen del texto que has leído para explicárselo a tus compañeros. ¿Es arte o no? ¿Qué opináis?

1 Hay quien dice que [a] **son** cuadros de la ciudad, una manifestación, un arte urbano… En cualquier caso, se han convertido en una herramienta social. La exposición [b] **es** en la calle, a cualquier nivel y a la vista de todos. La calle necesita expresarse, mutar, respirar y reinventarse a cada momento, y así lo hace, aunque no siempre en la dirección adecuada. Circulando con mi taxi me encuentro a diario cientos de pinturas en muros, puentes o fachadas que son auténticas obras de arte. Expresan ideas, emociones y una particular visión del mundo. Banksy [c] **es** inglés y actualmente [d] **es** un artista destacado en este arte callejero. Sin embargo, no siempre estas obras se exhiben en los lugares apropiados. Es lamentable, por ejemplo, que cubran cristales enteros de vagones de metro o se expongan sobre señales de tráfico o carteles informativos (poniendo en peligro la seguridad vial). El arte no debería 'dificultarnos' la vida, sino todo lo contrario.

http://blogs.20minutos.es

2 Actualmente ya [e] **está** consolidado como un arte. La mayor parte de sus producciones [f] **son** en papel y se ha convertido en una herramienta imprescindible para que muchos artistas expresen sus emociones. Pero al igual que la mayoría del arte contemporáneo, la idea que se vende [g] **es** incluso más importante que la propia obra. Así, más allá de su belleza, nos hace cuestionarnos y plantearnos una serie de preguntas. Si no lo consigue, solo será una hermosa imagen más, relegada a ser únicamente observada y olvidada. [h] **Es** innegable que muchas de ellas a lo mejor no son muy brillantes ni estética ni técnicamente, pero transmiten un concepto tan potente, una fuerza tal en la idea que hay detrás del trabajo, que consigue eclipsar las carencias estéticas de la imagen. En ese caso, nos encontramos con imágenes que [i] **están** casi perfectas, pese a sus carencias, y se convierten en arte por sí solas.

http://www.xatakafoto.com

CONTINÚA »

3 Según los registros, se han encontrado momias con más de cinco mil años de antigüedad que muestran marcas en la piel como símbolo de estatus, como forma de adorar a los dioses o como un método para identificar castas. En la actualidad, las personas usan su piel como lienzo para embellecer sus cuerpos, por creencias, por estatus social o como recuerdo de momentos importantes. [j] **Estoy por** pensar que la pintura en la piel refleja una manera de entender e interpretar la sociedad y, por tanto, podría ser considerada un tipo de arte.

Aunque soy actor, [k] **estoy de** fotógrafo profesional en un estudio. Aquí observo cómo los artistas elaboran desde una pequeña flor en la espalda, a un dibujo que ocupa toda una sección del cuerpo. Pero todos sienten que [l] **están a punto de** crear arte. Hoy, mi compañera está embelleciendo un cuerpo con un león. Su arte [m] **está para** "hacer rugir" al mundo.

Por cierto, una curiosidad, ¿sabíais que el primer estudio [n] **estuvo** en Nueva York y se abrió en 1846?

http://www.revistaesnob.com

| 2.1. | Lee ahora todos los textos anteriores y completa el cuadro poniendo la letra de cada ejemplo en su lugar correspondiente.

Usos de *ser* y *estar* (Repaso)

✗ El verbo *ser* sirve para:

1 | *a* | Identificar o definir.
2 | | Hablar de origen, nacionalidad o procedencia.
3 | | Informar sobre la profesión.
4 | | Informar sobre el material.
5 | | Indicar el lugar de un suceso o acontecimiento.
6 | | Describir o valorar a personas o cosas de manera objetiva.
7 | | Valorar un hecho de manera objetiva: (*ser* + adjetivo de valoración).

✗ El verbo *estar* sirve para:

8 | | Localizar en el espacio.
9 | | Describir o valorar a personas o cosas de manera más subjetiva.
10 | | Hablar de una actividad temporal.
11 | | Expresar el estado en el que se encuentra una persona o una cosa en un determinado momento (*estar* + participio).
12 | | Indicar que se va a realizar una acción inmediatamente.
13 | | Expresar que la acción no se ha realizado todavía o plantea una duda.
14 | | Indicar que algo o alguien está preparado para realizar una acción.

| 2.2. | Completa estas frases con los verbos *ser* o *estar* e identifica sus usos.

1 ☐ La vida de este fotógrafo ....*es*.... bastante difícil.

2 ☐ Ese lienzo tiene un marco que .... de madera de roble.

3 ☐ No pude visitar la colección porque cuando llegué, ... a punto de cerrar.

4 ☐ El catálogo de la exposición .... para salir.

5 ☐ .... extraño que no hayan abierto el estudio todavía.

6 ☐ El museo Picasso .... en Málaga.

7 ☐ Diego Rivera .... mexicano.

8 ☐☐ Mi amiga .... comisaria de arte, pero ahora .... de recepcionista en el museo.

9 ☐ Ese .... el grafiti del que te hablaba.

10 ☐ Su amiga no .... simpática en la cena de anoche, no hablaba con los otros artistas.

11 ☐ Ha costado mucho tiempo pero por fin el museo ya .... inaugurado.

12 ☐ La exposición .... en el museo Guggenheim.

13 ☐ El libro .... por abrir.

> | 3 | Observad la imagen de la derecha y, entre todos, describidla. ¿Qué os sugiere?

| 3.1. | ¿Sabes qué es la pintura corporal? Lee las afirmaciones y contesta verdadero (V) o falso (F), según tu opinión.

		V	F
1	La pintura corporal es un arte en movimiento.	☐	☐
2	El mensaje artístico se transmite a través de un cuerpo desnudo.	☐	☐
3	Es un arte reciente procedente de la India.	☐	☐
4	Algunas pinturas son fruto de ritos y cultos.	☐	☐
5	La henna es la principal técnica para decorar el cuerpo.	☐	☐
6	En Occidente la pintura corporal se utiliza como diversión y motivo meramente decorativo.	☐	☐
7	El único inconveniente es la gran dedicación que requiere.	☐	☐
8	Hay festivales anuales de exposición de este arte.	☐	☐

| 3.2. | [34] Escucha un extracto de la conferencia titulada *El cuerpo como lienzo* y comprueba tus respuestas anteriores. ¿Qué opinas sobre la pintura corporal? ¿Consideras que es un arte? ¿Por qué? Coméntalo con tus compañeros.

|Sensaciones|

| 3.3. | ¿De qué colores pintarías ahora tu aprendizaje de español: gramática, vocabulario, pronunciación...? Esos colores, ¿qué representan para ti con respecto a tu aprendizaje? ¿Por qué? ¿Qué tipo de obra sería: un grafiti, una fotografía...?

2 GRANDES ARTISTAS

>| 1 | Estos dos museos están dedicados a dos grandes artistas hispanos. ¿Los conoces? ¿Sabes de qué artistas se trata? ¿Qué tipo de obras se puede ver en ellos? Habla con tu compañero.

| 1.1. | Lee la opinión de estas dos personas que comentan en Tripadvisor.es sus visitas a estos museos y comprueba tus hipótesis anteriores. ¿Cuál de estos lugares te gustaría visitar?

¡Mágico lugar!
◎◎◎◎◎ Opinión escrita el 13 de abril

La **Casa Azul**, como le dicen a la casa de la pintora Frida Kahlo, hoy museo, es realmente bella. Tanta historia de vida con muestras de fotografía, objetos coleccionados y obras realizadas por la talentosa Frida. También hay algunas pinturas y dibujos del amor de su vida, Diego Rivera. La casa es digna de conocerse: está pintada toda en azul, además de tener un hermoso jardín con una colección de cactus y esculturas esparcidas por todos lados, en cada rincón se hallan obras por descubrir. En la visita se puede ver un vídeo que cuenta algunos de esos momentos gloriosos de la vida de Frida. Es alucinante ver de cerca el famoso atril en el cual pintaba Frida, sus pinceles y pinturas, escritos de su puño y letra, y las habitaciones donde vivió y murió. Hay mucha historia en este lugar que, además, es bellísimo.

CONTINÚA ❯❯

Para acercarse a la obra del genial malagueño

⊙⊙⊙⊙○ Opinión escrita el 21 de abril

El **museo Picasso** superó mis expectativas y creo que es muy recomendable. El museo recoge una muestra de la obra de este genial pintor. No se puede ir a la ciudad malagueña en la que nació este genial artista y no visitar el museo dedicado a su figura. Está ubicado en un edificio fantástico en el centro de Málaga. La colección es relativamente modesta, pero está muy bien presentada y puesta en valor, en un edificio espectacular. Incluye obras de muchas épocas. Además, cuenta con información adicional sobre el contexto social, político, etc. (breves películas, recortes de periódicos, citas...) que ayudan a entender la obra y la influencia del artista en el arte del siglo XX. Si le tengo que poner un pero es que la exposición temporal no estaba bien indicada.

Adaptado de www.tripadvisor.es

| 1.2. | Con la información anterior, completa el siguiente cuadro.

Nombre del museo		
Pintor		
Descripción		

Intercultura

| 1.3. | ¿Conoces a estos pintores hispanos? ¿Qué sabes de ellos? ¿Qué pintor de tu país te gusta más? ¿Por qué? Habla con tus compañeros.

Cultura

> | 2 | |35| Aquí tienes cuatro cuadros que representan parte de la vida de Frida Kahlo. Escucha y escribe el título y la descripción de cada uno de ellos.

1 .... 2 .... 3 .... 4 ....

| 2.1. | Observa las siguientes frases extraídas del audio. ¿Qué tienen en común? ¿Qué le interesa destacar al hablante en ellas? Analízalo con tu compañero.

✕ El cuadro *Accidente* **fue pintado** por Frida Kahlo en 1926.
✕ La obra *El tiempo vuela. Autorretrato* **la pintó** en 1929.
✕ La Casa Azul **se transformó** en museo en 1958.
✕ Su experiencia personal y los aspectos dolorosos de su vida **están plasmados** en sus cuadros.

(handwritten at top) fue / fueron   adas / idas
estaba / estaban / ados / idos

| 2.2. | Lee la información del cuadro y comprueba tu respuesta anterior.

Oraciones pasivas de proceso y resultado

× La **voz activa** se usa para resaltar quién o qué está realizando la acción:

— <u>Frida Kahlo</u> <u>pintó</u> <u>el cuadro</u> Accidente en 1926.
    (sujeto)   (verbo)   (objeto directo)

× La **voz pasiva** se usa cuando queremos enfatizar una acción o un estado. El sujeto de la acción no tiene relevancia, no se conoce o se asume que todo el mundo lo conoce.
En español hay varios tipos de oraciones pasivas:

• La **pasiva de proceso** se refiere al acontecimiento en sí mismo. Se forma con el verbo **ser** + el participio del verbo, que concuerda con el sujeto paciente:

— El cuadro Accidente fue pintado por Frida Kahlo en 1926.
  (sujeto paciente)   (ser + participio)   (complemento agente)

• La **pasiva de resultado** nos informa del resultado final de la acción sin interesarnos por el proceso. Se forma con el verbo **estar** + participio:

— El museo está restaurado.

• La **pasiva refleja** (**se** + el verbo en la 3.ª persona del singular o plural) se suele utilizar, en el lenguaje oral, en lugar de la pasiva de proceso:

— Los cuadros **han sido vendidos**. ➡ — **Se han vendido** los cuadros.
    (pasiva de proceso)   (pasiva refleja)

— Normalmente el sujeto paciente de estas oraciones es una cosa, pero puede también ser persona indeterminada:

— Se buscan artistas para la exposición.

• **Objeto** + pronombre de **complemento directo**. En el lenguaje oral informal se puede colocar el objeto al principio de la frase, seguido del pronombre de complemento directo correspondiente:

— **El museo lo** inauguró el rey Felipe IV.

Fíjate

× Las oraciones pasivas se usan generalmente en contextos más formales: artículos periodísticos, relatos de historia, conferencias… tanto en la lengua oral como en la escrita.

| 2.3. | Completa el siguiente resumen de la vida de Frida Khalo. Luego, señala qué tipo de pasiva se utiliza en cada caso. Trabaja con tu compañero.

× se expusieron   × fue contagiada   × la transformaron   × está plasmada
× fue animada   × está representada   × estaban inspirados   × fueron estudiados

Frida Kahlo es una pintora mexicana de mucho renombre. Sus autorretratos [1] *estaban inspirados* en el arte popular de su país. Era hija de una mexicana y de un alemán. Su niñez fue muy triste. Cuando era muy niña [2] *fue contagiada* de polio y esta enfermedad le dejó secuelas. Un grave accidente de tráfico fue su inicio a la pintura. Más tarde, sus cuadros [3] *fueron estudiados* por el que sería su futuro marido, Diego Rivera, y [4] *fue animada* por el mismo a continuar. Su identidad mexicana [5] *está representada* en su obra. Su experiencia personal [6] *la transformaron / está plasmada* en sus cuadros. En el terreno privado, ambos cónyuges fueron infieles y estuvieron a punto de romper su relación para siempre. Sus cuadros [7] *se expusieron* por primera vez en la galería de Arte Contemporáneo de Ciudad de México en abril de 1953. Su casa [8] *está plasmada / la transformaron* en un museo que lleva su nombre.

| 2.4. | Vais a elaborar en parejas una biografía más detallada de Frida Kahlo. Vuestro profesor os va a dar una ficha. Utilizad en vuestro escrito las oraciones pasivas que habéis aprendido.

>| **3** | Una de las obras mundialmente conocidas de Pablo Picasso es *El Guernica*. ¿Qué sabes de este cuadro? ¿Qué intenta transmitir el artista? Coméntalo con tus compañeros de grupo.

| **3.1.** | Lee esta información sobre el cuadro y localiza en el texto los ejemplos para completar la explicación gramatical que aparece a continuación.

El Guernica es un famoso cuadro de Pablo Picasso, pintado entre los meses de mayo y junio de 1937, cuyo título alude al bombardeo de la localidad vasca Guernica, ocurrido el 26 de abril de dicho año, durante la guerra civil española.

Se piensa que es una de las obras de arte más importantes del siglo XX, y se la considera un auténtico "icono del siglo XX", símbolo de los terribles sufrimientos que la guerra inflige a los seres humanos. *No, la pintura no está hecha para decorar las habitaciones. Es un instrumento de guerra ofensivo y defensivo contra el enemigo.*

Picasso

Oraciones reflexivas impersonales

La reflexiva impersonal se usa para indicar un sujeto general o indeterminado. El verbo siempre aparece en la 3.ª persona del singular:

— _____

— _____

| **3.2.** | Vas a escuchar a un crítico de arte hablando sobre esta obra. Observa el cuadro de nuevo en la actividad 3 e identifica cada una de las partes señaladas. Luego, vuelve a escuchar y escribe el significado de los símbolos utilizados.

| 36|

	Símbolos	Significado
1	☐	....
2	☐	....
3	☐	....
4	☐	....
5	D	....
6	☐	....
7	☐	....
8	☐	....
9	☐	....

| 3.3. | Os vais a convertir en críticos de arte. Seguid las pautas.

> **1** En grupos de cuatro, vais a hacer una crítica de una obra de arte. Elegid una obra que os guste a todos y seguid las pautas que se indican en el cuadro que aparece a continuación. Cada uno va ser responsable de uno de los cuatro puntos que se mencionan.
>
> **2** Una vez hecho el trabajo individual, poned en común el resultado, escribid la crítica y presentadla al resto de la clase junto con una fotografía o imagen de la obra.

Hacer una crítica de arte

- Describe lo que ves (descripción técnica): nombre del artista, título y tipo de obra, objetos presentes en la misma, colores, luz, etc.
- Analiza la pieza de arte. Examina a fondo cómo utilizó el artista los elementos técnicos para crear la impresión general que transmite la obra.
- Interpreta la pieza (descripción subjetiva). Haz suposiciones sobre el propósito original del artista, lo que crees que trata de expresar con esta obra. Expón el sentimiento que te transmite esta y por qué. Identifica los símbolos de la pieza y su significado.
- Evalúa la pieza. Menciona lo que consideras que es el valor de la obra y sus razones. Explica los puntos fuertes y los puntos débiles, según tu opinión.

3 EL MUNDO A TRAVÉS DE UNA CÁMARA

> | **1** | ¿Te gusta hacer fotos? ¿Qué sueles fotografiar? ¿Usas una cámara o tomas fotos con un teléfono? ¿Alguna vez has hecho una foto artística? Coméntalo con tus compañeros.

| 1.1. | Leed estas frases referidas a la fotografía. ¿Estáis de acuerdo con lo que dicen? Elaborad entre todos los miembros del grupo una definición de fotografía.

> *Lo más importante no es la cámara, sino el ojo.*
> Alfred Eisenstaedt.

> *La fotografía no puede cambiar la realidad, pero sí puede mostrarla.*
> Fred McCullin.

> *No hace falta recurrir a trucos para hacer fotos... No tienes que hacer posar a nadie ante la cámara. Las fotos están ahí, esperando que las hagas.* Robert Capa.

| 1.2. | Observa estas imágenes y coméntalas con tu compañero. ¿Cómo son? ¿Dónde crees que están hechas? ¿Qué te trasmiten? ¿Cuáles te parecen fotos artísticas?

| 1.3. | La fotografía plasma infinidad de temas. Aquí tienes algunos. Relaciona cada tema con las imágenes de la actividad anterior.

1 bodegón .... ☐   **3** personas..................... ☐   **5** documental................. ☐

2 retrato..................... ☐   **4** paisaje..................... ☐   **6** abstracto .... ☐

>| 2 | Une las ideas defendidas sobre la profesión de fotógrafo de forma correcta y, luego, lee el texto que te va a dar tu profesor sobre cómo ha cambiado esta profesión con los últimos avances tecnológicos. ¿Crees que la profesión de fotógrafo se encuentra amenazada?

1. El sector de la fotografía y sus profesionales **están**.... ✳

2. La gran expansión del mundo de la imagen debería **ser**..................................... ✳

3. Según el texto, las nuevas tecnologías **son**.......... ✳

4. Con cámaras de última generación, las fotos **son** muy............................... ✳

5. Para muchos, **está** muy..................... ✳

✳ **a. buenas**, de una calidad casi profesional.

✳ **b. buena** para la profesión, pero no es así.

✳ **c. bien** poder compartir imágenes a través de las redes sociales.

✳ **d. malas** para el arte de la fotografía, afectan al sector.

✳ **e. mal** debido al intrusismo.

| 2.1. | Completad el cuadro indicando a qué función corresponden las frases anteriores y las que aparecen a continuación.

6 En mis vacaciones probé muchos platos de la cocina coreana y me encantaron. De verdad, todo está muy bueno.

7 Creo que la leche está mala. Tiene un sabor muy agrio.

8 Miriam siempre ayuda a todos, es una mujer muy buena.

9 ¿Has visto a ese morenazo que ha empezado hoy el curso? ¡Está buenísimo!

10 Si utilizas el verbo *ser* con el adverbio *mal*, está mal, es una combinación incorrecta.

11 Mañana vuelvo al trabajo, ya estoy bien, al fin, después de más de una semana con una gripe horrible.

12 El protagonista de la película es un tipo malísimo que quiere destruir el planeta.

13 Mi hija hoy está malita y nos hemos quedado en casa toda la mañana.

Valorar positiva o negativamente personas o cosas

✗ Los adjetivos **bueno** y **malo** se utilizan con **ser** y con **estar** para hacer una valoración, pero su significado es diferente en cada caso y, además, depende de si se refieren a cosas o a personas.

• **Ser bueno/a:**
  – ☐ persona bondadosa
  – ☐☐ algo de calidad; saludable; beneficioso

• **Ser malo/a:**
  – ☐ persona malvada
  – ☐ algo de poca calidad; perjudicial

• **Estar bueno/a:**
  – ☐ persona atractiva; con la salud restablecida
  – ☐ algo de buen sabor

• **Estar malo/a:**
  – ☐ persona enferma
  – ☐ algo de sabor malo o desagradable; en malas condiciones

✗ Los adverbios **bien** y **mal** también se utilizan para valorar, pero **únicamente** con el verbo **estar**.

• **Estar bien:**
  – ☐ persona sana o restablecida física o psíquicamente; en buenas condiciones
  – ☐ algo correcto, adecuado

• **Estar mal:**
  – ☐ persona enferma física o psíquicamente; en malas condiciones
  – ☐ algo incorrecto, inadecuado

| 2.2. | 🌐 🔵 Ahora vais a juzgar y valorar las siguientes situaciones. Argumentad vuestras respuestas.

Situación 1

En muchas universidades se va a implantar el grado de Fotografía y Creación Digital. Será necesario tener estudios superiores para dedicarse profesionalmente a la fotografía. Esto evitará el intrusismo y protegerá a los verdaderos artistas.

Situación 2

La fotografía es la expresión artística de las nuevas generaciones, por encima de la pintura.

Situación 3

Estamos abusando tanto de la imagen, que pronto habrá perdido todo su valor.

*Yo creo que la idea **está muy bien**, porque es una forma de complementar la formación de quien se quiere dedicar a esto profesionalmente.*

*En mi opinión, **no es bueno** que se exijan estudios universitarios para dedicarte a la fotografía. Hay muchos profesionales que no han pasado por la universidad.*

>**| 3 |** 🌐 🔵 Fíjate en estos carteles de tres exposiciones fotográficas. ¿Qué temas crees que trata cada una? ¿Cuál te animarías a visitar? ¿Conoces a estos tres fotógrafos? Habla con tus compañeros de grupo.

Alberto Cubas

Isabel Muñoz

Chema Madoz

| 3.1. | 🎣 🔊 Lola y Manuel son dos aficionados a la fotografía que hablan sobre estas exposicio-
| 37 | nes. Escucha lo que dicen y responde a las preguntas. Contrasta tu respuesta con tu compañero.

A Según lo que comentan de cada fotógrafo, ¿quién crees que es el autor de cada una de las siguientes imágenes?

B Señala el orden de las fotografías según el diálogo.

C ¿A cuál de las imágenes pertenecería este texto: *"He llegado. He subido todos los peldaños, carrera, idiomas, nuevas tecnologías, oposiciones. ¿Por qué no avanzo? Sigo en el último escalón"*.

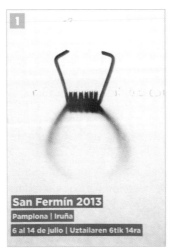

| 3.2. | 🗣️ 🔊 Finalmente Lola y Manuel se deciden por *El ojo tuítico*. Escucha este fragmento de
|38| un programa de radio donde los artistas explican estas tres fotos de su exposición y
escribe el título de cada una de ellas.

| 3.3. | 🗣️ ✍️ Escucha de nuevo, toma nota de lo que se dice de cada foto y escribe un pequeño tex-
to descriptivo de cada una. ¿Qué crítica social expresan las imágenes a través del tuif? Puedes
añadir tus propias impresiones.

4 ⬤ EL ARTE DE LAS PEQUEÑAS COSAS

>| 1 | 🌐 🔹 Tradicionalmente las Bellas Artes se han enumerado en seis, las más clásicas, y otras tres aña-
didas posteriormente. En pequeños grupos, haced la lista y comprobad si coincidís.

| 1.1. | 🌐 🔹 ¿Creéis que existen museos dedicados al cómic? ¿Sabéis en qué consiste el arte recicla-
do? En parejas, intentad contestar a estas preguntas y leed los textos siguientes para comprobar
vuestras respuestas.

El arte del cómic

Que el cómic es el Noveno Arte cada vez va siendo más realidad en España con iniciativas
como **El arte del cómic**, la primera galería de arte de cómics originales de nuestro país, en la
que se pueden contemplar y comprar las obras de originales ilustradores como Mike Mignola,
Manuel Vázquez o Will Eisner.

Daniel Aldonza, un madrileño licenciado en Derecho y Empresariales, ha sido el creador
de esta galería de arte madrileña, donde el cómic y sus autores son tratados como artistas
merecedores de estar en las mejores pinacotecas del mundo. Como destaca, se trata de un
"pequeño museo", donde ver "cosas muy especiales".

El objetivo de esta galería "no es el de hacerse millonario, porque es imposible", sino el de "crear un espacio
de referencia en España del arte del cómic".

http://www.rtve.es/noticias/20141217/nace-madrid-primera-galeria-arte-originales-comic-espana/1070140.shtml

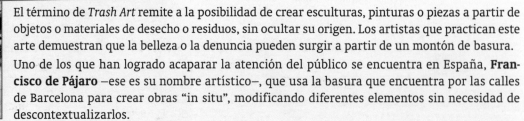

Arte reciclado o *Trash Art*

El término de *Trash Art* remite a la posibilidad de crear esculturas, pinturas o piezas a partir de
objetos o materiales de desecho o residuos, sin ocultar su origen. Los artistas que practican este
arte demuestran que la belleza o la denuncia pueden surgir a partir de un montón de basura.

Uno de los que han logrado acaparar la atención del público se encuentra en España, **Francisco de Pájaro** —ese es su nombre artístico—, que usa la basura que encuentra por las calles
de Barcelona para crear obras "in situ", modificando diferentes elementos sin necesidad de
descontextualizarlos.

El *Trash Art* sigue ganando espacio en las galerías especializadas, sorprendiendo al público y probando que
la vocación y la necesidad de expresarse a menudo va más allá de las posibilidades económicas que puedan
tener, o no, los artistas. Con un pedazo de cartón, algunas bolsas sucias y mucho ingenio, algunos han hecho
honor al arte.

http://www.revistacabal.coop/trash-art-basura-y-arte-una-tendencia-que-crece

| **1.2.** | ¿Creéis que el arte reciclado puede llegar a formar parte de las Bellas Artes según la clasificación de la que hemos hablado antes? Discutidlo entre todos y comparad vuestras opiniones.

Intercultura

> | **2** | En general, son muy conocidos los grandes museos, pero también es interesante descubrir los pequeños espacios o las galerías de arte que siempre esconden las ciudades. ¿Hay alguno en tu ciudad o en tu país? ¿Crees que son más o menos interesantes que los museos más famosos? ¿Piensas que hay que conocerlos para entender la cultura más local? Habla con tus compañeros.

Fíjate

✗ Es importante, si aprendes una lengua extranjera, tener curiosidad y apertura hacia las nuevas realidades culturales en general, y, en concreto, hacia el disfrute estético de las obras artísticas (textos literarios, obras cinematográficas, obras pictóricas, etc.). Trata de activar habilidades que te ayuden a entender los productos culturales a través de la observación, la comparación, la asociación, la inferencia, etc.

| **2.1.** | Estos son algunos comentarios que han aparecido en un foro sobre cómics en Internet, pero nos faltan los verbos *ser* y *estar*. ¿Puedes completarlos? Fíjate muy bien en el significado que tienen los verbos en combinación con los adjetivos que aparecen señalados.

1 Hola a todos los fans de *Spiderman*. Os invito a visitar mi web que ya .... **lista** y actualizada. Os va a encantar.

2 Me he comprado un estuche genial de los grandes héroes del cómic, los colores .... muy **vivos** y el tamaño ideal. Os lo recomiendo.

3 .... **interesado** en conseguir el primer cómic publicado de *Mortadelo y Filemón*. ¿Alguien sabe cómo?

4 Mi cómic favorito de Tintín es *La isla misteriosa*, muy emocionante, sobre todo cuando el protagonista .... muy **grave** por una herida de bala… Te engancha hasta el final.

5 Cuando visites la exposición de cómics, debes .... muy **atento** y no perderte la portada del primer ejemplar de *El Coyote*, una verdadera obra de arte para los amantes del género.

6 Mi recomendación de hoy son los clásicos *Zipi y Zape*, dos hermanos que .... muy **listos** y **vivos** y se pasan el día haciendo travesuras.

7 .... muy **verde** en el mundo de los tebeos y las historietas, no tengo ni idea y no conozco casi ningún dibujante. ¿Qué me sugerís para iniciarme?

8 Pues a mí me encanta *Mafalda*, refleja toda una época. Su autor, Quino, debe de .... muy **orgulloso** de su criatura ya que le ha hecho ganar numerosos premios y reconocimiento mundial.

| **2.2.** | Completa el cuadro con los adjetivos resaltados en negrita de la actividad anterior y comprueba tus respuestas. Trabaja con tu compañero.

Adjetivos que cambian de significado con *ser* o *estar*

Ser	Adjetivo	*Estar*
inteligente		preparado/a, acabado/a
detallista		concentrado/a
serio/a		muy mal de salud
egoísta		sentir interés por algo
soberbio/a		sentir satisfacción por algo
color		no tener experiencia
alegre		tener vida

| 2.3. | 🏊 🌐 Los que acabas de ver no son los únicos adjetivos que cambian de significado según se combinen con *ser* o *estar*. Aquí hay otra lista. ¿A qué se refieren en cada caso? Completa el cuadro con tu compañero.

Ser	Adjetivo	*Estar*
	negro/a	
	católico/a	
	cansado/a	
	abierto/a	
	aburrido/a	
	callado/a	
	molesto/a	
	muerto/a	
	maduro/a	
	rico/a	
	despierto/a	
	pesado/a	

| 2.4. | ⚓ 🌙 Pepe y Pepa han quedado para visitar el museo del cómic, pero aunque se quieren mucho, siempre que salen, acaban discutiendo. Terminad el diálogo que mantienen utilizando todos los adjetivos posibles que acabáis de aprender.

Pepe ▶ *Estoy cansado de que nunca estés lista a la hora. Habíamos quedado a las ocho. Siempre llegas tarde.*

Pepa ▶ *Eres un pesado y un cascarrabias. Siempre estás molesto por todo. Deberías tranquilizarte y estar más atento a lo verdaderamente importante.*

>| 3 | 👤 🌐 Busca información sobre un museo de tu país que no sea muy conocido pero que resulte interesante, y escribe sobre él.

| 3.1. | 🎛 🌙 Exponed cada uno las características más destacadas del museo del que habéis escrito y votad el más interesante o atractivo.

5 - MANUAL DE ESTILO (2): ESCRITURA DE CITAS

>| 1 | 👤 📖 ¿Sabes lo que es una cita bibliográfica? Busca en el diccionario su definición.

>| 2 | 👤 🌐 A continuación tienes un cuadro que te explica cómo citar una obra según el método APA. Coge las referencias bibliográficas del manual de clase y cítalo en el espacio destinado para ello.

Las citas. Citar un libro en APA (*American Psychological Association*)

- ✗ **Apellido e inicial del nombre del autor** separados por una coma y la inicial seguida por un punto: Pareja, M. J.
  - • Cuando hay dos o más autores, los dos últimos se separan por una y: González, C. y Gómez, R.
- ✗ **Año de publicación** entre paréntesis seguido de punto: (2010).
- ✗ **Título del libro** en cursiva (itálicas): *Temas de empresa.*
- ✗ **Lugar de edición del libro** seguido de dos puntos: Madrid:
- ✗ **Nombre de la editorial** del libro: Edinumen.

    Ejemplo: Pareja, M. J. (2010). *Temas de empresa.* Madrid: Edinumen.

    Mi manual: ....

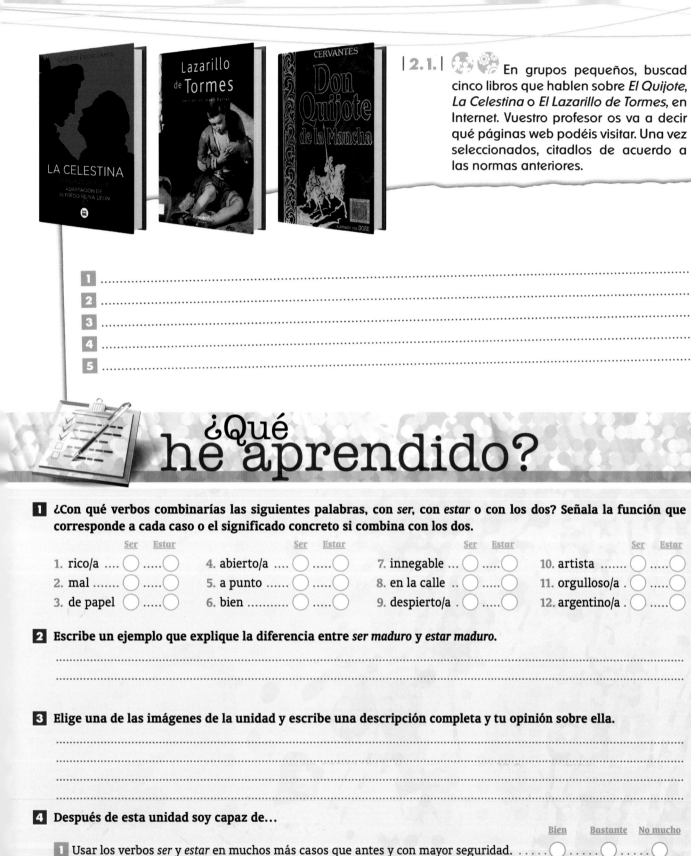

| 2.1. | En grupos pequeños, buscad cinco libros que hablen sobre *El Quijote*, *La Celestina* o *El Lazarillo de Tormes*, en Internet. Vuestro profesor os va a decir qué páginas web podéis visitar. Una vez seleccionados, citadlos de acuerdo a las normas anteriores.

1 ....
2 ....
3 ....
4 ....
5 ....

¿Qué he aprendido?

1 ¿Con qué verbos combinarías las siguientes palabras, con *ser*, con *estar* o con los dos? Señala la función que corresponde a cada caso o el significado concreto si combina con los dos.

	Ser	Estar			Ser	Estar			Ser	Estar			Ser	Estar
1. rico/a	○	○		4. abierto/a	○	○		7. innegable	○	○		10. artista	○	○
2. mal	○	○		5. a punto	○	○		8. en la calle	○	○		11. orgulloso/a	○	○
3. de papel	○	○		6. bien	○	○		9. despierto/a	○	○		12. argentino/a	○	○

2 Escribe un ejemplo que explique la diferencia entre *ser maduro* y *estar maduro*.

....
....

3 Elige una de las imágenes de la unidad y escribe una descripción completa y tu opinión sobre ella.

....
....
....
....

4 Después de esta unidad soy capaz de...

	Bien	Bastante	No mucho
1 Usar los verbos *ser* y *estar* en muchos más casos que antes y con mayor seguridad.	○	○	○
2 Describir con detalle una obra de arte.	○	○	○
3 Valorar y opinar con argumentos sobre una obra de arte.	○	○	○
4 Señalar los aspectos más destacados de la vida de un artista.	○	○	○
5 Citar correctamente la obra de un autor.	○	○	○

5 Esta unidad, dedicada al arte, ¿ha despertado tu curiosidad por conocer a los artistas hispanoamericanos más relevantes? ¿Por qué?

....
....
....

Contenidos funcionales

- Hablar de apariencias y parecidos.
- Valorar una información y dar opiniones.
- Hacer comparaciones o establecer diferencias.
- Describir a través de comparaciones imaginarias.

Contenidos gramaticales

- Verbos *parecer* y *parecerse*.
- Grados de comparación: comparativo de superioridad, inferioridad e igualdad; superlativo relativo y absoluto.
- Usos de *como si/ni que* + imperfecto/pluscuamperfecto de subjuntivo.
- Verbos con preposición.

Tipos de texto y léxico

- Reportaje radiofónico.
- Descripciones de personas.
- Conversaciones coloquiales.
- Texto expositivo.
- Léxico para descripción física.
- Léxico para hablar de un lugar.
- Tipos de viviendas.
- Léxico relacionado con la compra o el alquiler de una vivienda.

El componente estratégico

- Describir a través de comparaciones.
- Trabajar la pronunciación siendo conscientes de una correcta articulación.
- Prescindir del vocabulario que no pertenece al léxico que se presenta.

Contenidos culturales

- Barrios con personalidad propia: Malasaña y Palermo.
- Alquilar o comprar una vivienda en España.
- Fiestas populares en el mundo hispano: el descenso del Sella, Inti Raymi, el carnaval de Cádiz.

Fonética/Ortografía

- Acento enfático, expresivo u oratorio.

1 DE TAL PALO, TAL ASTILLA

> | 1 | Observa las siguientes fotografías de padres e hijos. Con tu compañero, descríbelas. ¿Quiénes son prácticamente idénticos? ¿En qué se parecen? ¿Quiénes no se parecen en nada?

A

B

C

D

E

F

Hablar de los parecidos

- Es idéntico a…/clavado a…/igual que…
- Se parece a…
- Se parecen en…
- No se parece (en nada) a…

- Es completamente distinto/diferente a/de…
- Se parece un montón a…
- Tiene(n) los mismos ojos que…
- Son como dos gotas de agua.
  – *Laura y Carmen son como dos gotas de agua.*

| 1.1. | Lee los comentarios de algunos familiares sobre tres de estas fotografías y relaciónalos con su imagen correspondiente.

?

Fotografía ☐ Yo creo que mi mujer y mi hija son como dos gotas de agua. Las dos tienen la misma cara redonda y dulce. Es verdad que mi mujer la tiene más ancha que mi hija, pero pienso que es más expresiva. Ambas tienen unos ojos muy vivos. Es algo característico en ellas… Creo que la nariz de mi hija es más larga que la de su madre, ha sacado la mía. La de mi esposa es más chata. Lo que más me gusta de las dos es su sonrisa, que deja ver sus dientes blancos y perfectamente alineados. Ambas tienen la piel morena, bronceada también por el sol, y tienen el pelo lacio y sedoso. Aunque en la foto no se vea, tienen las mismas orejas, redonditas y pequeñas. Menos mal, porque yo las tengo un poco de soplillo, je, je. [1] Mi mujer parece más joven de lo que es, ¡y sin ningún retoque, eh! [2] Me parece fantástico que la gente se cuide sin necesidad de pasar por la cirugía.

?

Fotografía ☐ Aquí están mis dos amores: mi marido y mi hijo. Mi esposo Álex lo que pasa es que tiene la cara más chupada y larga. Su frente es más amplia que la de mi hijo Carlos, que es más estrecha. Tienen los mismos ojos, pero los de mi marido son más inexpresivos. Siempre le decimos que tiene una mirada triste y eso le enfada bastante. Quizás las cejas más separadas y espesas le den ese efecto. Carlos es que tiene unos ojos negrísimos que [3] parecen impenetrables. Ah, en la nariz, tampoco son iguales. Álex la tiene más recta y puntiaguda. Ambos tienen los labios muy finos también. [4] ¿Y qué me parece el aspecto? Pues es que mi hijo es más esbelto y atlético. [5] Me parece genial que se dedique al deporte y no salga a mi marido, je,je, que ha sido siempre muy flaco.

?

Fotografía ☐ ¡Qué foto más graciosa! Aquí están mi hermano y mi sobrino. Como veis, [6] no se parecen en nada. Por lo menos a mí [7] no me parece que sean tan iguales. Mi sobrino Guille ha salido más a su madre, con esa piel tan rosada. Ambos tienen la cara igual de simpática, pero Guille la tiene más llenita con sus mejillas rollizas. La nariz tampoco ha salido a la de su padre. En mi familia la tenemos más aguileña. La boca de Guille es más pequeña y redonda que la de mi hermano. ¿Y el pelo? Mi cuñada tiene el pelo muy rizado, pero su hijo ha salido al padre, lo tiene muy fino. Yo creo que [8] ambos se parecen más en el carácter. Aquí vemos a Guille tratando de ponerse la corbata con esas manos finas y delicadas, pero claro, al tener el cuello más cortito, no le queda muy bien, je, je.

| 1.2. | En los comentarios aparecen numerados diferentes significados del verbo *parecer*. Con tu compañero, clasifícalos en el siguiente cuadro.

Significados del verbo *parecer(se)*

- ✕ Hablar de apariencias: 1 ☐ ☐
- ✕ Hablar de parecidos: ☐ ☐
- ✕ Pedir y dar opiniones: ☐ ☐
- ✕ Valorar: ☐ ☐

| 1.3. | 🧑‍🤝‍🧑 💬 Con tu compañero, lee de nuevo los comentarios y extrae los adjetivos que han utilizado para describir el físico.

▪ Cara:	▪ Mejillas:	▪ Cuello: ....
▪ Frente:	▪ Boca:	▪ Manos: ....
▪ Cejas:	▪ Labios:	▪ Piel: ....
▪ Ojos:	▪ Dientes:	▪ Pelo: ....
▪ Nariz:	▪ Orejas:	▪ Aspecto general: ....

| 1.4. | 🧩 🌐 ¿Y tú? ¿Te pareces a tus padres? ¿Qué diferencias crees que tienes con ellos? Cuéntaselo al resto de la clase.

Ejemplo: *Yo soy clavadito a mi padre. Los dos tenemos la cara fina y los ojos azulados…*

>| 2 | 🧑‍🤝‍🧑 🌐 Las descripciones se usan continuamente en la literatura, especialmente para identificar a los personajes. En parejas, leed estos textos y completadlos con las palabras del recuadro. Luego, descríbele a tu compañero con tus palabras cómo son esas personas. ¿Qué tipo de descripción es cada uno de los textos?

📢 **Fíjate**

✕ **Describir** es mostrar con palabras una realidad e informar sobre cómo son los lugares, objetos, personas, procesos, ambientes, emociones… Para describir a una persona hay que explicar cómo es físicamente (se llama *prosopografía*), qué carácter tiene (*etopeya*), o bien cómo es física y moralmente (*retrato*). Si describimos los rasgos físicos y de carácter de uno mismo se llama *autorretrato*, y si describimos exagerando los rasgos más característicos se llama *caricatura*.

🧍 **Alumno A**

✕ manos	✕ índice	✕ piedad
✕ cara	✕ gallardía	✕ ojos
✕ frente	✕ manchas	✕ nudillos

Mi abuela tenía el pelo blanco, en una ola encrespada sobre la [1] ...., que le daba cierto aire colérico. Llevaba casi siempre un bastoncillo de bambú con puño de oro, que no le hacía ninguna falta, porque era firme como un caballo. Repasando antiguas fotografías, creo descubrir en aquella [2] .... espesa, maciza y blanca, en aquellos [3] .... grises bordeados por un círculo ahumado, un resplandor de Borja y aun de mí. Supongo que Borja heredó su [4] ...., su falta absoluta de [5] .... Yo, tal vez, esta gran tristeza. Las [6] .... de mi abuela, huesudas y de [7] .... salientes, no carentes de belleza, estaban salpicadas de [8] .... color café. En el [9] .... y anular de la derecha le bailaban dos enormes brillantes sucios.

Primera memoria, de Ana María Matute

🧍 **Alumno B**

✕ voz	✕ listo	✕ rostro
✕ ojos	✕ orejas	✕ flaco
✕ mejillas	✕ estatura	✕ nariz

De [1] .... mediana,
con una [2] .... ni delgada ni gruesa,
hijo mayor de profesor primario
y de una modista de trastienda;
[3] .... de nacimiento
aunque devoto de la buena mesa;
de [4] .... escuálidas
y de más bien abundantes [5] ....;
con un [6] .... cuadrado
en que los [7] .... se abren apenas,
y una [8] .... de boxeador mulato
baja a la boca de ídolo azteca
—todo esto bañado
por una luz entre irónica y pérfida—.
Ni muy [9] .... ni tonto de remate,
fui lo que fui: una mezcla
de vinagre y de aceite de comer.
¡Un embutido de ángel y bestia!

Epitafio, de Nicanor Parra

> | 3 | 🌐 🗨 Observa a Arancha y a Javier. ¿Crees que cuidan su aspecto? ¿Por qué? Y tú, ¿le das importancia a tu imagen? Habla con tus compañeros de grupo.

| 3.1. | 🎧 🔊 Escucha el siguiente reportaje radiofónico sobre la
[39] desmesurada importancia que se le da al aspecto físico en la sociedad actual y responde a las preguntas. ¿Estás de acuerdo con lo que se dice?

1 ¿Quiénes hacen negocio del culto al cuerpo?

2 ¿Qué imagen transmite el mundo de la moda?

3 ¿Le dan los jóvenes mucha importancia al aspecto físico? ¿En qué sentido?

4 ¿Qué intenta transmitir este reportaje?

| 3.2. | 🎧 🌐 Observa estas estructuras de comparación y relaciónalas con su significado: inferioridad (I), igualdad (IG) o superioridad (S).

	I	IG	S
1 Nuestra sociedad da **más** importancia al aspecto físico **de lo que** parece.	☐	☐	☐
2 Poner **tanta** atención en la apariencia física **como** en la vestimenta puede robar el foco de lo realmente esencial de la vida.	☐	☐	☐
3 ¡Qué voy a hacer si mis piernas son **menos** estilosas **que** las de las modelos!	☐	☐	☐
4 ¿Por qué para los jóvenes su aspecto físico es **tan** importante **como** la vida misma?	☐	☐	☐
5 Actualmente hay **más de un** 70% de jóvenes que consideran su aspecto físico fundamental para relacionarse.	☐	☐	☐

| 3.3. | 🎧 🌐 Lee la información del cuadro y completa las opiniones de Arancha y Javier sobre el tema, haciendo comparaciones. Para ello, usa las palabras que aparecen entre paréntesis, transformándolas según sea necesario.

Hacer comparaciones

✗ Comparativos de **superioridad** e **inferioridad**:

• Verbo + **más/menos** + adjetivo/nombre/adverbio + **que** (+ oración de relativo):
— *Las personas con mayor atractivo físico se perciben como* (más agradable y deseable) [1] ....*más*..... *agradables y deseables que*.... *las demás personas.*
— *Quienes le dan mucha importancia al físico denotan* (menos autoestima) [2] .... *los que no lo hacen.*

• Verbo + **más/menos que** (+ oración de relativo):
— *En los jóvenes la publicidad* (influir menos) [3] .... *los amigos.*
— *Hay que* (aceptarse más a uno mismo) [4] .... *preocuparse por el paso de los años.*

• Usamos la preposición **de** en lugar de **que** si se trata de una oración de relativo que indica un mayor o menor grado, o cantidad de un mismo elemento que se compara:
— *Yo pienso que los jóvenes tienen* (menos interés) [5] .... *en el físico* .... *se cree.*
— *Gasta* (más dinero) [6] .... *en cuidarse* .... *aparenta.*
— *(Deber cuidar más)* [7] .... *las relaciones personales* .... *solemos cuidarlas.*
— *El físico* (poseer más efecto) [8] .... *en las relaciones personales y profesionales* .... *parece.*

CONTINÚA ⏩

× Comparativos de **igualdad**:

- **Tan** + adjetivo/adverbio + **como**:
  - Ahora muchos son (adicto a las dietas) [9] .... a hacer ejercicio físico para adelgazar.

- **Igual de** + adjetivo/adverbio + **que**:
  - Las personas que no miran por su aspecto son (aceptable) [10] .... las que lo hacen.

- Verbo + **tanto/a/os/as** + nombre + **como**:
  - En algunas profesiones le dan (importancia) [11] .... al físico de una persona .... a su capacitación.

- **La misma cantidad/el mismo número de** + nombre + **que**:
  - Según las encuestas, este año hay (personas con trastornos alimentarios) [12] .... el año pasado.

- Verbo + **tanto como** + verbo/nombre:
  - Yo (cuidar la autoestima) [13] .... la satisfacción personal.

- Verbo + **lo mismo/igual que** + verbo/nombre:
  - Hoy día, los hombres (cuidarse) [14] .... las mujeres.

- Verbo + **como** + pronombre personal:
  - Algunos profesionales (opinar) [15] .... yo: dejarse llevar excesivamente por las modas se puede convertir en una obsesión.

× Si el hablante y el oyente conocen el segundo término de la comparación, a menudo este se elide:
  - Pedro (comer más) [16] ....
  - Arancha (cuidarse menos) [17] ....
  - Mario (vivir cerca, igual) [18] ....

× Comparativos **irregulares**:

- bien/bueno ➜ **mejor**
- grande (edad) ➜ **mayor**
- pequeño (edad) ➜ **menor**

- mal/malo ➜ **peor**
- grande (tamaño) ➜ **mayor/más grande**
- pequeño (tamaño) ➜ **menor/más pequeño**

| 3.4. | ¿Qué medidas podrían tomarse para solucionar el problema que plantea el reportaje? Habla con tu compañero y escribid cinco frases utilizando las estructuras comparativas. Luego, leed vuestras medidas al resto de la clase. ¿Cuál os ha parecido más efectiva?

2 SUPERESTILOSOS

>| 1 | Observad atentamente esta imagen. Lucía y Daniel son dos amigos que van siempre a la moda. ¿Sabéis cuál es su estilo? ¿Qué los caracteriza? Tomad notas de vuestras conclusiones.

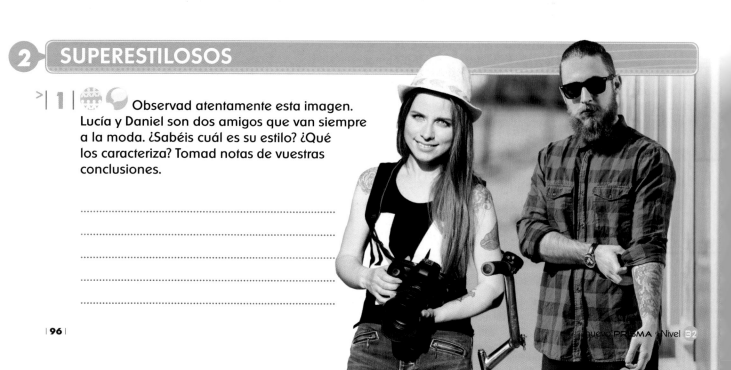

....
....
....
....
....

| **1.1.** |  Lee y comprueba.

Tienes una carrera, eres amante del cine alternativo y entusiasta de la fotografía, te gusta la música *indie*, vas en bicicleta, tomas comida orgánica y compras productos de kilómetro 0… Si te has reconocido en esta descripción, bueno, quizás seas un poco *hipster* también. Pantalones pitillo, camisas de cuadros, gafas con montura grande, barba para él, pelo alborotado para ella: este es el perfil completo para la gente más *cool* y alternativa de la ciudad.

| **1.2.** | Rodea las palabras que crees que mejor caracterizan a los *hipsters* según su estilo y su aspecto. Luego, compara con tu compañero. ¿Coincidís? Si no, utilizad la imagen de la actividad 1 para justificar vuestra respuesta.

Vestimenta

✕ chillona	✕ descolorida
✕ discreta	✕ harapienta
✕ elegante	✕ gastada
✕ sofisticada	✕ descosida
✕ remendada	✕ arrugada

Aspecto

✕ saludable	✕ harapiento	✕ extravagante
✕ enfermizo	✕ andrajoso	✕ estrafalario
✕ aseado	✕ descuidado	✕ fino
✕ refinado	✕ desaliñado	✕ distinguido
✕ elegante	✕ atractivo	✕ vulgar

| **Sensaciones** |

| **1.3.** | ¿Cómo definirías tu estilo? ¿Qué tipo de ropa prefieres llevar normalmente? ¿Cuál no te pondrías nunca? Coméntalo con tus compañeros de grupo.

| **Cultura** |

> | **2** | Daniel vive en el barrio madrileño de Malasaña y Lucía en el barrio de Palermo, en Buenos Aires. ¿Qué creéis que tienen en común estos lugares? ¿Alguien del grupo conoce estas ciudades?

Malasaña, Madrid

Palermo, Buenos Aires

| **2.1.** | Escucha las siguientes audioguías de estas ciudades y relaciona cada información |401| con su barrio correspondiente.

	Malasaña	Palermo
1 En sus calles puedes contemplar edificios antiquísimos.	☐	☐
2 Es un barrio que apenas lleva una década de moda.	☐	☐
3 La naturaleza es una parte muy especial en el barrio.	☐	☐
4 Está considerado el barrio más de moda de la ciudad.	☐	☐
5 Las bicicletas invaden sus calles.	☐	☐
6 A pesar de su vida nocturna, es sumamente tranquilo.	☐	☐
7 Es una de las zonas más caras de la ciudad.	☐	☐
8 Los bares con terrazas son supercaracterísticos de este barrio.	☐	☐

| **2.2.** | 👤 ⚙️ Tu profesor te va a dar la transcripción del audio anterior. Lee la información del cuadro y localiza en los textos los ejemplos que faltan para completarlo.

Superlativos

✗ Para expresar que algo o alguien posee una cualidad en el grado máximo estableciendo una comparación con otro u otros (**superlativo relativo**) puedes usar:

* **El/la/los/las** + nombre + **más/menos** + adjetivo o expresión equivalente + **de**:
  —
  —
  —
  —

* **El, la mejor/los, las mejores** + nombre + **de**:
  —
  —

✗ Para expresar que algo o alguien posee una cualidad en el grado máximo sin comparar (**superlativo absoluto**) puedes usar:

* Adverbios: **muy**, **–mente** (*sumamente, extremadamente*), **tan**:
  —

* Expresiones coloquiales: **la mar de…**, **la leche de…** (vulgar), **una pasada de…**:
  —

* Sufijo: **–ísimo/a/os/as**: [   ] , [   ] .
  Hay algunos adjetivos que no admiten la terminación en **–ísimo** como los nombres de colores que terminan en **–a** (*rosa, malva, púrpura…*), algunos adjetivos que terminan en **–uo** (*arduo*) y otros como: *juvenil, espontáneo, único, político, mortífero, íntimo…* En estos casos se usa **muy**, **sumamente** o **extremadamente**.

* Prefijos (de carácter coloquial): **re–**, **requete–**, **archi–**, **super–**: [   ]

* Son formas cultas los adjetivos que añaden el sufijo **–érrimo**: *celebérrimo* (*célebre*), *libérrimo* (*libre*), *paupérrimo* (*pobre*), *misérrimo* (*mísero*). También son cultas las que proceden de comparativos y superlativos latinos, por ejemplo: *óptimo, pésimo, mínimo, máximo, ínfimo, supremo, íntimo, extremo, inferior, superior*, etc.

| **2.3.** | 👤 ⚙️ Tu profesor te va a dar una ficha. Realiza las actividades que se proponen.

⟩| **3** | 👥 💬 ¿En cuál de los dos barrios os gustaría vivir? ¿Por qué? Comparadlos con vuestro barrio.

3 · HOGAR, DULCE HOGAR

⟩| **1** | 👥 💬 Aparte de un piso, una casa o un chalé, ¿en qué otros lugares creéis que se puede vivir? ¿Pensáis que es posible crear un hogar en cualquier sitio?

| **1.1.** | ⚓ 💬 ¿Te parece que las siguientes imágenes muestran verdaderos hogares? ¿Podrías decir qué tipos de viviendas son y en qué lugar del mundo se encuentran? Habla con tu compañero.

CONTINÚA ⟩⟩

| **1.2.** | Escucha la siguiente información sobre cada una de estas viviendas y señala a cuál se refiere en cada caso.

| **1.3.** | ¿Qué otros tipos de viviendas conoces? Elimina de la siguiente lista las palabras que no son un tipo de vivienda y clasifica las otras según sean las más baratas, las más originales o las más cómodas. Trabaja con tus compañeros de grupo.

✕ choza	✕ inmobiliaria	✕ vecindario	✕ palafito
✕ hipoteca	✕ buhardilla	✕ loft	✕ estudio
✕ alojamiento	✕ dúplex	✕ villa	✕ barrio
✕ residencia estival	✕ cabaña de madera	✕ mansión	✕ residencia
✕ patio	✕ casero	✕ iglú	✕ establo
✕ ático	✕ piso a estrenar	✕ tipi	
✕ chabola	✕ caravana	✕ rascacielos	

> | **2** | 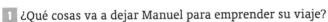 Manuel es un joven catalán que ha decidido dejar la comodidad de un piso en el centro de Barcelona para instalarse en una caravana y viajar con su novia, cumpliendo así su sueño. Escucha la conversación que tiene con su primo Álex y responde a las preguntas.

▪ ¿Qué cosas va a dejar Manuel para emprender su viaje?

▪ ¿Qué va a hacer con su piso en Barcelona?

▪ ¿Cuál es la primera impresión de Álex?

▪ ¿Crees que Manuel es rico?

▪ ¿Cómo crees que será el viaje de Manuel y María? ¿Cuánto tiempo pasarán viajando?

| **2.1.** | Observa algunas de las frases que has oído en la actividad anterior y fíjate en las partículas resaltadas en negrita. ¿Qué expresan en cada caso? Relaciona las frases con su uso. Trabaja con tu compañero.

▪ **1.** ¡**Ni que** fueras rico! . . . . ✳

▪ **2. Como** yo no voy a estar, me gustaría alquilarlo. . . . ✳

▪ **3.** Depende de **cómo** os organicéis. . . . . ✳

▪ **4.** Me lo dices **como si** quisieras desanimarme. . . . . . . ✳

▪ **5.** Vamos a vivir **como** de verdad nos gusta. . . . . ✳

▪ **6.** Hablas **como si** tú lo hubieras hecho alguna vez en la vida. . . . . ✳

✳ **a.** Expresa la causa.

✳ **b.** Describe el modo.

✳ **c.** Describe algo recurriendo a una idea imaginaria o irreal.

✳ **d.** Compara con énfasis una acción con otra que sabemos que no es real.

| 2.2. | Con la información que has obtenido en la actividad anterior, completa el cuadro.

Usos de *como/como si/ni que*

✗ ***Como*** se usa para expresar **causa** cuando esta va delante de la consecuencia:
— *Como yo no voy a estar, me gustaría alquilarlo.*

✗ En general usamos la partícula ***como*** para describir objetos, personas o acciones, comparándolos con elementos semejantes:
— *Las ideas de Álex no son como las de Manuel.*
— *Una caravana es como una casa pero con ruedas.*

• ***Como*** + [1] .... describe la manera en que se realiza una acción. Esta acción es conocida para el hablante:
— ⎿_____⏌

• ***Como*** + subjuntivo describe también la manera en que se realiza una acción, pero esta vez el hablante no la conoce:
— ⎿_____⏌
— *Uno debe vivir la vida como quiera.*

— En las preguntas, ***como*** se construye con indicativo aunque se trate de una acción desconocida para el hablante:
— *¿Cómo te van las cosas?*   — *¿Cómo vais a vivir sin trabajar?*

✗ Para describir algo recurriendo a ideas imaginarias pero parecidas a lo que queremos describir usamos ***como si*** + [2] ..../[3] .... de subjuntivo. Es un recurso que el hablante suele utilizar cuando quiere explicarse mejor:
— *La vida os va a parecer como si estuvierais siempre de vacaciones.*

• Se usa ***como si*** + imperfecto de subjuntivo cuando las dos acciones son simultáneas. Se realizarían en el mismo momento si existiera la imaginaria:
— ⎿_____⏌

• Se usa ***como si*** + [4] .... de subjuntivo cuando la acción imaginaria sería anterior a la otra de haber existido:
— ⎿_____⏌

✗ Para comparar una acción con otra que sabemos que es imposible, pero con más énfasis, usamos ***ni que*** + [5] ..../[6] .... de subjuntivo:
— ⎿_____⏌   — *¡Ni que te hubieras hecho rico de repente!*

| 2.3. | Completa las frases con una comparativa imaginaria.

Ejemplo: *Baila como si nadie te viese.*

1 Come como si ....
2 .... como si tuvieras 10 años.
3 Explica las frases como si ....
4 .... como si no pasara nada.
5 Habla español como si ....
6 .... fueras rico.

| 2.4. | Para pronunciar bien a veces pueden ser útiles las siguientes actividades: articular, vocalizar, exagerar, leer en voz alta o voz muy baja, y leer muy lento o muy rápido. En grupos, leed este texto siguiendo las instrucciones.

✓ Articula las palabras como si nadie pudiera entenderte.
✓ Vocaliza como si cada sílaba fuese una palabra.
✓ Exagera la pronunciación como si estuvieras loco.
✓ Lee en voz muy alta como si nadie pudiese oírte.
✓ Lee muy despacio como si fueras a cámara lenta.

Mi infancia son recuerdos de un patio de Sevilla,
y un huerto claro donde madura el limonero;
mi juventud, veinte años en tierras de Castilla;
mi historia, algunos casos que recordar no quiero.

Antonio Machado, *Retrato*

>| 3 | Noelia es una chica de 28 años que está buscando piso en Barcelona y hoy ha recibido en su correo estos dos anuncios. Como no tiene claro si va a alquilar o a comprar una vivienda, está haciendo una lista con pros y contras de cada una de las opciones. ¿Qué crees que va a anotar en esta lista? Escríbela con tu compañero.

••• · Novedades Como en casa

Como en casa inmobiliaria

Se vende

Estudio céntrico, 45m², una habitación y cocina americana. Muy luminoso, con dos balcones que dan a una plaza. Necesita reforma. Incluye una plaza de garaje.
Precio: 150 000 euros.

Se alquila

Ático de dos habitaciones cerca del puerto. 65m², pequeña terraza, armarios empotrados, portero automático. Recién reformado, cocina a estrenar. Se alquila sin amueblar.
Precio: 650 euros/mes.
Se requieren 3 meses de fianza.

| 3.1. | Escucha ahora la conversación que tiene Noelia con su padre y comprueba si habéis coincidido en las ventajas e inconvenientes de cada opción. ¿Qué habrías hecho tú?

| 3.2. | Estas son algunas expresiones que hemos escuchado en la conversación de Noelia. Escribe una definición para cada una. Si es necesario, vuelve a escuchar y fíjate en el contexto para tener claro su significado. Luego, compara tus definiciones con tu compañero.

- ✕ meterse en una hipoteca
- ✕ fianza
- ✕ encontrar pegas
- ✕ pasta
- ✕ atarse
- ✕ tirar el dinero

| 3.3. | Noelia ha hecho también una lista de cosas que tiene que comprar para su nuevo piso. ¿Conoces todas estas palabras? Escribe una definición para cada una. Recuerda que puedes usar la partícula *como* para describir comparando. También puedes usar el diccionario.

- ✕ fregona y cubo
- ✕ estores
- ✕ freidora
- ✕ estanterías
- ✕ escoba y recogedor
- ✕ mesa de centro
- ✕ batidora
- ✕ bombillas

| 3.4. | Al final de la conversación con su padre, Noelia dice que en España la gente piensa más en comprar que en alquilar. ¿Crees que es así? ¿Cuál es tu opinión sobre el tema? Habla con tu compañero.

>| 4 | Lee ahora el siguiente texto y fíjate en las estadísticas que apoyan esta opinión. Después, haz un resumen de las razones que se comentan para cada caso.

A pesar de que el sentimiento de propiedad sigue muy arraigado entre los españoles, el alquiler ha ganado terreno de forma considerable en los últimos años.

En concreto, un 19,3% de la población vive en régimen de alquiler, porcentaje que aún está lejos de los que se registran en otros países de la Unión Europea, pero supone un incremento del 4% respecto a años anteriores.

En estos momentos, hasta un 45% cree que, con el nivel actual de precios, es más rentable arrendar una vivienda que comprarla. Y a esto se une el hecho de que muchos ya no creen que alquilar sea exactamente tirar el dinero.

Sin embargo, esta mayor tendencia hacia el alquiler parece ser un fenómeno coyuntural como consecuencia de la crisis económica. La mayoría de los inquilinos encuestados alegan que las principales razones que les llevan a alquilar en vez de comprar una vivienda son el no poder hacer frente a los gastos que conlleva la compra, o porque quieren esperar a que los precios bajen para poder comprar. Es decir, si los españoles no compran una casa es porque no pueden, más que porque estén más convencidos de alquilar.

CONTINÚA »

Otra razón de peso para que los encuestados se decanten por la propiedad es que, para un 73% de ellos, a largo plazo, comprar una vivienda es mucho más rentable que alquilar un piso de por vida, además de que la mayoría defiende la idea de que una vivienda es la mejor herencia que se le puede dejar a un hijo.

En cuanto a la situación de los jóvenes españoles de entre 18 y 30 años en relación con el mercado inmobiliario, un 44% de los encuestados vive aún con sus padres frente a un 29% que asegura que ya tiene una casa a su nombre, y el 27% restante vive de alquiler. Parece ser que los jóvenes son mucho más proclives a alquilar. Aun así, la mayoría de los jóvenes que vive de alquiler no pierde la esperanza de comprarse una vivienda en el futuro. De hecho, el 54,6% está muy convencido de que lo hará y tan solo el 15,5% de los jóvenes descarta convertirse en propietario.

Adaptado de http://www.fotocasa.es/blog/alquiler/los-partidarios-del-alquiler-se-triplican-con-la-crisis

Razones para alquilar	Razones para comprar
....	....
....	....
....	....

|| Intercultura ||

>| 5 | ¿Y en tu país? ¿Es más popular alquilar o comprar una vivienda? ¿Eres propietario o inquilino? Observa los siguientes datos referidos a España y habla con tus compañeros de grupo. Comparad esta situación con la de vuestros propios países.

> ✕ Si no pagas tu hipoteca, el banco puede llegar a desahuciarte.
> ✕ El 37,2% de los españoles ya tiene su casa pagada.
> ✕ El tamaño medio de la vivienda en España es de 96m².
> ✕ El 53,3% de los españoles piensa que la cuota mensual de su hipoteca no es cara.

Fuente: http://trends.fotocasa.es/pdf/Informe_sociologico.pdf

4 ▸ DISFRUTA DE LA FIESTA

>| 1 | ¿Qué haces para divertirte? ¿Qué te sugiere la palabra *fiesta*? Haced una lluvia de ideas y comprobad si para todos es lo mismo.

|| Cultura ||

| 1.1. | Mira estas fotos y habla con tu compañero. ¿Quién crees que se lo está pasando mejor? ¿Qué actividad te parece más divertida? ¿Cuáles se pueden considerar *fiestas*?

nuevo PRISMA • Nivel B2

| **1.2.** |  Lee tres de las acepciones recogidas por el Diccionario de la Real Academia de la palabra *fiesta* y relaciona cada una con alguna de las imágenes anteriores.

A ☐ Día en que se celebra alguna solemnidad nacional, y en el que están cerradas las oficinas y otros establecimientos públicos.

B ☐ Reunión de gente para celebrar algún suceso, o simplemente para divertirse.

C ☐ Día que la Iglesia celebra con mayor solemnidad que otros.

> | **2** | En grupos de tres, leed cada uno el texto que os asigne el profesor de los que aparecen a continuación y completadlo con las preposiciones que faltan.

Alumno A

La fiesta de las piraguas

El Descenso Internacional del Sella, declarado Fiesta de Interés Turístico Internacional, cuenta todos los años [1] .... miles de personas, que acuden [2] .... la cita festiva más importante del verano asturiano.

La competición deportiva, organizada por la Real Federación Española del Piragüismo, es retransmitida a todo el mundo a través de la televisión y se celebra cada año el primer sábado de agosto. Tras la lectura del pregón por un famoso personaje público, los palistas se concentran [3] .... Arriondas, punto de partida, para iniciar el recorrido de 20 kilómetros que finalizará en Ribadesella.

Si no participamos [4] .... la fiesta como deportistas, a estas horas podremos disfrutar también [5] .... ambiente que se vive en las calles, con miles de asistentes intentando, como sea, acercarse [6] .... río para ver la regata. Finalizada la carrera, debemos asistir [7] .... la entrega de trofeos y, por supuesto, sin dejar [8] .... disfrutar de la comida campestre, la música popular, el baile y la sidra asturiana, ya que la fiesta sigue hasta altas horas de la madrugada en chiringuitos y tradicionales verbenas de Ribadesella.

http://www.ayto-ribadesella.es/descenso-del-sella

Alumno B

Inti Raymi, una fiesta de agradecimiento al sol

En las comunidades indígenas de Ecuador es común la celebración del Inti Raymi, o Fiesta del Sol. Se trata [1] .... una herencia inca que se celebra en junio y que consiste [2] .... una ceremonia de agradecimiento al Sol y a la Pachamama (la Madre Tierra), pues esta fecha coincide [3] .... el tiempo de cosecha y el solsticio de verano (en el hemisferio norte). Este solsticio suele ocurrir entre el 20 y el 22 de junio.

El Inti Raymi se celebra en todas las provincias andinas de Ecuador. En cada provincia y comunidad los festejos son similares: se bebe chicha, se baila, se organizan concursos, se elige a la Ñusta (princesa), hay fiestas populares con fuegos artificiales y música, y baños de purificación. En el Inti Raymi se festeja y se agradece a la naturaleza por las bondades concedidas durante el año, y se comienza [4] .... preparar todo para el siguiente ciclo, que arranca [5] .... la siembra en septiembre, después del verano.

Esta fiesta se parece mucho [6] .... la celebración española de San Juan, ya que comparte [7] .... ella la fecha. De hecho, en muchos lugares la fiesta del santo católico se junta [8] .... la del Inti Raymi, y al final, ya sea en honor al Sol o a San Juan (o a ambos), la fiesta de junio es una tradición que muestra la convivencia de culturas.

http://www.surtrek.org/blog/inti-raymi/

CONTINÚA 》

Alumno C

La alegría del carnaval

En febrero, Cádiz se transforma [1] .... una fiesta. Es época de carnaval. La ciudad entera se vuelca [2] .... esta celebración y es una ocasión perfecta para disfrutar [3] .... ingenio y la gracia de los gaditanos.

La música carnavalesca se oye por cualquier rincón de la ciudad, se ultiman los detalles de los disfraces, algunos de ellos de gran originalidad, y el gaditano se enorgullece [4] .... uno de los acontecimientos lúdicos más esperados. Este carnaval se jacta [5] .... su imagen jocosa y divertida, frente a la espectacularidad de otros carnavales, convirtiéndose [6] .... una fiesta única que merece la pena conocer. Los orígenes de este carnaval son bastante curiosos, ya que se remontan [7] .... siglo XVI, cuando Cádiz era uno de los puertos más importantes del imperio español. A esta ciudad llegaban influencias de todas partes del mundo, en concreto de Venecia, ciudad [8] .... la que compartían muchos lazos comerciales. Se copiaron algunas de las tradiciones que después evolucionaron y terminaron por convertir al carnaval de Cádiz [9] .... uno de los que más personalidad tienen.

http://www.andalucia.org/es/carnaval-de-cadiz/carnaval-en-la-calle/

| 2.1. | Habla con tus compañeros y explícales la fiesta sobre la que has leído. ¿Qué nuevas palabras has aprendido con esta lectura? ¿Cómo has descubierto su significado?

| 2.2. | Poned en común los verbos con preposición que habéis completado en los textos y clasificadlos en el siguiente cuadro. Añadid otros verbos que no estén aquí y que también necesiten una de estas preposiciones.

A	*De*	*En*	*Con*

| 2.3. | Escribe en tu cuaderno un texto similar al que has leído sobre una fiesta de tu país. Utiliza algunos de los verbos con preposición que has estudiado.

Grupo cooperativo

>| 3 | Las fiestas y las celebraciones de cada pueblo y cada región nos dicen mucho sobre su cultura y sobre su visión del mundo. Por eso, vamos a organizar en clase una gran exposición de fiestas hispanas. Para ello, cada grupo va a elegir una fiesta de un país hispano y va a trabajar sobre ella. Seguid las pautas.

1 Pensad en la fiesta sobre la que queréis trabajar. Tiene que ser algo muy característico y representativo del lugar.

2 Describid la fiesta: cómo es, cuándo se celebra, qué se hace, cuántos días dura, etc.

3 Explicad los orígenes de esta celebración y cómo ha ido evolucionando a lo largo del tiempo. También las posibles influencias que haya ido adquiriendo.

4 Presentad imágenes que muestren cómo es: trajes, desfiles, procesiones, festivales, etc.

5 Presentad también la música y los bailes que acompañan a esta fiesta.

6 ¿Tiene repercusión internacional? ¿Es conocida en otros países? ¿Atrae a turistas?

> | 1 | Escucha el siguiente audio extraído de un programa informativo de la televisión. Fíjate en |44| cómo se pronuncian algunas las palabras. ¿Hay algo que te llame la atención? ¿Por qué crees que se hace? ¿Para qué? Escribe tus conclusiones.

| 1.1. | Vuelve a escuchar el audio y escribe en tu cuaderno las palabras que tienen una |44| acentuación atípica. Luego, lee el cuadro y comprueba si tus conclusiones anteriores son correctas.

Acento enfático, expresivo u oratorio

✗ El acento enfático, expresivo u oratorio se utiliza para dar énfasis o afectación a una sílaba de una o varias palabras del enunciado. Su objetivo es destacar una palabra frente a otras. El acento enfático es muy común en los discursos de carácter político y periodístico, para resaltar aquellas ideas del mensaje que el orador considera más relevantes. Por ejemplo, los líderes políticos, en los mítines lo hacen de un modo recurrente, para captar la atención del oyente en determinados mensajes. Este tipo de acento no altera, en principio, el significado de la palabra.

¿Qué he aprendido?

1 Escribe una frase con el verbo *parecer* en la que tenga el significado indicado.

1. Hablar de apariencias: ....
2. Opinar: ....
3. Hablar de parecidos: ....
4. Valorar: ....

2 Escribe un adjetivo con el que te puedas referir a las siguientes partes del cuerpo.

1. cara ....
2. ojos ....
3. boca ....
4. piel ....
5. frente ....
6. nariz ....
7. orejas ....
8. pelo ....

3 Escribe tres verbos que puedan usarse con las siguientes preposiciones. Luego, elige uno de cada preposición y escribe una frase.

[ ] ← A → [ ]   [ ] ← CON → [ ]
[ ]   [ ] ← DE → [ ]   [ ] ← EN → [ ]

....
....
....

4 ¿Conocías todas las fiestas de las que hemos hablado en la unidad? Elige una y describe en un párrafo todo lo que ahora sabes sobre ella.

....
....
....
....

5 ¿Has aprendido mucho en esta unidad? ¿Ha sido interesante? Responde a las preguntas.

1. Lo mejor y lo peor: ....
2. Lo más difícil: ....
3. Lo menos interesante: ....
4. Lo más útil: ....

8 DE PELÍCULA

Contenidos funcionales
- Reproducir una conversación.
- Transmitir y resumir una información o una conversación.
- Expresar sorpresa, indiferencia o incredulidad.
- Escribir una crítica de cine.

Contenidos gramaticales
- Discurso referido o estilo indirecto.
- Correlación de tiempos en el discurso referido o estilo indirecto.
- Otras transformaciones en el discurso referido: pronombres, determinantes, marcadores temporales...

Tipos de texto y léxico
- Guion de cine.
- Crítica de cine.
- Ficha técnica y sinopsis de una película.
- Léxico relacionado con el cine.
- Expresiones para mostrar sorpresa, indiferencia e incredulidad.
- Léxico relacionado con las mentiras.

El componente estratégico
- Reflexionar y valorar los recursos que el cine puede aportar al aprendizaje de una lengua extranjera.
- Adquisición de léxico a través del cine en versión original.
- Aprender vocabulario y extraer información a partir de la lectura de revistas de cine.

Contenidos culturales
- Cine actual español e hispanoamericano: actores y directores.
- Festivales y premios de cine.
- Revistas especializadas en cine: *Fotogramas* y *Cinemanía*.
- Las mentiras por cortesía.

Fonética/Ortografía
- Acentuación gráfica (1): la tilde diacrítica en los pronombres interrogativos y exclamativos directos e indirectos en comparación con los relativos.

1 VA DE CINE

> | 1 | ¿Te gusta el cine? Piensa en una película que hayas visto y que te haya gustado especialmente. Comparte tus comentarios con tus compañeros.

| 1.1. | Lee el siguiente texto en el que se habla de la relación entre el cine y las emociones. ¿Estás de acuerdo? ¿Qué películas forman parte de tu biografía? Habla con tu compañero.

El cine es hoy en día un fenómeno cultural indispensable en nuestra vida diaria, es parte de nuestro ocio e incluso de nosotros mismos... Parte de esos recuerdos que nos conforman como personas y seres sociales está, a veces, asociado a una película, a un instante vivido ante una pantalla de cine o televisión, donde un actor cualquiera, en una época cualquiera, nos hacía reír o llorar, o nos sobrecogía de terror... El cine es una asombrosa fábrica de emociones inscrita en nuestra biografía y nadie parece estar libre de su influencia.

Adaptado de http://lamenteesmaravillosa.com/el-cine-fabrica-de-emociones

Sensaciones

| 1.2. | En parejas, escribid una lista de las emociones que puede provocar una película o una determinada escena.

> | **2** | ¿Cuál es la diferencia entre ver una película en versión original subtitulada (V.O.S.) y verla en versión doblada? En grupos, escribid los pros y los contras para cada forma de ver y oír una película. Compartid vuestras opiniones con el resto de la clase. ¿Estáis de acuerdo?

| **2.1.** | ¿Sueles ver películas en versión original? ¿Crees que ver cine en la lengua que aprendes puede mejorar tu nivel? Completa el cuestionario y compáralo con tu compañero.

cuestionario

1 ¿Qué te parece ver una película en versión original con subtítulos?
- ☐ a. Muy difícil, tengo que leer todo el tiempo y no puedo disfrutar de las imágenes.
- ☐ b. Lo hago a veces, depende del idioma.
- ☐ c. Genial, así puedo disfrutar de la verdadera interpretación de los actores.

2 ¿A veces ves películas para aprender más español?
- ☐ a. No, porque no conozco mucho el cine en español y creo que es muy difícil.
- ☐ b. Pocas veces, y siempre con subtítulos.
- ☐ c. Sí, es una buena herramienta para trabajar la comprensión auditiva y aprender vocabulario.

3 ¿Qué crees que puedes aprender más con una película en español?
- ☐ a. Palabras y expresiones nuevas.
- ☐ b. Entender mejor cuando escucho.
- ☐ c. Aspectos culturales como la forma de expresarse, los gestos, la lengua coloquial, etc.

| **2.2.** | Tu profesor te va a dar una lista de las ventajas que tiene aprender con el cine. Elige los cinco aspectos con los que más te identifiques y compáralos con los de tu compañero.

> | **3** | Actualmente se hace mucho cine en español, tanto en Latinoamérica como en España. Para muchos, este sector está en expansión y la gente cada vez está más interesada. Lee el siguiente artículo y marca todas las palabras que consideres relacionadas con el mundo del cine. Después, contesta las preguntas de la página siguiente.

Parece ser que nos encontramos en un momento esperanzador para la cinematografía en España y también en Latinoamérica, donde están pisando fuerte México, Argentina y Chile.

Últimamente, podemos hablar con cierta frecuencia de éxitos de taquilla en el cine español, ya que se batieron récords de asistencia a las salas y, además, casi el 25% de los espectadores españoles fueron al cine a ver una película española. Eso es casi un milagro, puesto que antes daba la sensación de que el público español prefería ver cualquier película mala americana que una, posiblemente buena, española.

De ahí que el sector esté muy satisfecho de reconocer que, sin duda, está en una buena racha. El público es muy inteligente y ha empezado a quitarle las etiquetas al cine español, y si algo merece la pena, ¿por qué decir que no es bueno? Estamos en un momento de creatividad muy productivo.

Por fin se ha conseguido, según los expertos, que se haga cine español comercial, lo que no significa que tenga que ser malo. *Las brujas de Zugarramurdi*, *Ocho apellidos vascos* o *El Niño* nos han servido para quitar a nuestras películas la etiqueta de *españolada*. El cine español

ha reencontrado a sus espectadores, se lleva bien con el público. Lo que va mal es la industria. Y ahora vienen los malos datos. Aproximadamente se está rodando un 15% menos de películas que en años anteriores. Cada vez se cuenta con menos recursos, y los actores y técnicos tienen menor salario. Si antes el presupuesto medio de una cinta española era de 3,2 millones de euros, hoy es de 1,3. Pero ya lo dice el refrán: *Más vale poco y bueno, que mucho y malo*.

CONTINÚA ≫

1 ¿Qué significa "estar en buena racha"?

2 Por el contexto, ¿qué piensas que es "una españolada"?

3 ¿Cuál es el problema que existe en la cinematografía española?

4 Después de leer el texto, ¿puedes imaginar cómo estaba el sector antes? ¿Qué ha cambiado?

5 ¿Estás de acuerdo con el refrán?

6 Decide un título para este artículo.

---

2 - DE AQUÍ Y DE ALLÍ

| Cultura |

>| 1 | En una clase de español han hecho este cartel con personajes y eventos relacionados con el cine en el mundo hispano. ¿Cuáles son de España y cuáles de Hispanoamérica? Decídelo con tus compañeros de grupo.

FESTIVALES

Festival Internacional de Cine de Cartagena de Indias

Festival de cine de San Sebastián

PELÍCULAS

DIRECTORES

David Trueba

Alejandro González Iñárritu

ACTRICES

Soledad Villamil

María León

| 1.1. | ¿Conocéis otros? Habla con tu compañero e intercambiad información. Después, haced una puesta en común y comprobad cuántos festivales, películas, actores, actrices o directores podríais añadir a este mural.

| 1.2. | Francesca es una de las estudiantes que ha elaborado el mural. Para continuar con su
| 45 | trabajo esta semana también tiene que hacer algunas entrevistas sobre cine. Escucha lo que le cuentan algunos de sus compañeros y toma nota en tu cuaderno de lo que dicen sobre estas dos conocidas actrices.

✓ Sobre Soledad Villamil dicen que…   ✓ Sobre María León dicen que…

| **1.3.** | 🧑 🔊 Los estudiantes de esta clase de español tienen que trabajar con una película. Fran-
|⁴⁶| cesca duda entre *Vivir es fácil con los ojos cerrados* (V) y *Relatos salvajes* (R). Escucha
las conversaciones y señala a cuál de las dos películas se refieren estas frases.

		V	R
1 Mi hermana se alegró de que pudiera verla en español y sin subtítulos.		☐	☐
2 Algunos periódicos anunciaron que habría una segunda parte.		☐	☐
3 Según dicen, fue la película más vista en su país desde que existen datos oficiales.		☐	☐
4 Mis amigos me dijeron que si pudieran verla de nuevo en el cine, no dudarían en volver a pagar la entrada.		☐	☐
5 Me dijeron que era una historia basada en hechos reales.		☐	☐
6 Mi profesor me sugirió que la volviera a ver otra vez, que la entendería mucho mejor.		☐	☐
7 Miriam me dijo que se había rodado en el desierto de Almería, como tantas otras películas. Le sorprendió que incluso se hubieran hecho allí películas norteamericanas.		☐	☐

| **1.4.** | 🧑 ⚙️ Tu profesor te dará la transcripción de las conversaciones que has escuchado. Com-
páralas con las frases de la actividad anterior y completa el cuadro clasificándolas en su lugar
correspondiente.

Discurso referido o estilo indirecto

✕ Para referir o contar lo que alguien ha dicho (*discurso referido* o *estilo indirecto*), es necesario usar un verbo de lengua: el más común es *decir*, pero también hay otros como *contar, afirmar, anunciar, explicar, preguntar*, etc.

✕ Si el verbo de lengua está en **presente** (o en pretérito perfecto) no hay cambios en los tiempos verbales:
— *"Soledad Villamil **es** una gran actriz".* ➜ *Roberto dice/ha dicho que Soledad Villamil **es** una gran actriz.*

• Solo haremos un cambio si el mensaje referido reproduce un imperativo:
— *"**Escúcha**la, vale la pena".* ➜ *Dice/Ha dicho que la **escuche**.* (Presente de subjuntivo).

✕ Si el verbo de lengua está en **pasado**, tenemos que hacer los siguientes cambios:

	Estilo directo	Ha dicho/dijo que...	Ejemplos
Indicativo	Presente, pretérito imperfecto	Pretérito imperfecto	
	Pretérito indefinido, perfecto y pluscuamperfecto	Pretérito indefinido/pluscuamperfecto	
	Futuro, condicional	Condicional	
Subjuntivo	Presente	Pretérito imperfecto	
	Pretérito imperfecto	Pretérito imperfecto/pluscuamperfecto	
	Pretérito perfecto	Pretérito pluscuamperfecto	
Imperativo		Pretérito imperfecto subjuntivo	

• En algunas ocasiones, los cambios no se producen aunque el verbo de lengua esté en pasado, porque el marco temporal no cambia:
— *"¡Qué bien hablas español!".* ➜ *Lucía me dijo que hablo muy bien español.*

| **1.5.** | 🧑 ⚙️ Estas son todas las notas que Francesca ha tomado después de sus entrevistas. Com-
pleta con los verbos en la forma adecuada. Fíjate muy bien en la variedad de verbos de lengua que aparecen resaltados en negrita. Puedes volver a escuchar si lo necesitas.

> ✕ cantar   ✕ perderse   ✕ escuchar   ✕ ser   ✕ ganar

1 Roberto le habló sobre Soledad Villamil, le **dijo** que [1] .... una actriz que trasmitía
mucho con su mirada y le **recomendó** que no [2] .... la película *El secreto de sus ojos*,
con la que [3] .... varios premios. Además, le **comentó** que esta actriz ahora también
[4] .... y le **sugirió** que la [5] .... porque era bastante buena.

CONTINÚA »

> x dedicarse   x estrenar   x ser   x hacer

2 Elena le **contó** algunas cosas sobre la actriz española María León. Le dijo que [6] .... andaluza y que su familia también [7] .... al cine y a la televisión. Le **explicó** que [8] .... un papel trágico en *La voz dormida* pero que también hacía comedia, por ejemplo, *Carmina o Revienta*. Le **informó** de que esta última película se [9] .... al mismo tiempo en Internet y en las salas de cine, algo que no se había hecho nunca antes, por lo visto.

> x ver   x haber   x dejar   x ir

3 Sobre la película *Relatos salvajes*, le dijeron que había escenas que les [10] .... sin palabras. También le **aconsejaron** que [11] .... al cine para verla en pantalla grande e, incluso, que la [12] .... más de una vez, así podría fijarse más en los detalles y en la interpretación de los actores. Además, la **avisaron** de que quizás [13] .... una segunda parte.

> x empezar   x llegar   x tratarse   x pedir

4 En cuanto a la película sobre el profesor de inglés, **se enteró** de que [14] .... de una historia real y de que el protagonista [15] .... a ver a John Lennon en Almería. Alguien le **contó** que Juan Carrión le [16] .... ayuda a Lennon para transcribir sus canciones para las clases de inglés. **Según dicen**, a partir de ese momento, los Beatles [17] .... a incluir las letras de las canciones en sus discos.

>| **2** | 🌐 💭 ¿Alguna vez has contado el argumento de una película en español? Piensa en una película y cuéntale el argumento a tu compañero. Después, cambia de pareja y cuéntale a tu nuevo compañero la película que te contó el primero.

● Hace algunos años vi una película buenísima que se llama *Machuca*. Es una película chilena ambientada en los años 70 que cuenta la historia de dos niños que se hacen amigos a pesar de pertenecer a dos grupos sociales muy distantes y enfrentados en esa época…

◔ Pues Thomas me ha dicho que hace algunos años vio una película que se llamaba *Machuca* y que era una película chilena ambientada en los años 70 que contaba la historia de dos niños que se hacían amigos a pesar de pertenecer a dos grupos sociales muy alejados y enfrentados en esa época…

>| **3** | 🙂 📖 Marta es una joven actriz que ha viajado hasta Sevilla para hacer un *casting*. Hoy le ha escrito este correo electrónico a su mejor amigo. Léelo y fíjate muy bien en los elementos que aparecen marcados.

● ● ●

Querido Jesús:

Como sabes, sigo en Sevilla, pero volveré **el próximo jueves**. **El viernes** es el cumpleaños de Laura y no quiero faltar este año, pero **estos** últimos días aquí están siendo una locura. Ya te conté que el *casting* al que **me** presenté no fue muy bien y que había muchos candidatos muy profesionales, por lo que **me** desanimé bastante. Pues no te lo vas a creer, pero **ayer**, en una de las presentaciones a las que estaba invitada, conocí a uno de los directores de la serie y **me** propuso asistir **mañana** a la grabación. Fue muy simpático y **nos** dio muchos ánimos a todos los que estábamos allí para seguir adelante. Pero creo que a lo de la grabación solo me ha invitado a mí.

Y aquí estoy, como un flan, sin saber qué pasará mañana, y **esto** es lo que **te** quería contar. **Te** he llamado pero no consigo localizar**te**. Espero poder contar**te** muchas más cosas **mañana**.

Por favor, pregúntal**e** a Laura si quiere que **le lleve** algo de **aquí**, porque no tengo ideas para **su** regalo de cumpleaños.

Oye, y no me he olvidado de **nuestra** cena del sábado, iremos donde **tú** quieras. Prometo invitar**te** y poner**te** al día sobre todos **mis** proyectos. ¡Lláma**me** en cuanto puedas!

Marta.

| 3.1. | 🌐 🔊 Cuando Jesús le cuente el jueves a Laura todo lo que Marta le comenta en el correo, ¿cómo debe transformar los elementos que aparecen marcados en el texto? Fíjate en el ejemplo y, con tu compañero, escribe tu propuesta. Después, escucha y comprueba.

| 471 |

| **Texto original** ▶ *el próximo jueves* | | **Discurso referido** ▶ *hoy* |

| 3.2. | 👤 ⚙ Lee la información del cuadro y complétalo con ejemplos de las transformaciones gramaticales que has hecho en la acividad 3.1.

Otras transformaciones en el discurso referido

✕ **Imperativo.** Siempre pasa a modo subjuntivo:
— *"Llámame"* ➜ *Dice que* [1] ..../*Dijo que* [2] ....

✕ **Pronombres.** *Yo* ➜ *tú, él/ella; tú* ➜ *yo; nosotros* ➜ *vosotros, ellos/ellas; me* ➜ *te, le/lo; nos* ➜ *os, les/los*:
— *"Nos dio muchos ánimos".* ➜ *Dice que* [3] ...., .
— *"Prometo invitarte y ponerte al día".* ➜ *Prometió* [4] ....

✕ **Determinantes.** *Mi* ➜ *su; este* ➜ *ese*:
— *"Sobre mis proyectos [...]"* ➜ *Sobre* [5] .... [...].
— *"Estos últimos días [...]"* ➜ [6] .... [...].

✕ **Marcadores temporales.** *Hoy* ➜ *ese día; anteayer* ➜ *dos días antes; anoche* ➜ *la noche anterior*:
— *"Mañana"* ➜ [7] .... *"Ayer"* ➜ [8] ....

✕ **Cambio de verbos según el lugar donde se encuentra el hablante.** *Ir* ➜ *venir*:
— *"Pregúntale si quiere que le lleve algo".* ➜ *Dice que* [9] ....

| 3.3. | 🌐 🌍 Imagina que eres Marta. Deja un mensaje en el contestador de Jesús para explicarle qué tal le fue en la grabación. Luego, en pequeños grupos, transmitid la información de los mensajes escritos y elegid el más original.

Ejemplo: **Marta:** *"Ay, Jesús, me he enamorado del director".*
Tú: *Pues a mí Marta me dijo que se había enamorado del director.*

> | 4 | 👤 ⚙ ¿No te parece extraño y frío dejar un mensaje en un contestador? Para algunos, como el cantante Ismael Serrano, no mucho. Compruébalo leyendo estos fragmentos de su canción, *Mensaje en el contestador*. Después, observa el diálogo y señala los verbos de habla que utilizan.

¿Has oído esta canción de Ismael Serrano? Demasiado triste...

No, no la conozco. ¿De qué habla?

*Hola. Soy yo.
Solo llamaba
porque estos lunes
siempre me matan.
Ha amanecido
tarde este día;
mi almohada llena
de tus cenizas. (...)*

*Qué cosas pasan,
días bulliciosos,
tan cerca estamos
pero tan solos.
Solo era eso.
Bueno, pues nada,
si tienes frío y tiempo
me llamas.*

Pues él deja un mensaje en el contestador de una chica insinuando que la echa de menos, todo con palabras muy nostálgicas y al final se despide proponiéndole que lo llame.

📢 **Fíjate**

✕ Cuando se trata de trasmitir las palabras de otra persona, es muy importante no reproducir todo al pie de la letra. Nos interesa captar, sobre todo, la **intención comunicativa** del hablante y trasmitirla solo con los detalles necesarios. En caso contrario, nuestro discurso resultará muy artificial. Con los verbos de habla, muchas veces es suficiente, por ejemplo: *Me saludó y me propuso un plan para el fin de semana; Me dio las gracias por todo.*

| 4.1. | Aquí tienes otros verbos de habla. Relaciónalos con los diálogos a los que crees que corresponden. Hay cuatro que no pertenecen a ninguna conversación.

> × insistir   × regañar   × convencer   × saludar
> × rechazar   × explicar   × pronosticar   × agradecer

1 _____

- Otra vez tarde…, es que no tienes remedio. Estoy harta.
- Bueno, solo han sido diez minutos.
- Sí, claro, pero diez minutos aquí sola esperándote y muerta de frío. La próxima vez no pienso esperarte. Ya está bien, hombre.

2 _____

- Oye, ¿vamos esta noche al cine de verano?
- No, no tengo ganas. La última vez fue un rollo, hoy quiero quedarme en casa tranquila.

3 _____

- Hola, buenos días, ¿qué tal?
- Hola, Luci, ¿qué tal estás, guapa? Qué día tan bonito hoy, ¿eh?
- Sí, al fin, menos mal que ha salido el sol.
- Bueno, que te sea leve, no curres mucho.

4 _____

- ¿Qué significa la palabra vestuario?
- Pues mira, cuando se rueda una película o se hace una obra de teatro, todo el equipo de actores tienen un montón de ropa y complementos para caracterizar a los personajes. Todo eso es el vestuario.

| 4.2. | Ahora resume el contenido de los diálogos en estilo indirecto de la forma más simple que puedas y usando un verbo de habla.

1 ....
2 ....
3 ....
4 ....

| 4.3. | Con tu compañero, escribe un diálogo en el que se realice alguno de los siguientes actos de habla: *excusarse, quejarse, insistir, acusar, convencer, pronosticar, agradecer*. Después, haced una lectura dramatizada para que el resto de la clase descubra cuál es la función de la conversación.

3 VAMOS A CONTAR MENTIRAS

> | 1 | ¿Qué tipo de películas te gustan más? ¿Siempre ves películas del mismo género? Con tus compañeros de grupo, fíjate en los ejemplos y completa la tabla.

Según la ambientación	Según el estilo o género	Según el formato	Según la audiencia
bélica	*comedia*	*3D*	*todos los públicos*
....	....	....	....

| 1.1. | Estos son otros subgéneros cinematográficos. Relaciona cada uno con su correspondiente descripción.

> × de autor   × propagandístico   × experimental
> × independiente   × costumbrista   × negro

1 _____ Relata los hábitos de la sociedad. El argumento y los personajes pasan a un segundo plano, y la historia se centra en lo que es capaz de captar la cámara.

2 _____ Presenta una sociedad violenta, cínica y corrupta que amenaza no solo al héroe o protagonista de las películas, sino también a otros personajes, dentro de un ambiente de pesimismo fatalista. Los finales suelen ser agridulces.

CONTINÚA »

3 [_____] El director tiene un papel preponderante al basarse normalmente en un guion propio; realiza su obra al margen de las presiones y limitaciones que implica el cine de los grandes estudios comerciales, lo cual le permite una mayor libertad a la hora de plasmar sus sentimientos e inquietudes en la película.

4 [_____] Rompe las barreras del lenguaje audiovisual y del cine narrativo estrictamente estructurado. Trata de expresar y hacer sentir emociones, experiencias, sentimientos, con un valor muy estético y muy artístico. No está ligado a la industria del cine ni se dirige a un público amplio.

5 [_____] Película que no ha sido producida por los grandes estudios cinematográficos. Por lo general, es una producción de bajo presupuesto de una productora pequeña.

6 [_____] Su objetivo es influir en el sistema de valores del ciudadano y en su conducta. Se trata, a su vez, de una forma intencional y sistemática de persuasión con fines de carácter ideológico, político, religioso, cultural y comercial.

Definiciones adaptadas de http://labutacadecine.blogspot.com.es/2012/04/los-generos-cinematograficos_07.html

| 1.2. | ¿Conocéis más subgéneros cinematográficos? ¿Conocéis películas de este tipo?

> | 2 | ¿Ficción o realidad? Muchas historias del cine han surgido a partir de hechos reales que han dado la idea a directores y guionistas para crear sus obras maestras. Es el caso de la historia del francés Jean-Claude Romand. Leed la introducción a su historia y responded a las preguntas. Comentadlas entre todos.

Jean-Claude Romand (nacido el 11 de febrero de 1954 en Lons-le-Saunier) es un ciudadano francés, casado, con dos hijos: su hija Caroline, de 7 años, y su hijo Antoine, de 5. Trabaja como médico e investigador en la OMS (Organización Mundial de la Salud) y se declara especialista en la investigación sobre medicamentos contra el cáncer.

Su historia ha sido objeto de diversas adaptaciones cinematográficas: *L'Adversaire*, basada en la novela de Carrère; *L'emploi du temps* y *La vida de nadie*, filme español dirigido por Eduard Cortés.

1 ¿Por qué creéis que se hizo famoso?
2 ¿Por qué inspiró estas tres películas?
3 ¿Qué pensáis que hace actualmente?

| 2.1. | Para conocer el resto de su biografía vamos a trabajar en dos grupos. Cada grupo va a leer un fragmento que os dará el profesor. Después, tendrá que responder a las preguntas que le hagan sus compañeros. Entre todos vamos a reconstruir su historia.

| 2.2. | ¿Conoces otra historia similar donde una mentira haya arruinado la vida de alguien? Compártela con tus compañeros.

> | 3 | En la ficha técnica de una película, además del género, podemos encontrar habitualmente la sinopsis. Aquí tienes la sinopsis de *La vida de nadie*. ¿Cuál crees que es su género? ¿Y la ambientación? ¿A qué audiencia iría dirigida? Haz suposiciones con tu compañero.

Sinopsis:

Emilio Barrero (José Coronado) es un economista que trabaja en el Banco de España. Tiene una esposa modelo, un bonito chalé y un hijo que le admira. Su esposa (Adriana Ozores) le está preparando una sorpresa para su cumpleaños; pero la sorpresa se la va a llevar ella, porque la vida de Emilio está basada en la mentira. Cuando conoce a Rosana (Marta Etura), una encantadora estudiante, el precario equilibrio de su vida se quiebra y todo se precipita hacia un inesperado desenlace.

| **3.1.** | 👥🔍 Consulta en Internet los datos que faltan y, con tu compañero, elabora esta ficha técnica de la película.

Título original	*La vida de nadie*

Año		**Duración**		**País**	

Director

Guion

Música

Reparto

Género

Premios

Críticas

| **3.2.** | 👥🎬 Para saber más sobre esta historia, vamos a leer el siguiente fragmento del guion de *La vida de nadie*, donde el protagonista está contando un montón de mentiras para sorprender a Rosana. Haz una lectura dramatizada con tu compañero, teniendo en cuenta las acotaciones que se dan entre corchetes.

[En el supermercado]

Emilio: ¿Y qué tal va lo de la beca? [Mostrando interés]

Rosana: Pues no lo sé, porque hay tanta gente que las pide que será difícil.

Emilio: Pero, ¿qué es?, ¿para seguir la carrera allí en Londres, de Económicas? [Con cierta curiosidad]

Rosana: No, no, yo soy estudiante de sociología, por eso…, el presidente del tribunal es economista, como tú, y los de sociología no le caemos muy bien.

Emilio: Vaya. ¿Y quién es el presidente?

Rosana: Fabián Estapé.

Emilio: Ah, mira, es un conocido mío. Dirigió mi tesis de final de carrera y nos une un poco de amistad. [Haciéndose el interesante]

Rosana: Ah, ¿pero sois amigos? [Muestra sorpresa, no puede creerlo]

Emilio: Bueno, cuando viene a Madrid siempre comemos juntos. Le encanta también que le cuente cotilleos del banco. [Se siente importante]

Rosana: Pues me he enterado de que la semana próxima viene a Madrid a dar unas conferencias.

Emilio: Sí, sí, sí, es verdad, me lo contó. [Improvisando la mentira]

Rosana: ¿Y te llamará? [Aún más sorprendida]

Emilio: Sí, seguro que me llama. [Intenta mostrar seguridad en lo que dice]

Rosana: ¿Pero para cenar?

Emilio: Sí… [Se le nota un poco la mentira]

Rosana: ¿Por qué no me lo presentas? [Emocionada] Es que me encantaría conocerle, además así vería que las de sociología no somos ningunas tontas… [Pierde la emoción de repente al ver su cara] Bueno da igual, es igual.

Emilio: ¿Quieres que te lo presente? Seguro que a él le encanta conocerte. [De nuevo se hace el interesante, seguro de su éxito]

Rosana: ¿En serio? [Pletórica]

Emilio: Le gustan mucho las chicas guapas. [Seductor]

Rosana: Gracias.

| 3.3. | Alicia, una compañera de clase de Rosana, estaba también en el supermercado y escuchó toda la conversación. Hoy, escribe un wasap a otra amiga para contarle lo ocurrido. Continúa escribiéndolo tú en el cuaderno. Luego, compara con tu compañero.

| 3.4. | Finalmente, Emilio consiguió con sus mentiras llevar a Rosana a cenar. Esto es lo que pasó en la escena del restaurante en *La vida de nadie*. Lee y, después, con tu compañero, reconstruye el diálogo original que crees que está en el guion.

> chats
>
> Hola, guapa, ¿qué tal? Tengo que contarte algo. Ayer vi a Rosana en el súper con un hombre muy elegante y no te vas a creer de qué estaban hablando...

Cuando Rosana y Emilio llegaron al restaurante, por supuesto, Fabián Estapé no había llegado. Emilio, muy correcto, dijo que lo esperarían en la mesa. La pobre Rosana estaba como un flan. Ya en la mesa, Emilio comenzó su representación. Comentó que su amigo Estapé era muy simpático pero muy impuntual también. Después dijo que tenía que ir un momento al baño y, una vez allí, llamó al restaurante como si fuera el secretario del señor Estapé para avisar de que finalmente este no podría asistir, y pidiendo que le llevaran una nota al señor Barrero transmitiéndole sus disculpas. Cuando Emilio volvió a la mesa, apuntó que Estapé estaría al caer, pero un minuto después, el camarero se acercó trayendo la nota que el supuesto secretario había pedido entregar. Y claro, ya que estaban en la mesa, decidieron quedarse a cenar... los dos.

| 3.5. | |48| Escucha y comprueba si tu reconstrucción se parece al diálogo de la película.

>**| 4 |** Discutid en pequeños grupos por qué pensáis que las personas mentimos. ¿Es posible no mentir nunca? ¿Cómo clasificaríais las mentiras según su grado de importancia? Comprobad que conocéis el significado de las siguientes expresiones y utilizadlas para llevar a cabo esta actividad.

- ✕ mentira piadosa
- ✕ mentirijilla
- ✕ mentiroso compulsivo
- ✕ un cuento chino
- ✕ engañar
- ✕ una mentira como una casa
- ✕ de mentira
- ✕ trola
- ✕ parece mentira

| Intercultura |

| 4.1. | |49| Escucha el siguiente post sobre un tipo de mentiras bastante comunes, mentiras por cortesía. Toma nota de lo que más te llame la atención. ¿Es igual en tu país? Contrastad las similitudes y las diferencias entre las diferentes culturas.

| Sensaciones |

| 4.2. | ¿Has contado alguna vez una mentira? ¿Por qué lo hiciste? ¿Te la han contado a ti? ¿Cómo te sentiste al enterarte de que te habían mentido? Habla con tus compañeros de grupo.

4 NOMINADOS

>**| 1 |** Busca en la clase a alguien que haya ganado alguna vez un premio y a alguien que haya estado a punto de ganarlo. Pregúntales cuál fue su reacción.

Ejemplo:
> ● *Yo gané una vez una medalla de oro en una competición de patinaje.*
>
> ○ *¿De veras? Pues yo de pequeño también patinaba, pero siempre me quedé con las ganas de un trofeo.*

| **1.1.** | 🔊 Ahora vas a oír cómo reaccionan algunas personas cuando reciben una información.
ı50ı Anota las expresiones que utilizan para reaccionar, y señala si muestran sorpresa (S), indiferencia (ID) o incredulidad (IC).

	S ID IC		S ID IC		S ID IC		S ID IC
Diálogo 1....	☐ ☐ ☐	Diálogo 3....	☐ ☐ ☐	Diálogo 5....	☐ ☐ ☐	Diálogo 7....	☐ ☐ ☐
Diálogo 2....	☐ ☐ ☐	Diálogo 4....	☐ ☐ ☐	Diálogo 6....	☐ ☐ ☐	Diálogo 8....	☐ ☐ ☐

| **1.2.** | ¿Conoces otras expresiones para expresar sorpresa, indiferencia o incredulidad? Clasifica las que tienes a continuación.

× ¿Lo dices en serio?
× Por mí…
× ¿Quéeee?/ ¿Cóooomo?
× ¿Y a mí qué?

× ¿Qué dices?
× Me dejas de piedra…
× Allá tú…
× ¿Bromeas?

× Me da igual.
× ¡No puede ser!
× ¡Anda!
× ¡Qué cosa tan rara!

Sorpresa	Indiferencia	Incredulidad
....	....	....
....	....	....
....	....	....

| **1.3.** | En grupos de tres, buscad noticias relacionadas con el mundo del cine que os llamen la atención y contádselas a otro grupo de compañeros. Debéis reaccionar utilizando las expresiones con las que hemos trabajado.

>| 2 | Los que reciben un premio, por el motivo que sea, muchas veces se sienten sorprendidos pero nunca indiferentes. Fíjate en la siguiente lista de palabras referidas a diferentes premios y señala cuáles pertenecen al mundo del cine.

☐ Tenedor de Oro   ☐ Ensaladera de Plata   ☐ Concha de Plata
☐ medalla   ☐ Premio Coral   ☐ Nobel
☐ estatuilla   ☐ copa   ☐ Oso de Oro
☐ Globo de Oro   ☐ Goya   ☐ Óscar

| **2.1.** | En grupos, haced una lista con los festivales de cine más importantes del mundo hispano, como los Premios Goya, en España, o el Festival de Cine de la Habana. Después, añadid otros festivales internacionales como, por ejemplo, el de Cannes, en Francia.

| **2.2.** | ¿Qué crees que debe tener una película para ganar premios? Aquí tienes las definiciones de algunos de los aspectos más importantes que se valoran en un producto audiovisual. Adivina cuáles son según la definición y el ejemplo que aparece y, luego, compara las respuestas con tu compañero.

1 La actuación de un actor, un músico u otro artista en escena también se conoce como la ...*interpretación*...:

— *Los espectadores quedaron fascinados con la* ...*interpretación*... *que el veterano actor hace del rey de Inglaterra.*

2 Capacidad del individuo para generar ideas y/o productos cuya característica es única, de gran interés y aportación comunitaria o social. Se trata de la ....:

— *La película ganó el premio al mejor guion* ....

CONTINÚA ➤➤

3 Conjunto de técnicas y trucos que se utilizan en cine o teatro para lograr que ciertas imágenes o sonidos parezcan reales. ....:

   – En las películas de ciencia ficción suele haber muchos ....

4 Que es nuevo en una situación o una actividad determinadas, por lo que carece de experiencia. ....:

   – Para ser un director ...., hay que decir que su trabajo ha sido excelente.

5 Sinónimo de la palabra *elenco*, la lista de actores que participan en una película o representan una pieza teatral. Es el ....:

   – Aunque aparece en algunas escenas, esta actriz no figura entre el .... de actores.

| **2.3.** | Discute con tus compañeros sobre los siguientes puntos e intercambiad opiniones.

- ✓ Que una película tenga muchos premios no garantiza su calidad.
- ✓ Los óscar solo premian el cine comercial.
- ✓ El cine más intelectual y minoritario no tiene los mismos reconocimientos.
- ✓ El verdadero premio es el éxito de taquilla.
- ✓ Los premios son el trampolín que lanza sobre todo a los nuevos actores.

> | **3** | Para muchos, lo mejor es leer las críticas de los expertos que, independientemente de los premios ganados o no, nos dan mucha más información sobre la calidad de una película. Algunas revistas especializadas nos pueden ayudar, igual que los foros. Lee estas dos críticas de la película cubana *Conducta* y señala cuál es la buena y cuál es la mala. Subraya las expresiones que lo muestran.

1 Notable la actuación de los protagonistas, especialmente de Armando Valdés Freyre (Chala), la muy cuidada fotografía de Alejandro Pérez y el montaje. Es un film que enorgullece, emociona y mantiene la tensión. Su argumento convence, aunque evidencia, de inicio a fin, tópicos de frívolas historias ya muy vistas. Es predecible, pero llega al corazón destacando por encima de todo, como decía al inicio, el excelente trabajo del elenco de actores.

2 Esta película la hemos visto millones de veces antes, en el cine norteamericano especialmente, aunque en el resto también. Por lo tanto, no es nada original (repite modelos ya vistos con insistencia), ni demasiado valiente en su argumento (arriesga poco: madre perdida, padre ausente, enamorada, juegos peligrosos en las vías del tren, peleas, fútbol, pobreza, injusticia…). Casi todos los tópicos están presentes.

| **3.1.** | Escucha algunas opiniones de varios espectadores que han visto diferentes películas
| 51 | y han hecho su particular crítica. Señala si son positivas o no. Después, toma nota de expresiones y recursos que puedan servirte para escribir tu propia crítica.

	Buena	Aceptable	Mala	Expresiones
1	☐	☐	☐	....
2	☐	☐	☐	....
3	☐	☐	☐	....
4	☐	☐	☐	....
5	☐	☐	☐	....
6	☐	☐	☐	....
7	☐	☐	☐	....
8	☐	☐	☐	....

| 3.2. | *Fotogramas* y *Cinemanía* son dos de las revistas de cine más leídas en España. También las puedes ver en Internet. Consulta la sección de críticas y lee más sobre el tema para ampliar tu vocabulario. Haz una lista con nuevas expresiones y compártela con tus compañeros de grupo.

Grupo cooperativo

> | 4 | Entre todos vamos a elaborar nuestra revista de cine. Dividid la clase en grupos de tres y seguid las pautas.

1. Decidid con qué película o películas vais a trabajar en cada grupo. Lo mejor es que sea una película de España o Hispanoamérica. El primer paso será verlas.

2. Elaborad la ficha técnica con todos los datos del filme, incluyendo los premios, si ha recibido alguno.

3. Cada miembro del grupo escribirá una crítica dando su opinión sobre la película. Hablad de los diferentes aspectos: el guion, los actores, la puesta en escena, etc.

4. Presentad en clase el trabajo realizado visionando el tráiler si es posible.

5. Intercambiad opiniones y recomendad al resto de compañeros que vean la película propuesta, argumentando por qué deben verla, según vuestra opinión.

---

5 ACENTUACIÓN GRÁFICA (1): LA TILDE DIACRÍTICA EN LOS PRONOMBRES INTERROGATIVOS Y EXCLAMATIVOS EN COMPARACIÓN CON LOS RELATIVOS

> | 1 | Lee el siguiente cuadro de reflexión y pon algunos ejemplos de palabras con tilde diacrítica. Trabaja con tu compañero.

Recuerda

✗ La tilde diacrítica es aquella que permite, por lo general, diferenciar el significado de dos palabras que tienen la misma forma pero que pertenecen a categorías gramaticales diferentes:

se/sé, ...

| 1.1. | Los pronombres interrogativos y exclamativos siempre llevan tilde para diferenciarlos de los pronombres relativos. Fíjate en las siguientes oraciones y selecciona el ejemplo para completar la tabla.

1. ¿Quién podría dejarme el coche este fin de semana?
2. ¡Quién tuviera tu edad para disfrutar!
3. Quien me deje un coche este fin de semana será recompensado.
4. ¿Qué te dijo la profesora de Matemáticas, que no sabías sumar?
5. Todos dijimos que qué bien lo estaban haciendo.
6. La niña que viste ayer es mi sobrina.
7. ¿Dónde habré dejado la cámara de fotos?
8. No sé dónde podremos ir de vacaciones este año.
9. El restaurante donde fuimos a cenar ayer ha ganado una estrella Michelin.

Uso de la tilde en los pronombres	Ejemplo
A Los pronombres interrogativos directos llevan siempre tilde.	
B Los pronombres interrogativos indirectos llevan siempre tilde.	
C Los pronombres relativos nunca llevan tilde.	
D Los pronombres exclamativos directos llevan siempre tilde.	
E Los pronombres exclamativos indirectos llevan siempre tilde.	

- Otros pronombres interrogativos acentuados son *cuál*, *cuándo*, *cuánto*, *cómo* y sus plurales.
- Los pronombres exclamativos más usados son *quién*, *qué*, *cuánto* y sus plurales.

> **2** Elige el pronombre interrogativo, exclamativo o relativo adecuado para completar las siguientes oraciones y acentúalo cuando sea necesario. Después de cada ejemplo, escribe de qué tipo de pronombre se trata.

Ejemplo: *Le explicó .... **cuáles** ...... eran los inconvenientes que habían surgido.* → .... *Interrogativo indirecto* ....

1 ¿..................... son estos señores? → ....

2 ¡..................... años hace que no visito a mis parientes de Argentina! → ....

3 Cuando llegó le preguntamos .... estaba haciendo allí. → ....

4 No encuentro el lugar .... comimos aquella paella tan buena. → ....

5 Me dijo que .... buena idea habíamos tenido. → ....

6 El coche .... me compré hace dos años me costó más caro de lo que cuesta hoy. → ....

7 Todos somos conscientes de .... duras circunstancias han tenido que superar. → ....

8 Me gustaría saber .... es el motivo de su reacción. → ....

9 .... bien te quiere, te hará llorar. → ....

¿Qué he aprendido?

1 Escribe las siguientes frases en estilo indirecto.

1. "Os recomiendo que veáis el cine en versión original y, si necesitáis subtítulos, los ponéis".
   La profesora nos sugirió que ....

2. "Antes de esta unidad, apenas sabía nada de cine. Ahora tengo una visión más amplia".
   Mi compañera dijo que ....

3. "A partir de ahora iré más al cine o veré más películas en casa… pero en español".
   Yo les dije a mis compañeros que ....

4. "Quiero que me expliques mejor cómo usar los verbos de habla, no los entiendo bien".
   Me ....

2 Escribe la sinopsis de una película que conozcas y de la que no hayas escrito en esta unidad.

....
....
....

3 Después de trabajar con esta unidad, ¿cómo valorarías tus conocimientos sobre los siguientes temas?

	Mucho mejor	Bien	Igual
1 Cine actual en países hispanos.	◯	◯	◯
2 Directores y actores representativos.	◯	◯	◯
3 Géneros y léxico sobre el cine.	◯	◯	◯
4 Festivales y premios importantes.	◯	◯	◯

9 COLECCIÓN DE RECUERDOS

Contenidos funcionales
- Expresar hipótesis, deseos y lamentaciones en el pasado.
- Indicar una acción en el pasado anterior a otra.
- Establecer semejanzas imaginarias.
- Expresar condiciones posibles y poco probables en el presente y en el futuro, e irreales en el pasado.
- Expresar la condición mínima imprescindible o la única para el cumplimiento de la acción.

Contenidos gramaticales
- Pretérito pluscuamperfecto de subjuntivo: morfología y usos.
- Oraciones condicionales reales e irreales.
- Conectores condicionales.
- Condicional compuesto.

Tipos de texto y léxico
- Texto informativo.
- Blog.
- Refranes.
- Léxico de las relaciones sociales.
- Léxico relacionado con las vivencias personales.
- Cuestionarios personales.
- Léxico relacionado con la historia.

El componente estratégico
- Inferir información a partir de una imagen.
- Estrategias de comprensión lectora: la importancia de poner título a un texto.
- Desarrollo de la destreza oral a partir de la comparación de situaciones personales.

Contenidos culturales
- Diferentes estilos de vida.
- Biografía de Victoria Subirana.
- Acontecimientos de la historia mundial.
- Hechos históricos de Argentina, Panamá, España y América Central.
- Los dichos y refranes en español.

Fonética/Ortografía
- Acentuación gráfica (2): la tilde en las palabras compuestas, voces latinas y voces adaptadas.

1 EN MI MEMORIA

> | 1 | Piensa un minuto en algunos momentos importantes de tu vida. ¿Cuáles te vienen ahora a la memoria? ¿Por qué? Comparte tus sensaciones con el resto de la clase.

| 1.1. | La web *Coleccionistas de recuerdos* nos ha mostrado fotografías de algunos de esos momentos especiales para sus usuarios. ¿Qué momento o situación creéis que reflejan?

CONTINÚA ⟫

| 1.2. | Algunos estudiantes han hecho suposiciones sobre las imágenes anteriores. Complétalas con la forma verbal correcta después de leer la información del cuadro.

Expresar hipótesis en el pasado

✗ Para expresar hipótesis en el pasado podemos usar:

- El **condicional simple**:
  - — *Sería el día de su boda.*

- *Yo diría que/Igual/A lo mejor...* + tiempo verbal de pasado en indicativo:
  - — *Me parece raro que no nos haya avisado, yo diría que le ha pasado algo.*

- *Quizá(s)/Tal vez/Seguramente/Posiblemente/Probablemente...* + tiempo verbal de pasado en indicativo (mayor grado de probabilidad)/subjuntivo (menor grado de probabilidad):
  - ● *La doctora Freire no asistió a la clausura del congreso.*
  - ○ *Quizás tuvo/tuviera que regresar antes por alguna razón.*

- *Puede (ser)/Podría ser/Es (im)posible/(im)probable.../Lo más seguro/probable es* + *que* + tiempo verbal de pasado en subjuntivo:
  - — *No les dejaron entrar. Puede ser que no llevaran el carné de identidad.*
  - — *Es bastante probable que hayan decidido adelantar las elecciones.*
  - — *Lo más seguro es que a esas horas estuviera viendo el partido.*

A Quizás ese día [1] **estuviera/esté** disfrutando con su animal favorito. A los que nos gustan los animales nos marcan bastante nuestras primeras mascotas. [2] **Sería/Es** ese el momento en el que se la regalaron. ¡Qué graciosa foto! Yo tengo una prácticamente igual.

B Puede que estas personas [3] **hayan viajado/viajen** por primera vez al extranjero. Por eso es un momento muy especial para ellos. Yo diría que [4] **sean/eran** amigos de la infancia y, cuando han acabado la universidad, han decidido hacer un viaje juntos.

C ¡Ay, qué recuerdos del día de Reyes! Por su cara, es posible que no le [5] **hiciera/haga** mucha gracia el regalo, je, je. Cuando somos niños, ese día no se olvida. Y de hecho, siempre soñamos con volver a ser niños para tener esa ilusión.

D Veo a un grupo de amigos cenando. Lo más probable es que esta persona [6] **salga/saliera** con sus compañeros de trabajo para celebrar la Navidad y se lo [7] **pase/pasara** muy bien. Ese día [8] **sería/era** muy importante para él o ella porque en aquella cena [9] **conociera/conocería** a su pareja.

E Yo creo que esta fotografía es del día de su boda. [10] **Sería/Sea** el momento en el que le estaban tirando el arroz. Probablemente aquel día [11] **fuera/sea** un día muy especial en su vida, por eso ella lo recuerda con cariño. Lo más seguro es que [12] **tuvo/tuviera** después un buen banquete y una estupenda luna de miel.

| 1.3. | Escucha ahora a los propietarios de esos recuerdos y comprueba tus respuestas de la actividad 1.1. ¿Habéis coincidido? ¿A qué imagen se refieren cada uno?
[52]

1 Foto ☐   **2** Foto ☐   **3** Foto ☐   **4** Foto ☐   **5** Foto ☐

| 1.4. | Ahora vas a participar tú en la web *Coleccionistas de recuerdos*. Piensa en una de tus fotografías del pasado y escribe un texto donde describas quiénes aparecen en ella, dónde estáis, qué relación tenéis y por qué es importante este recuerdo para ti.

> | 2 | En el audio anterior ha aparecido un nuevo tiempo verbal: el pretérito pluscuamperfecto de subjuntivo. Leed las siguientes frases extraídas del audio y relacionadlas con su significado.

> 1. ¡Me hubiera encantado tener una luna de miel! . . . . *
> 2. Lo recuerdo como si hubiera sido ayer. . . . . *
> 3. Ojalá hubiéramos seguido en contacto. . . . . *
> 4. Posiblemente no lo hubiéramos hecho en otro momento del año. . *
> 5. Me pareció increíble que todos hubiéramos podido asistir. . . . . . . *

> * a. Hacer una conjetura.
> * b. Valorar una acción.
> * c. Expresar un deseo.
> * d. Expresar una idea imaginaria.
> * e. Lamentarse.

| 2.1. | Lee la información del cuadro sobre este nuevo tiempo verbal y completa los ejemplos conjugando el verbo entre paréntesis en pluscuamperfecto de subjuntivo.

Pretérito pluscuamperfecto de subjuntivo

✗ El pretérito pluscuamperfecto de subjuntivo se forma con el pretérito imperfecto de subjuntivo del verbo *haber* más el participio del verbo principal:

Yo	hubiera/hubiese	
Tú	hubieras/hubieses	
Él/ella/usted	hubiera/hubiese	+ participio
Nosotros/as	hubiéramos/hubiésemos	
Vosotros/as	hubierais/hubieseis	
Ellos/ellas/ustedes	hubieran/hubiesen	

✗ Usamos el pretérito pluscuamperfecto de subjuntivo:

* Para expresar un deseo del pasado que no se ha cumplido:
  − *Ojalá* (estudiar) [1] . . . . *cuando erais jóvenes.*
  − *Me gustaría que me* (avisar, tú) [2] . . . . *antes de venir.*

* Para hablar de hipótesis en el pasado:
  − *Yo quizás* (elegir) [3] . . . . *un color más claro, no me gusta la habitación tan oscura.*
  − *En ese caso, yo le* (echar) [4] . . . . *una mano.*

* Para lamentarse por una situación que no ha pasado:
  ● *Fui a la Feria del Libro y conocí a Almudena Grandes.*
  ○ *¡Me* (encantar) [5] . . . . *conocerla! ¡Soy una apasionada de sus libros!*

* En las oraciones subordinas que llevan subjuntivo, para indicar una acción en el pasado anterior a la principal:
  − *Me pareció fatal que no le* (avisar) [6] . . . . *de que venían.*
  − *Me extrañó que no* (hacer, él) [7] . . . . *sus deberes de clase.*

* Para establecer semejanzas entre dos acciones, pero una de ellas imaginaria, utilizando la partícula *como si*:
  − *Hablas de París como si* (estar) [8] . . . . *allí alguna vez en tu vida.*

| 2.2. | ¿Y tú? ¿De qué cosas te lamentas? ¿Qué deseos te hubiera gustado cumplir? Completa las frases.

> 1. Ojalá . . . .
> 2. Ojalá no . . . .
> 3. ¡Me gustaría . . . . !
> 4. De pequeño/a me parecía increíble que . . . .

> **| 1 |** Piensa en tu vida personal, familiar o profesional. ¿Qué sueños te gustaría o te hubiera gustado realizar? Coméntalo con tus compañeros de grupo.

> **| 2 |** Nuestra vida se construye a partir de las decisiones que tomamos. ¿Qué harías si tuvieras una segunda oportunidad? Lee el siguiente texto de una revista de psicología y ponle un título que lo resuma.

Fíjate

✗ Formular un título para un texto es una estrategia que precisa de la comprensión global de este y de sus ideas principales.

Título

¡A veces nos parece que la vida se vive al revés! Siendo jóvenes y con una perspectiva limitada, tenemos que tomar aquellas cruciales decisiones que moldearán el resto de nuestra vida. Pero podemos aprender (y seremos sabios si lo hacemos) de quienes han adquirido entendimiento de las experiencias de la vida.

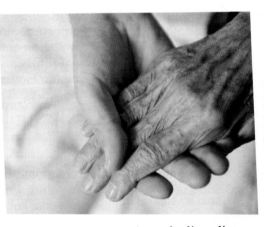

En un estudio psicológico realizado a cincuenta personas mayores de noventa y cinco años de edad, se les preguntó lo siguiente: ¿De poder vivir la vida otra vez, qué haría diferente? De tal cuestión salieron a relucir tres ideas generales: *Si tuviese que hacerlo otra vez... reflexionaría más, arriesgaría más y haría más cosas que perduren después de mi muerte.*

Una mujer muy anciana escribió sobre cómo viviría su vida de poder hacerlo otra vez:

"Cometería más errores la próxima vez, me relajaría, sería más flexible, más tonta de lo que he sido durante este viaje, tomaría menos cosas con seriedad. Sería más arriesgada, escalaría más montañas y nadaría más cantidad de ríos, comería más helados y menos frijoles y quizá tendría más problemas en la actualidad, pero pocos de ellos serían imaginarios. Como puedes ver, soy una de esas personas que ha vivido con sensatez y prudencia hora tras hora y día tras día. Sí, he disfrutado mis buenos momentos, pero si pudiese hacerlo de nuevo, tendría muchos más. De hecho, no intentaría vivir más que momentos, uno tras otro, en vez de vivir tantos años por delante".

Es obvio que se trata de pensamientos en una situación especial y, por tanto, con una objetividad limitada. Además, es complicado que en nuestro ajetreado día a día seamos conscientes de nuestra vulnerabilidad como personas. Aun así, todos sabemos que estamos aquí de paso, y desconocemos hasta cuándo. Quizá demasiado a menudo actuemos como si no fuéramos a morir nunca, como si no tuviéramos "fecha de caducidad". Y es así como vamos dejando nuestros proyectos o deseos para "cuando tenga tiempo", "cuando tenga dinero", "más adelante", "cuando me jubile", "cuando mis hijos se independicen", etc. Quizá pueda sernos útil reflexionar sobre estas promesas incumplidas, y quizá ello nos ayude a decidirnos a sustituir lo de "intentar" por lo de "lo estoy haciendo" o "voy a hacerlo".

Adaptado de http://www.renuevodeplenitud.com

| 2.1. | Comparte tu título con el resto de tus compañeros de grupo. ¿Cuál es el más acertado?

| **2.2.** | 👤 ⚙️ Analiza la siguiente frase extraída del texto y elige la opción correcta.

Si tuviese que hacerlo otra vez, *reflexionaría* más, *arriesgaría* más y *haría* más cosas...
  ⌄ (Condición)   ⌄ (Cumplimiento)

1 ☐ Hace referencia a una condición que se cree que se cumple o se cumplirá.

2 ☐ Se expresan hechos que se consideran de muy difícil o imposible realización.

3 ☐ Se describe un hecho que no se ha producido en el pasado.

| **2.3.** | 👤 ⚙️ Lee la información del siguiente cuadro y comprueba tu respuesta anterior.

Oraciones condicionales reales e irreales en presente y futuro

Las oraciones condicionales expresan una condición para que se cumpla la acción de la oración principal. Según el grado de probabilidad de cumplimiento de la condición, pueden ser:

✗ Oraciones condicionales **reales**. Se usan para hablar de condiciones (en el presente o en el futuro) cuyo cumplimiento es **posible** que se produzca. Su estructura es:

• *Si* + **indicativo** + **indicativo** (presente, futuro o imperativo):
  – *Si termino pronto mi trabajo, me acerco a tu casa.*
  – *Si acabo la universidad, me marcharé del país.*
  – *Si te apetece, ven a mi fiesta.*

✗ Oraciones condicionales **irreales en el presente**. Sirven para hablar de condiciones hipotéticas (en el presente o en el futuro) cuyo cumplimiento es **poco probable** o **imposible** (porque son situaciones imaginarias) en el presente o en el futuro. Su estructura es:

• *Si* + **imperfecto de subjuntivo** + **condicional simple**:
  – *Si me subieran el sueldo, me compraría un coche.*
    (Es poco probable que me lo suban, por lo tanto ahora es una situación irreal).
  – *Si volviera a nacer, cambiaría muchas cosas en mi vida.*
    (Es una condición imposible, ya que es una situación irreal o imaginaria).

• En el lenguaje coloquial se puede usar, en lugar del condicional, el pretérito imperfecto de indicativo:
  – *Si estuviera aquí, le decía cuatro cosas bien dichas.*

• Otra estructura que expresa este tipo de condición es *De* + **infinitivo** + **condicional simple**:
  – *De tocarme hoy la lotería, viajaría por todo el mundo.*

| **2.4.** | 👤 ⚙️ En el blog *Muy interesante* le han preguntado a sus lectores: *¿Qué cambiarías si pudieras volver atrás?* Completa los comentarios con los verbos del recuadro en la forma adecuada y relaciona cada uno con la persona que crees que lo dice.

54 años. Director ejecutivo. Casado y con tres hijos.

51 años. Ama de casa. Casada sin hijos.

39 años. Médico cooperante. Separado.

44 años. Abogada. Con pareja.

CONTINÚA »

> ✗ dar ✗ tener ✗ poder (2) ✗ volver ✗ empezar ✗ existir ✗ ser ✗ elegir ✗ conocer

1 **Fotografía** ☐ 18 de mayo, 20:34

Si [1] .... volver atrás, lo cambiaría casi todo: realizaría la carrera que no pude hacer, no me casaría, sino que conviviría con mi chica y, sobre todo, no tocaría el tabaco. Si [2] .... de nuevo en este trabajo, no me sacrificaría tanto por los demás y miraría más por mí. De [3] .... que empezar a montar en moto, sería más cobarde, menos loco... Si [4] .... de nuevo a mi exmujer, aprendería a expresar mis sentimientos y opiniones para evitar conflictos con ella. Intentaría ser más feliz y disfrutaría más el momento. De los errores se aprende. Quizás sea una forma de cambiar las cosas para un futuro.

2 **Fotografía** ☐ 13 de mayo, 15:46

La pregunta es un poco difícil. Si [5] .... atrás, lucharía por evitar el sufrimiento, el desengaño y la injusticia, así en general. Y en particular, cambiaría el haber sido tan insegura y tan indecisa esperando que otros tomaran decisiones por mí durante mi adolescencia, porque, hoy, de adulta, esa falta de seguridad y de carácter me ha traído muchísimos problemas. Pero lo hecho, hecho está. Si [6] .... joven, viviría más la juventud y no me hubiera casado tan pronto. Además, viajaría más antes de empezar a trabajar. Tendría el coraje de vivir la vida que yo quería y no la que los demás esperaban de mí.

3 **Fotografía** ☐ 26 de abril, 09:14

Un día alguien dijo en una canción: "Si [7] .... los trasplantes de vida, me sometería a uno". Pues sí, estoy totalmente de acuerdo. Yo cambiaría momentos en los que con las prisas no disfruté de mis hijos. Siempre he estado muy metido en el trabajo, intentando promocionarme dentro de la empresa. De [8] .... rebobinar, pasaría más tiempo con la familia. Eso lo tengo claro. Disfrutaría más de la lectura, andaría más por la montaña en vez de estar tanto en el sofá... ¡Cambiaría tantas cosas que podrían haber sido mejores...!

4 **Fotografía** ☐ 18 de abril, 22:55

Yo cambiaría ese tiempo que, a veces sin darnos cuenta, perdemos en la juventud, para dedicarlo a hacer esas cosas importantes que no pude hacer. De [9] .... una nueva profesión, sería maestra. Me encantan los niños. Me frustra eso de estar tantas horas en el bufete. Cambiaría también ese tiempo pasado, cuando las necesidades me absorbían impidiéndome poder ocuparme de otras cosas también muy importantes. Pero jamás cambiaría los errores que cometí en el pasado, porque de ellos he aprendido, me han ayudado a madurar. Si [10] .... marcha atrás, haría todo lo que no pude hacer y para lo que ya es demasiado tarde.

Opiniones extraídas de http://miplumadecristal.blogspot.com.es

| **2.5.** | Imagina que tienes otra oportunidad en la vida. Escribe sobre ello. ¿Qué cambiarías con respecto a...?

- ✓ el trabajo
- ✓ los estudios
- ✓ las relaciones sociales
- ✓ las relaciones familiares
- ✓ tu casa
- ✓ tu aspecto físico

Ejemplo: *Si viviera más cerca de mis padres, los visitaría cada semana.*

| **2.6.** | Johnny Welch es un mexicano que en Estados Unidos es considerado el mejor ventrílocuo del mundo. Su principal marioneta, Mofles, toma la palabra para contarnos sus sueños. Relacionad las partes del texto que os va a dar el profesor. Luego, escuchad y comprobad vuesta respuesta.

| 2.7. | 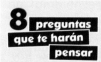 Completa el siguiente cuestionario. Después, hazle las preguntas a tu compañero y anota sus respuestas. ¿En qué habéis coincidido?

8 preguntas que te harán pensar

1 ¿Cómo de viejo/a te sentirías si no supieras la edad que tienes?
2 ¿Cuál es la primera cosa que cambiarías en tu vida?
3 Si pudieras ofrecerle a un niño un solo consejo, ¿cuál sería?
4 Si tuvieras que ayudar a un ser querido, ¿violarías la ley?
5 Si tu casa se estuviera incendiando y solo pudieras salvar una cosa, ¿cuál sería?
6 Si supieras que el mundo se va a acabar mañana, ¿qué lugar visitarías?
7 Si tuvieras que tatuarte ahora algo, ¿qué sería?
8 ¿Qué harías si supieras que nadie te va a juzgar por ello?

| Intercultura |

> | 3 | Otras personas intentan perseguir sus sueños para luego no lamentarse por ello. Lee la historia de Vicki Subirana y di si las afirmaciones son verdaderas o falsas.

VICKI SUBIRANA

UNA MAESTRA en KATMANDÚ

Victoria Subirana, cooperante y pedagoga, tiene a sus espaldas más de 20 años educando a los niños más pobres de Nepal.

Un día, Vicki Subirana decidió cumplir su deseo de crear la mejor escuela para los niños más pobres y desamparados de Nepal, así que abandonó su casa, su pareja, su familia y su trabajo, y voló hasta allí para comenzar esta aventura personal y colectiva. La protagonista de esta aventura estudió Magisterio en la Universidad de Vic (Barcelona) y en 1989, tras diez años como maestra en Ripoll, fundó un parvulario para 32 niños refugiados tibetanos y de otras etnias.

Con esta decisión, Subirana apartó de su futuro el destino que está escrito para una familia humilde de Ripoll: "Estudiarás si te lo puedes permitir, trabajarás desde que tus manos puedan utilizar herramientas, te casarás, tendrás hijos, envejecerás y te irás al otro mundo". Ese ambiente "cerrado y dirigido" y todo aquello que forma parte de una vida gris se sumaron a las ganas de ayudar a otros y, juntos, fueron los detonantes para que soñar se convirtiera en el mayor "defecto" de la protagonista de esta historia. La idea de viajar al Tíbet se forjó en su cabeza poco a poco, y ni siquiera ella sabe cómo sucedió.

Su viaje comenzó "accidentado", pero después de tres días seguidos llorando, conoció a un monje que la introdujo en un monasterio budista. "Soy feliz aquí", escribió en una de sus cartas. El 4 de marzo de 1991 comenzó el curso de su escuela y, a partir de ese momento, Vicki empezó a escribir en un diario las experiencias que ahora ha publicado en el libro titulado: *Una maestra en Katmandú*. En su aventura, tuvo que enfrentarse a la falta de recursos, la barrera del idioma, la variedad de etnias y castas, los ritos…, pero, con paciencia, consiguió superar los obstáculos hasta convertir la escuela Daleki en una realidad. "La verdad es que si yo no hubiera sido mujer, si hubiera sido hombre, tal vez no hubiera tenido tantas dificultades para llevar a cabo este proyecto educativo", comentaba Vicki en una de sus recientes entrevistas.

Extraído de http://www.europapress.es/cultura

	Verdadero	Falso
1 Vicki contó con el apoyo de su pareja para cumplir su sueño.	☐	☐
2 Ya contaba con experiencia en la educación antes de marcharse a Nepal.	☐	☐
3 Vicki no siguió el rumbo que le había marcado su familia.	☐	☐
4 Sus ganas de ayudar al prójimo se forjaron en el Tíbet.	☐	☐
5 Sus experiencias han quedado plasmadas en un libro.	☐	☐
6 Desde el primer momento, le facilitaron las cosas para montar una escuela solo por el hecho de ser mujer.	☐	☐

| 3.1. | ¿Conoces a alguien de tu entorno que haya dedicado su vida a un ideal o a cumplir un sueño? Cuéntaselo al resto de la clase.

| 3.2. | Continuad leyendo algunas declaraciones de Vicki Subirana donde habla de las circunstancias que le habrían impedido realizar su sueño. Después, completad el cuadro gramatical añadiendo el ejemplo correspondiente del texto en cada caso.

> *Desde joven tenía inquietudes que no me permitían quedarme tranquila y una idea empezaba a germinar en mi interior: la idea de viajar a Nepal. Salí pensando que regresaría a España a los pocos meses, como otras tantas veces, **siempre y cuando** mi estancia en Nepal no me rompiera los esquemas y cambiara por completo mi forma de ser y de ver el mundo; pero **a no ser que** me entregara a la educación, mi sueño sería un imposible. Pensaba que volvería a ver a mi pareja, **excepto si** él se cansara de una relación a distancia; creía que volvería al trabajo que tenía, **excepto que** encontrara aquí mi destino... A pesar de todo, ahora soy feliz, en la escuela infantil, y todas estas cosas quedan en la memoria para siempre.*

Conectores condicionales

✗ Para expresar la **condición imprescindible** para que se produzca algo (si la condición no se da, es imposible que se produzca la acción principal), usamos la estructura:

- *Siempre que*/[1] ..../*Con tal de que*/*A condición de que* + subjuntivo:
  — *Te prestaré mi coche siempre que lo cuides como si fuera tuyo.*
  — *Acepté alojarme en su casa a condición de que nunca se sintieran obligados conmigo.*
  — _____

✗ Para expresar una condición que el hablante siente como **la única** que puede darse para que se produzca o no se produzca algo, usamos:

- [2] ..../*A menos que*/[3] ..../*Salvo que* + subjuntivo
  — Presentan la condición como un obstáculo, es decir, no se debe dar la condición para que la acción ocurra:
    — *No acudiré a la inauguración de su local a menos que me invite expresamente.*
    — _____
    — _____

- Las estructuras [4] ..../*Salvo si* siguen las reglas de la conjunción *si* para determinar el modo verbal de indicativo o subjuntivo:
  — *Mañana tenemos planes de salir, así que no podemos quedar a comer, excepto si llueve.*
  — *No abras la puerta a ningún desconocido, salvo si te avisan antes por el telefonillo.*
  — _____

| 3.3. | Ahora, comenta con tus compañeros en qué caso o condiciones dejarías todo para cumplir un sueño.

> Ejemplo: *Dejaría todo y me dedicaría a la pintura, que es mi verdadera vocación, siempre y cuando me permitiera vivir de ello.*

3 HECHOS HISTÓRICOS

>| 1 | Responde a este cuestionario por escrito. Después, habla con tus compañeros para ver en qué coincidís.

1 ¿Te gusta la historia?

2 ¿Conoces bien la historia reciente de tu país?

3 ¿Tus padres y abuelos te hablan o te hablaron alguna vez de los acontecimientos históricos más importantes que han vivido o vivieron? Cuéntanos alguno.

4 ¿Crees que es importante recordar la historia? ¿Por qué?

5 ¿Cuáles son los cinco acontecimientos históricos más importantes para ti de los últimos cien años? ¿Coincidís?

6 ¿Qué cambiarías de la historia? ¿Por qué?

7 Si pudieras viajar en el tiempo, ¿a qué época te gustaría ir?

| **1.1.** | El periódico *20 minutos* ha realizado una encuesta preguntando a varias personas en qué hecho histórico les hubiera gustado estar presentes. Estos son los más votados. ¿Y a ti? ¿Qué hecho histórico te hubiera gustado presenciar? Habla con tu compañero y justifica tu respuesta.

1 Construcción de la Gran Pirámide de Giza (2570 a. C.).
2 Caída del muro de Berlín (1989).
3 Alunizaje del Apolo 11 (1969).
4 Toma de la Bastilla (1789).
5 Viaje inaugural del Titanic (1912).
6 Coronación de Isabel I de Castilla (1451).
7 Inauguración de la Torre Eiffel (1889).
8 Asesinato de John F. Kennedy (1963).

| **Cultura** |

> | **2** | A continuación, te presentamos algunos hechos históricos relevantes de España e Hispanoamérica. ¿Sabes algo más sobre ellos? Lee los textos, busca información extra y anótala. De momento, no contestes a las preguntas que se formulan.

ARGENTINA

El 17 de octubre de 1945 liberan al Coronel Perón. Una gran movilización obrera y sindical exigía la liberación del coronel Juan Domingo Perón, promotor de los derechos de los trabajadores y, por ello, detenido por el gobierno militar de Farrell. Miles de trabajadores marcharon desde el conurbano hasta la Plaza de Mayo coreando consignas en favor de Perón. Ese día nació el peronismo.

¿Qué habría pasado si no hubieran liberado a Perón?

PANAMÁ

El canal de Panamá es una vía de navegación interoceánica, entre el mar Caribe y el océano Pacífico, que atraviesa el istmo de Panamá en su punto más estrecho. Desde su inauguración, el día 15 de agosto de 1914, ha conseguido acortar en tiempo y distancia la comunicación marítima, al proporcionar una vía de tránsito corta que ha dinamizado el intercambio comercial y ha facilitado el crecimiento económico de los países desarrollados y en vías de desarrollo.

¿Qué hubiera pasado si no hubiera podido construirse el canal?

AMÉRICA CENTRAL

El 15 de septiembre de 1821, Costa Rica, junto con el resto de Centroamérica, declaró su independencia de España. Tras una serie de rebeliones relativamente leves en 1811 y 1814, Costa Rica logró la independencia de España el mismo día que el resto de países de América Central. Uno de los eventos importantes es la llegada de la antorcha de la libertad a Cartago. La antorcha simboliza la llegada de la noticia de la independencia a toda Centroamérica. El recorrido usualmente comienza en Guatemala.

¿De no haberse independizado, habrían seguido siendo españolas?

ESPAÑA

El primer ferrocarril español se construyó en Cuba en 1837 (entonces colonia española). Era la línea La Habana-Güines. Unos años más tarde, en 1848, se construyó en España la línea de Barcelona a Mataró. La línea, todavía hoy en uso, contaba con una longitud de 29,1 km. A partir de esa fecha se produciría una rápida expansión con la construcción de numerosas líneas de ferrocarril.

¿Si no se hubiera inventado el ferrocarril, qué medio de transporte sería su sustituto?

| **2.1.** | Compartid los nuevos datos que habéis encontrado para saber más sobre estos hechos históricos.

| **2.2.** | 👤 ⚙️ Vuelve a leer los textos anteriores y completa el cuadro.

Oraciones condicionales irreales en el pasado

✗ Para hablar de condiciones sobre el pasado que son [1] ☐ **posibles**/ ☐ **imposibles** de realizar porque nunca han ocurrido y cuyas consecuencias se refieren al [2] ☐ **pasado**/ ☐ **presente y futuro**, usamos:

- *Si* + **pluscuamperfecto de subjuntivo** + **condicional simple**:
  – *Si hubiera estudiado más, ahora no estaría lamentándose.*
    (No estudió lo suficiente y ahora se está lamentando por ello).

- En el lenguaje coloquial, se puede usar en lugar del condicional el **pretérito imperfecto** de indicativo:
  – *Si hubiera encontrado trabajo, me compraba un coche.*

✗ Para hablar de condiciones en el pasado que son [3] ☐ **posibles**/ ☐ **imposibles** de realizar porque nunca han ocurrido y cuyas consecuencias se refieren al [4] ☐ **pasado**/ ☐ **presente y futuro**, usamos:

- *Si* + **pluscuamperfecto de subjuntivo** + [5] ..../[6] .... **de subjuntivo**:
  – *Si hubiera conseguido la beca Erasmus, habría elegido/hubiera elegido Alemania para ir a estudiar.*
    (No consiguió la beca y no fue allí a estudiar).

- *De* + **infinitivo compuesto** + **condicional compuesto/pluscuamperfecto de subjuntivo**:
  – *De haberlo sabido, te lo habría/hubiera dicho.*

📢 **Fíjate**

✗ Para formar el **condicional compuesto**, se usa el verbo *haber* en condicional simple y el participio del verbo principal:

Yo	habría	
Tú	habrías	
Él/ella/usted	habría	
Nosotros/as	habríamos	+ participio
Vosotros/as	habríais	
Ellos/ellas/ustedes	habrían	

| **2.3.** | 👤 ⚙️ Transforma las siguientes frases como en el ejemplo.

Ejemplo: *Irse a vivir a Estados Unidos/ahora hablar inglés muy bien.*
     Si me hubiera ido a vivir a Estados Unidos, ahora hablaría inglés muy bien.

1 Dejar a Enrique antes/no encontrarte en el estado en el que te encuentras.
Si ....

2 Comprarte las gafas de sol/no dolerte la cabeza ahora.
De ....

3 Estudiar más de joven/ahora tener un buen trabajo.
Si ....

4 Nacer en una familia acomodada/ir a estudiar al extranjero.
De ....

5 No descubrirse el fuego/nuestros antepasados morirse de frío.
Si ....

6 El domingo salir un poco/aburrirte tanto.
De ....

| **2.4.** | 👥 💬 Volved al texto de la actividad 2 y, con la información que tenéis, responded a las preguntas que se formulan.

| **2.5.** | Fíjate en las siguientes preguntas y escribe tres más relacionadas con acontecimientos históricos. Luego, con tu compañero, contestad a todas las preguntas.

> ¿Qué habría pasado o pasaría en el mundo...

- si no hubiera existido el Imperio romano?
- si Gandhi no hubiera nacido?
- si no hubiera caído el muro de Berlín?
- de no haberse inventado Internet?
- . . . .
- . . . .
- . . . .

Grupo cooperativo

> **3** | Vamos a presentar otros hechos históricos. Seguid las pautas.

> **1** Dividid la clase en varios grupos. Cada grupo deberá elegir un país de Hispanoamérica.

> **2** Buscad información sobre un hecho histórico relevante de ese país, sus causas y sus consecuencias.

> **3** Preparad una presentación para vuestros compañeros.

> **4** Uno de vosotros será el encargado de redactar el texto correctamente. No olvidéis incluir qué habría pasado si no se hubiera producido ese acontecimiento.

> **5** Revisad el guion antes de presentarlo al resto de la clase.

> **6** Elegid a la persona del grupo que va a leer el trabajo al resto de la clase.

> **7** Decidid entre todos cuál es el trabajo más interesante.

> **4** | ¿Te has preguntado alguna vez cómo hubiera sido tu vida si hubieses tomado otras decisiones distintas a las que tomaste? Piensa en tres o cuatro momentos de tu vida en los que te viste en un dilema, y explícales a tus compañeros de grupo qué pasó y qué piensas que habría pasado si hubieras actuado de otra forma.

4 TIEMPO AL TIEMPO

> **1** | ¿Qué significa el dicho que da título a este epígrafe? Piensa en un contexto donde usarlo. ¿Conoces otros dichos o algún refrán en español? Haz una lista y explica su significado. Comparte tu lista con tus compañeros, añadiendo los refranes que más te llamen la atención.

| **1.1.** | ¿Quién utiliza más los refranes y los dichos al hablar, tus padres, tus abuelos o tú? ¿Cuál crees que es la razón? Coméntalo con tus compañeros.

Fíjate

× Los refranes o dichos son reflejo de la filosofía popular, son "fósiles" de la lengua que increíblemente perduran a través del tiempo.

>| 2 | Vas a leer un texto sobre el refranero español. Antes de hacerlo, señala las afirmaciones que te parecen que son verdaderas.

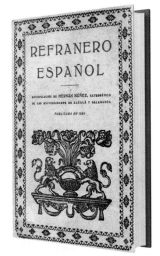

	Verdadero	Falso
1. Los refranes aparecen reflejados en la literatura española desde el siglo XIV.	☐	☐
2. En español, existen más de cien mil refranes.	☐	☐
3. Solo los usa la gente mayor, es algo anticuado.	☐	☐
4. Todos conocen el origen de los refranes.	☐	☐
5. Los refranes emiten una opinión de grupo.	☐	☐

| 2.1. | Ahora, lee el texto y comprueba tus respuestas.

El refranero español es uno de los más completos compendios de filosofía y saber popular que se conocen en el mundo. Los casi cien mil refranes que se registran en la lengua castellana dan pie a un extraordinario material que representa uno de los grandes valores aportados esencialmente por el pueblo, y que los españoles siempre tenemos en cuenta en nuestra vida cotidiana, puesto que nunca faltan uno o varios refranes para ilustrar una conversación (cualquier momento del día, cualquier rincón de nuestra existencia…). La literatura clásica, desde el *Libro de Buen Amor*, del siglo XIV, es un magnífico exponente de la tradición refranera española.

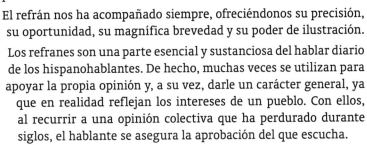

Al mal tiempo, buena cara.

El refrán nos ha acompañado siempre, ofreciéndonos su precisión, su oportunidad, su magnífica brevedad y su poder de ilustración.

Los refranes son una parte esencial y sustanciosa del hablar diario de los hispanohablantes. De hecho, muchas veces se utilizan para apoyar la propia opinión y, a su vez, darle un carácter general, ya que en realidad reflejan los intereses de un pueblo. Con ellos, al recurrir a una opinión colectiva que ha perdurado durante siglos, el hablante se asegura la aprobación del que escucha.

Frases como: "ya sabes", "ya se sabe", "ya lo dice el refrán" o "como dice el refrán" introducen este tipo de estructuras. Y si usamos algunos refranes muy conocidos, solo enunciaremos su primera parte y los dejaremos en suspensión: "Dime con quién andas…". Y otra cosa: pocas personas sabrán explicar el origen de los refranes que usan.

Adaptado de http://www.totana.com

>| 3 | Relaciona la columna de la izquierda con la de la derecha, de forma que construyas dichos o refranes. Fíjate en el lenguaje que utilizan como pista para poderlos relacionar: estructuras paralelas, repetición de palabras, rimas… Trabaja con tu compañero.

1. De tal palo, ... ✳	✳ a. tiene un tesoro.
2. Segundas partes .... ✳	✳ b. que nunca.
3. Ojos que no ven, ... ✳	✳ c. nunca fueron buenas.
4. Sobre gustos .... ✳	✳ d. rey puesto.
5. Afortunado en el juego, ... ✳	✳ e. otorga.
6. Dios los cría, ... ✳	✳ f. corazón que no siente.
7. Más vale tarde .... ✳	✳ g. y ellos se juntan.
8. Quien calla, ... ✳	✳ h. tal astilla.
9. A rey muerto, ... ✳	✳ i. no hay nada escrito.
10. Quien tiene un amigo, ... ✳	✳ j. desgraciado en amores.

| **3.1.** | Ahora relaciona los refranes anteriores con su significado.

A ☐ Si no dices lo contrario, quiere decir que estás de acuerdo con lo que se ha dicho anteriormente.

B ☐ Los hijos actúan igual que los padres.

C ☐ Se dice cuando se olvida una relación sentimental al iniciar otra.

D ☐ Si no sabes algo que puede hacerte daño, no sufres.

E ☐ Puedes ganar dinero en los juegos de azar, pero no tendrás la misma suerte en tu vida sentimental.

F ☐ La amistad tiene un gran valor.

G ☐ Se dice cuando llevas mucho tiempo esperando algo y, por fin, llega.

H ☐ Las personas que tienen el mismo carácter o se comportan de forma idéntica acaban por relacionarse entre ellas.

I ☐ Suele decirse cuando estás sorprendido por los gustos de otra persona.

J ☐ Si un periodo de tu vida (trabajo, vida sentimental…) no ha funcionado, hay que cerrarlo completamente y no volver a él. En caso contrario, seguiría sin funcionar.

| **3.2.** | Vas a escuchar a dos personas que hablan de diferentes temas. Piensa en un refrán
|54| de los que has aprendido que se pueda aplicar a cada uno de ellos, y escríbelo a continuación.

1 ....   4 ....
2 ....   5 ....
3 ....   6 ....

| **Intercultura** |

>| **4** | ¿Existen en tu lengua refranes parecidos a los de la actividad anterior? ¿En qué se diferencian? Compártelo con el resto de la clase.

---

5 ▸ ACENTUACIÓN GRÁFICA (2): LA TILDE EN LAS PALABRAS COMPUESTAS, VOCES LATINAS Y VOCES ADAPTADAS

>| **1** | Lee la información del cuadro, acentúa las palabras del recuadro en caso necesario y, luego, colócalas en su lugar correspondiente.

✗ accesit	✗ item	✗ historico-critico-bibliografico
✗ buscapies	✗ hispano-belga	✗ curriculum
✗ franco-aleman	✗ buenamente	✗ asimismo
✗ Paris	✗ bunker	✗ Windsor
✗ facilmente	✗ decimoseptimo	✗ timidamente

La tilde en palabras compuestas, voces latinas y voces adaptadas

✗ Las **palabras compuestas**

• Las palabras compuestas por dos étimos unidos siguen las normas generales de acentuación: [1] ....,
.........................., ...

• Los adverbios terminados en –*mente* conservan la tilde si su correspondiente adjetivo la lleva. Estas palabras tienen dos acentos fónicos: [2] ...., ...,

• Las palabras compuestas de dos o más adjetivos separados por guion mantienen su tilde ortográfica si las palabras independientes la llevan: [3] ...., ...
....

✗ Las **voces latinas** usadas en español se rigen por las reglas generales de acentuación: [4] ....,
.........................., ...

CONTINÚA ▸▸

La tilde en palabras compuestas, voces latinas y voces adaptadas (Cont.)

x En las **palabras de otras lenguas** que, por su falta de adaptación a la nuestra, escribimos con letra cursiva o entre comillas, así como en los nombres propios originales de tales lenguas, no se utilizará ningún acento que no exista en el idioma a que pertenecen: [5] ....

    • Si se trata de voces ya incorporadas a nuestra lengua o adaptadas completamente a su pronunciación y escritura, llevarán tilde cuando lo exija la acentuación del español: [6] ...., ...

Recuerda

x Recuerda que las mayúsculas se acentúan siempre y cuando las reglas generales de acentuación lo exijan.

>| 2 | Escribe un texto en el que aparezcan, como mínimo, diez ejemplos con palabras compuestas, latinas y adaptadas. Puedes usar el diccionario.

¿Qué he aprendido?

1 **Completa las siguientes frases.**

1. Si vienes, ...
2. .... más dinero.
3. Si viviera en otro país, ...
4. ...., me habría sacado el carné de conducir.
5. De volver a la niñez, ...
6. Si hubiera sido ...., ahora ....

2 **Completa las siguientes frases.**

1. Iremos juntos de viaje, siempre y cuando… ....
2. Reservaré el restaurante por Internet, a menos que… ....
3. Tendré que rechazar su propuesta, salvo si… ....
4. Llegaremos pronto, a no ser que… ....
5. Aprobará el examen, excepto si/que… ....

3 **Describe una situación para responder con cada uno de estos refranes.**

1. Quien calla, otorga: ....
2. A rey muerto, rey puesto: ....
3. Más vale tarde que nunca: ....
4. Sobre gustos no hay nada escrito: ....

4 **Piensa en un hecho histórico de los que has trabajado en esta unidad y escribe tres hipótesis que expresen lo que hubiera ocurrido si no se hubiera producido.**

Hecho	Tu hipótesis
1.	....
2.	....
3.	....

5 **Marca las opciones con las que estés de acuerdo.** *Conocer los refranes me sirve para…*

☐ …aprender vocabulario.   ☐ …escribir correctamente.

☐ …conocer la cultura española.   ☐ …comprender un texto.

☐ …comprender a un hablante.   ☐ …saber el origen de las palabras.

Contenidos funcionales

- Expresar sentimientos, gustos y emociones.
- Hablar de experiencias relacionadas con los viajes.
- Hablar de olores y sabores, y de recuerdos asociados a estos.
- Expresar propósito y finalidad.

Contenidos gramaticales

- Verbos de sentimiento: *gustar*, *alegrarse*, *sentir*, *sorprenderse*, *estar harto de...*
- Oraciones y conectores finales.

Tipos de texto y léxico

- Crítica gastronómica.
- Receta de cocina.
- Foro.
- Testimonio.
- Conferencia.
- Léxico relacionado con los viajes y la geografía.
- Léxico relacionado con la gastronomía y los sentidos.
- Expresiones idiomáticas relacionadas con la comida.

El componente estratégico

- Expresar sentimientos a partir de la visualización de imágenes.
- Conocer las palabras clave de un texto como estrategia para la comprensión auditiva.
- Realizar una lectura con el objetivo de resumir un texto.
- Promover una actitud de curiosidad hacia la gastronomía española.

Contenidos culturales

- Chile.
- Los restaurantes Casa Botín, Celler de Can Roca y Sublimotion.
- Literatura: Isabel Allende, Proust, Vázquez-Montalbán, Laura Esquivel y Carmen Martín-Gaite.

Fonética/Ortografía

- Símbolos alfabetizables y no alfabetizables en español.

---

1 SORPRESAS TE DA LA VIDA

> | 1 | Observa la siguiente página web de viajes. ¿Qué sensaciones te provocan estos lugares? Coméntalo con tu compañero.

www.viajar-sintiendo.com

VIAJAR SINTIENDO

Archivo | Foro | Contacto

Lugares que antes eran indiferentes para nosotros logran que nuestro corazón se desboque con solo escuchar nombrarlos. Hay recuerdos que son capaces de despertarnos estas sensaciones porque no viven en nuestra cabeza, sino en nuestro corazón, y es entonces cuando la mejor manera de ver es cerrando los ojos.

| 1.1. | Las fotografías que aparecen en la página web anterior corresponden a algunos lugares muy conocidos de Chile. ¿Los conocéis? ¿Qué sabéis de este país? ¿Cómo es? ¿Qué tipo de paisaje y clima creéis que tiene?

| 1.2. | Mira las fotografías de nuevo y relaciona las siguientes palabras con su lugar correspondiente. Puedes usar el diccionario.

- ✗ cordillera
- ✗ archipiélago
- ✗ hielo
- ✗ lago
- ✗ edificios
- ✗ llama
- ✗ guanaco
- ✗ ñandú
- ✗ iceberg
- ✗ navegar
- ✗ termas
- ✗ rascacielos
- ✗ autopistas
- ✗ islote
- ✗ cima

1 Santiago de Chile: ....

2 Isla de Chiloé: ....

3 Parque Nacional Torres del Paine: ....

4 Glaciar Grey: ....

| 1.3. |
| 55 | Un grupo de amigos ha experimentado las sensaciones de las que se habla en la página web después de hacer un viaje a Chile. Escucha sus recuerdos del viaje y completa la tabla. ¿Consideras que tienen buenos o malos recuerdos?

¿Qué lugares visitaron?	¿Qué vieron allí?	¿Qué costumbre o tradición conocieron?	¿Qué anécdotas cuentan?
1	Iglesia de San Francisco.		
2 Puerto Montt (Isla de Chiloé).		Comer curanto.	No dormir bien por la leyenda del Caleuche.
3 Parque Nacional Torres del Paine.			

> | 2 | Leed algunos recuerdos de viajes inolvidables que algunas personas han escrito en un foro. ¿Puedes compartir con tu compañero una experiencia similar?

Foro. ¡Qué buenos momentos!

Recordar: del latín *re-cordis*, volver a pasar por el corazón.

 # Estela Recuerdo un viaje a Roma con mi madre cuando tenía quince años. Me encantaba que mi madre me explicara el estilo de los monumentos que visitábamos. Esto es lo que hizo que yo me convirtiera en una apasionada del arte. Me acuerdo de que uno de los días casi me atropella una moto. Me ponía enferma que los conductores no pararan ni en los pasos de cebra.

 # Pedro Hace quince años mi novia y yo recorrimos algunos países de Sudamérica en caravana. Me ilusionaba mucho conocer la Patagonia, pero no lo conseguimos porque no nos renovaron el visado y tuvimos que regresar a España.

 # Alberto A mis padres les extrañó que un día yo decidiera coger la mochila y hacer el camino de Santiago solo, ¡a mí, que siempre me gustaba viajar con los amigos a Ibiza! Todavía recuerdo este viaje, los amigos que hice y las buenas experiencias que tuve.

 # Tania Hace tres años viajé a Delhi, en la India, para hacer un reportaje fotográfico. Cuando andaba por las calles, me fascinaban los olores, los colores y la gente. Lo que más me horrorizó de ese viaje fue que hubiera tanta mendicidad y desigualdad. Pero, pese a ello, volvería con los ojos cerrados.

| 2.1. | 🌐⚙️ Localizad en los textos anteriores las expresiones utilizadas para hablar de sentimientos e indicad a cuál de los usos corresponden de los que aparecen a continuación.

1 ☐ Expresar un sentimiento sobre lo que otra persona hace normalmente.

2 ☐ Expresar un deseo hipotético para uno mismo o para otras personas.

3 ☐ Expresar un sentimiento sobre lo que hizo uno mismo u otra persona, o sobre lo que pasó en el pasado.

4 ☐ Expresar un sentimiento sobre lo que hizo uno mismo u otra persona, en un momento cercano al presente.

| 2.2. | 👥⚙️ Lee la información del cuadro sobre cómo expresar sentimientos en español y complétalo con las siguientes palabras.

- ✖ hartazgo
- ✖ aburrimiento
- ✖ nerviosismo
- ✖ enfado y decepción
- ✖ sorpresa y extrañeza
- ✖ gusto y satisfacción
- ✖ aversión
- ✖ vergüenza
- ✖ alegría
- ✖ admiración y orgullo
- ✖ miedo y preocupación
- ✖ tristeza y arrepentimiento

Expresar sentimientos, gustos y emociones

✖ Para expresar sentimientos en un momento del pasado, se usan las siguientes estructuras:

- – *Me fascinaban* los olores, los colores y la gente. (con sustantivo)
- – *Me ilusionaba* mucho conocer la Patagonia. (con infinitivo, cuando el sujeto es el mismo)
- – *Me encantaba que* mi madre me explicara… (con pasados de subjuntivo, cuando el sujeto es diferente)
- – Mi hermana *se entusiasmaba cuando* le contaba cosas de mis viajes. (*cuando* + pasados de indicativo)

📣 **Recuerda**

✖ Para expresar sentimientos sobre lo que otra persona hace, se usa el **presente de subjuntivo**:

- – *Me fascina que* <u>hagan</u> postres tan buenos en España.

✖ Para expresar sentimientos sobre lo que otra persona ha hecho, se usa el **pretérito perfecto de subjuntivo**:

- – *Me encanta que* me <u>hayas descubierto</u> lo interesante que es cocinar.

✖ Los verbos de sentimientos son aquellos que usamos para expresar:

- • [1] .... :
  - – *Me gustaba/encantaba* que mis abuelos vinieran los fines de semana a vernos.
  - – De pequeño *le entusiasmaba/fascinaba* que le llevaran al puerto a ver los barcos zarpar.
- • [2] .... :
  - – *Estaban encantados/contentos de* que fuéramos a visitarlos.
  - – *Se alegró (mucho) de* que hubieras llegado bien a Argentina.
  - – *Fue estupendo/fantástico* conocer la gastronomía francesa.
- • [3] .... :
  - – *Sentía/Lamentaba que* tuvierais que volar tan temprano.
  - – *Fue una pena/lástima* no haber viajado más con mis padres.
  - – *Me ponía triste/deprimía* que mi padre estuviera siempre viajando.
  - – *Me arrepentí de* no haberlo invitado a la cena.
- • [4] .... :
  - – *No soportaba/Detestaba/Odiaba* que en Nueva York la gente me confundiera con Bruce Willis.
  - – *Me molestó/disgustó/horrorizó* que viniera sin avisarme.
  - – En mis viajes *me daba asco* probar la comida que no conocía.
- • [5] .... :
  - – *Me ponía furioso/de muy mal humor* que me despertasen temprano para ir a la playa.
  - – A mis hermanos *les enfadaba/fastidiaba/indignaba* que no les trajera nada de mis viajes.
  - – A Marta *le desilusionaron/decepcionaron* las playas.

CONTINÚA ▶▶

- [6] ....:
  - *Me sorprendió/extrañó/asombró un montón que la gente no hiciera la cola en el bus.*
  - *Era increíble/extraño/sorprendente/alucinante la alegría que tenía la gente en este país.*

- [7] ....:
  - *En el viaje discutí con Ana porque **me aburría** que siempre hablara de ella.*

- [8] ....:
  - ***Nos preocupaba** que no encontrarais hotel en Cuba.*
  - ***Me importaba** mucho que los vuelos fueran directos.*
  - ***Me daba miedo/pánico/terror** que hubiera turbulencias en el vuelo.*
  - ***Sentí miedo/terror/angustia** cuando perdí la tarjeta de embarque en mi viaje a Moscú.*

- [9] ....:
  - ***Le dio mucha vergüenza** que la policía le pidiera el pasaporte en pleno centro de Londres.*
  - *No **me avergüenzo de** haber hecho autoestop cuando era joven.*
  - ***Me avergonzó** decirle que no me apetecía viajar con él.*

- [10] ....:
  - ***Estaba harto de** que mis amigos solo pensaran en salir de marcha cuando fuimos a Italia.*
  - ***Le aburría/cansaba** que su novia solo quisiera entrar en los museos.*

- [11] ....:
  - ***Me ponía nervioso/histérico** no poder comunicarme bien en otros idiomas.*
  - ***Me desesperaba** cuando tenía que tomar el tren en la India.*

- [12] ....:
  - ***Admiraba que** mi madre se desenvolviera tan bien en los viajes, pese a no saber idiomas.*
  - ***Estaba fascinado/impresionado por** la hospitalidad de los dominicanos.*

>| 3 | Rubén nos cuenta los recuerdos de su viaje a Argentina. Lee su experiencia y complétala con los verbos del recuadro conjugándolos correctamente.

> × llamar × estar × hablar × llevar × conocer × enviar

Mi viaje al Aconcagua ha sido maravilloso, una aventura llena de emociones, aunque ha habido cosas buenas y malas. Por ejemplo, me sorprendió muchísimo que todo [1] .... organizado al milímetro, me resultó un poco agobiante. Los participantes de la expedición eran muy amables y entusiastas, pero a la hora de las subidas, lo que me molestaba era que algunos no [2] .... el equipo adecuado, eso nos hacía retrasarnos mucho. Me encantaba ver la puesta de sol, era alucinante. Nuestro guía nos explicó que los atardeceres del Aconcagua eran los más impresionantes del mundo. No fui solo, claro, fui con mi amigo Carlos, que es un experto montañero, compartiendo con él tienda de campaña. Por la noche, me ponía de los nervios que Carlos [3] .... sin parar hasta las tantas, porque madrugábamos mucho, y a mí, que soy muy dormilón, se me pegaban las sábanas y me sacaba de quicio que el guía me [4] .... la atención con lo de la impuntualidad. Lo que más me gustó fue la sensación de libertad que sientes allí; todo se relativiza al contemplar un paisaje tan inmenso. Me impresionó [5] .... que los incas considerasen al Aconcagua como un templo sagrado. ¡En fin! Me encanta viajar, y que mis compañeros después me [6] .... sus fotos y sus impresiones sobre el viaje que hicimos juntos, es algo inolvidable.

 Fíjate

> – *Lo que más me gustó fue* la sensación de libertad.
> – *Lo que me molestaba era que* algunos no llevaran el equipo adecuado.

| 3.1. |  Ahora, hablad sobre las experiencias de algún viaje que hayáis hecho con amigos y tratad de utilizar las expresiones de sentimiento aprendidas, como ha hecho Rubén.

> *¿Qué es lo que más te gustó?*
> *¿Qué te sorprendió?*

> *¿Qué cosas te ponían nervioso?*
> *¿Qué te gustaba o te molestaba de la convivencia con tus amigos?*

2 — RECUERDOS CON SENTIDO

> | 1 | A partir de dos textos literarios, varias personas nos cuentan sus recuerdos relacionados con alguno de los sentidos. ¿Y tú? ¿Tienes recuerdos similares? Lee los textos y los comentarios, y escribe tú una entrada en el foro. Después, comparte esos recuerdos con tus compañeros de grupo.

Paseando por los jardines de la memoria, descubro que mis recuerdos están asociados a los sentidos. Mi tía Teresa, la que se fue transformando en ángel y murió con embriones de alas en los hombros, está ligada para siempre al olor de las pastillas de violeta. Cuando esa dama encantadora aparecía de visita, con su vestido gris discretamente iluminado por un cuello de encaje y su cabeza de reina coronada de nieve, los niños corríamos a su encuentro y ella abría con gestos rituales su vieja cartera, siempre la misma, extraía una pequeña caja de lata pintada y nos daba un caramelo color malva. Y desde entonces, cada vez que el aroma inconfundible de violetas se insinúa en el aire, la imagen de esa tía santa, que robaba flores de los jardines ajenos para llevar a los moribundos del hospicio, vuelve intacta a mi alma.

Isabel Allende, Afrodita.

En el mismo instante en que ese sorbo de té mezclado con sabor a pastel tocó mi paladar […] el recuerdo se hizo presente […] Era el mismo sabor de aquella magdalena que mi tía me daba los sábados por la mañana. Tan pronto como reconocí los sabores de aquella magdalena […] apareció la casa gris y su fachada, y con la casa, la ciudad, la plaza a la que se me enviaba antes del mediodía, las calles […]

Proust, En busca del tiempo perdido.

● ● ● Foro. Recuerdos con sentido

 A mí, el olor a plastilina me recuerda a la época del colegio, a mi amiga Sonia, a esos momentos que pasábamos juntas jugando a las cocinitas. Me encantaba jugar con ella de pequeña. Para mí, es un olor que hoy, cuando lo siento, me gusta y me recuerda a mi niñez.

 Hoy, por el centro, tomé un capuchino que tenía mucho gusto a canela, y me trajo un recuerdo: ¡el arroz con leche que solía comer en casa de mi abuela! Me entusiasmaba que me lo hiciera los fines de semana. Lo he recordado como si estuviera allí mismo, en su vieja cocina azul.

 Cada vez que escucho *Let´s dance* de David Bowie me viene a la memoria, como un *flash*, el momento en el que la escuché por primera vez. Estaba en una discoteca con mis amigos, y nada más escucharla, salté a la pista a bailar sin importarme nada. Lo que más me gusta recordar de aquellos años es que no me daba vergüenza de nada. Todavía mis amigos me recuerdan ese día.

 Todavía me pasa que, a veces, me cruzo con una señora por la calle y huele a mi madre. No sé el nombre de ese perfume, pero siempre lo identifico y, a partir de ese momento, estoy ya todo día pensado en lo mismo.

CONTINÚA ❱❱

Foro. Recuerdos con sentido

Lo que más me gustaba de pequeña era tumbarme en el césped de mi casa con mi hermano y que mi padre nos regara con la manguera. Todavía hoy, cuando huelo a hierba mojada, me da cierta nostalgia y añoro aquellos momentos del pasado.

Para mí, el frío. Y no para bien, precisamente. Es tener frío de verdad y entrarme un mal rollo impresionante. Lo asocio a recuerdos muy chungos, de una excursión que hice con cinco años a la montaña, y en la que nevó y pasé un frío tremendo, hasta tal punto que, cuando estoy mal psicológicamente, me entra frío, aunque esté a cuarenta grados. La verdad es que todavía no sé a qué se debe.

De pequeña estuve enganchada a los libros de Enid Blyton. ¡Incluso recuerdo cómo olían! XDDD Todavía hoy, cuando veo alguna librería de segunda mano, me gusta entrar y oler esos viejos libros. Me transportan a mi infancia y eso me encanta.

....
....
....

| 1.1. | 🔊 ¿Por qué crees que se producen estos recuerdos? ¿Cuáles crees que son las sensaciones que más se recuerdan? Discútelo con tus compañeros de grupo. Luego, escuchad una conferencia sobre los recuerdos sensoriales y comprobad vuestras hipótesis.

| 1.2. | 💭 ¿Qué olores te traen recuerdos? ¿Qué sabores te transportan al pasado? Habla con tus compañeros de grupo y, después, clasifica tus recuerdos en positivos y negativos.

Sensaciones

| 1.3. | 💭 ¿Cómo recuerdas tus comienzos aprendiendo español? ¿Con qué olor o sabor los relacionarías? Compártelo con tus compañeros de grupo.

> | 2 | 🔊 Escucha la historia de Mercedes y marca las palabras relacionadas con su recuerdo. Justifica tu respuesta localizando en la transcripción que te va a dar tu profesor la información que la confirma.

1 ☐ nostalgia	**4** ☐ recuerdo	**7** ☐ hartazgo
2 ☐ aburrimiento	**5** ☐ placer	**8** ☐ indiferencia
3 ☐ humor	**6** ☐ niñez	**9** ☐ fantasía

| 2.1. | 🖇 Mercedes utiliza algunas expresiones para hablar de olores y sabores. Lee la información del cuadro y completa las frases. Puede haber más de una opción.

Hablar de olores y sabores

- (Me) **huele/sabe** (muy) bien/(muy) mal/fenomenal/fatal...
- **Huele a** rosas/**que** alimenta/**que** apesta...
- **Sabe a** rayos.
- **Está** muy bueno/rico/malo...
- Me encanta/Odio/No soporto **el olor/sabor a/de**...
- Me agrada/desagrada **cómo huele/sabe**...

1 De niño me encantaba cómo .... los naranjos en flor.

2 Pues a mí me atraía muchísimo .... de las frutas tropicales.

3 A mi madre le encantaba .... del café recién molido.

4 ¡Croquetas caseras! .... que alimenta.

5 A veces mi padre hacía platos indios y ese día no iba a casa porque no soportaba .... a curry.

6 Odio las lentejas. Me desagrada cómo .... y me entran náuseas nada más verlas en el plato.

| **2.2.** | 🌐 📝 Al referirse a su padre, Mercedes dice de él que es un "goloso empedernido". ¿Sabéis qué significa esta expresión? A continuación, os damos otras expresiones diferentes que se refieren a la forma de comer. Relacionadlas con cada una de estas imágenes.

		Imagen A	Imagen B
1	Comer como una lima.	☐	☐
2	Ponerse como el quico.	☐	☐
3	Tener/hacer remilgos.	☐	☐
4	Ponerse morado.	☐	☐
5	Comer como un pajarito.	☐	☐
6	Tener un estómago sin fondo.	☐	☐
7	No hacer ascos.	☐	☐
8	Ser un glotón.	☐	☐
9	(El dulce) No me dice nada.	☐	☐
10	A mí, (la pasta) ni fu ni fa.	☐	☐
11	Comer a la fuerza.	☐	☐
12	Ponerse las botas.	☐	☐

>| **3** | 🌐 💬 Hazle el siguiente cuestionario a tu compañero y anota sus respuestas. ¿Hay alguna que te haya sorprendido?

1 ¿Recuerdas algún lugar especialmente agradable por su olor?

2 ¿Comes por el olfato, por la vista o te aventuras directamente por el gusto? ¿Por qué?

3 Si una comida te huele mal pero te dicen que está muy buena, ¿qué haces?

4 ¿Hay algún alimento cuyo olor odies, pero aprecies su sabor?

5 ¿Te da asco algún alimento hasta tal punto que no puedas verlo ni olerlo?

6 ¿Tienes alguna debilidad por algún plato o por algún alimento en especial?

7 ¿Eres maniático para comer?

8 ¿Comes como una lima o como un pajarito?

9 ¿Qué aromas te despiertan el apetito?

| **3.1.** | 🎲 💬 Haced una puesta en común con las respuestas más sorprendentes o curiosas de la clase.

3 ▸ HUELE QUE ALIMENTA

| Cultura |

>| **1** | 🎲 💬 Observad las imágenes de estos tres restaurantes. ¿Por qué creéis que son conocidos? ¿Qué diferencias hay entre ellos a primera vista?

El restaurante más caro del mundo está en Ibiza

Era un sueño y lo ha cumplido. Paco Roncero, el cocinero con dos estrellas Michelin, deseaba dar de comer a una docena de comensales, pero a la vez que vivieran una experiencia única que les permitiera viajar a través de los sentidos. Todo esto, y más, ocurre en Sublimotion, en el animado hotel Hard Rock de Ibiza, que es la evolución del taller de los sentidos desarrollado por el chef hace dos años en el Casino de Madrid. Estamos en el restaurante más caro del mundo –el precio del menú es de 1650 euros–, y solo hay cabida para 12 personas.

La noche comienza minutos antes de las 21 horas en la entrada de una aparentemente vieja fábrica. El comensal es recibido con un aperitivo a base de sangría y crema de queso con membrillo que decora las letras de este restaurante. Después, se pasa a un elevador donde suena la música de Los Ramones. A continuación, se entra en una sala herméticamente cerrada con una mesa de color negro, donde se encuentra escrito el nombre de cada comensal. Es el momento en el que aparece Roncero en una pantalla y da la bienvenida a los presentes. Arranca una noche única, donde el espectáculo convivirá con la alta cocina y la más avanzada tecnología en la recreación de ambientes, control de temperatura y humedad, aromatización de la sala, ambientación musical...

Adaptado de http://cincodias.com/cincodias/2014/06/27/sentidos/1403884331_592992.html

El Celler de Can Roca, el mejor restaurante del mundo

El Celler de Can Roca es un restaurante de Gerona (España), fundado en 1986 y especializado en cocina tradicional catalana, que está considerado el mejor del mundo por la revista *Restaurant Magazine*.

Restaurante de referencia obligada que está regentado por los hermanos Roca que, siguiendo la tradición familiar, han conseguido situarlo en los niveles más altos de calidad y satisfacción. Su excelencia es tan elevada que les ha valido tres estrellas Michelin. El comedor tiene 80 m² y doce mesas, con una capacidad para 45 personas. El servicio está compuesto por una treintena de personas y dirigido por los tres hermanos Roca. La carta varía según la temporada. Destacan platos innovadores, pero también encontramos espacio para la tradición, la memoria y el contraste. Los postres de Jordi Roca son realmente originales. En el Celler de Can Roca se ofrecen tres tipos de menú: *degustación*, *sorpresa del momento* y *de temporada*, formado por tres platos más postres. La carta de vinos es de las más premiadas de España, tanto por su selección como por su presentación.

Adaptado de http://elpais.com/elpais/2015/06/01/estilo/1433191275_703493.html

Casa Botín: historia (y futuro) del restaurante más antiguo del mundo

El restaurante Sobrino de Botín o, simplemente Botín, puede presumir de ser uno de los restaurantes con más prestigio del mundo. Comer en Botín no es solo una experiencia puramente gastronómica, sino que va más allá, consiguiendo transportar al comensal al corazón del Madrid más tradicional. Tras sus mesas y fogones se esconde la esencia de aquella ciudad antigua que vio pasar por sus calles a ilustres personajes como Lope de Vega, Benito Pérez Galdós o Ramón Gómez de la Serna. Se cuenta que incluso hasta Francisco de Goya trabajó en las cocinas de Botín en su juventud.

Este restaurante-museo, como bien lo podríamos calificar por su carácter histórico, ha permanecido prácticamente intacto desde su creación, allá por el siglo XVIII, y puede presumir de contar, entre sus peculiaridades, con el récord Guinness a la casa de comidas más antigua del mundo.

El restaurante cuenta con una carta muy variada de comida típica castellana. El cochinillo y el cordero asado en un horno de leña que data de la misma época que la fundación de la casa son especialidades de Botín, junto a la degustación de productos típicos de la tierra, entre los que

se encuentran la bandeja de surtido de ibéricos, la morcilla y las croquetas caseras.

Adaptado de http://www.elrincondesele.com/casa-botin-el-restaurante-mas-antiguo-del-mundo-esta-en-madrid/#sthash.QCeIqixr.dpuf

> | 2 | 🎭 🎨 Vais a escuchar unas críticas gastronómicas sobre los restaurantes anteriores. Antes, relacionad las siguientes palabras con sus definiciones.

1. comensal . . . . *
2. suculento . . . . *
3. minimalismo . . . . *
4. menú de degustación . *
5. darse un homenaje . . *
6. exquisito . . . . *
7. está que te mueres . . . *
8. textura . . . . *

* a. Permitirse uno hacer una cosa que le produce una sensación muy placentera.
* b. Persona que come con otras en el mismo lugar, especialmente en la misma mesa.
* c. Sensación que produce en la boca la forma de un alimento (suave, áspera, dura, cremosa…).
* d. Que es sabroso y sustancioso.
* e. Que es de una calidad, un refinamiento y un gusto extraordinarios.
* f. Se dice de la comida que nos hace sentir un intenso placer al probarla.
* g. Gran variedad de pequeños platos en una comida para dar la posibilidad de probar una amplia gama de especialidades.
* h. Tendencia artística que reduce al mínimo sus medios de expresión.

| 2.1. | 👤 🔊 |58| Ahora, escucha las críticas y relaciónalas con su restaurante correspondiente.

	1	2	3	4	5
Sublimotion	☐	☐	☐	☐	☐
Celler de Can Roca	☐	☐	☐	☐	☐
Casa Botín	☐	☐	☐	☐	☐

| 2.2. | 👤 ⚙️ Observa las siguientes frases extraídas del audio. ¿Cuáles de ellas expresan finalidad?

1. ☐ Es una visita obligada **para** los amantes de la gastronomía.
2. ☐ Se viaja hasta el Polo Norte **para** tomar un gazpacho helado.
3. ☐ Unos platos que entran **por** los ojos por sí mismos.
4. ☐ Acudimos a este lugar **por** saber cómo se siente uno comiendo en un restaurante estrella Michelin.
5. ☐ La comida es muy rica **por** el sabor, la estética y la originalidad.
6. ☐ Es la interpretación del gusto y la experiencia gastronómica **para** crear sensaciones.
7. ☐ Toda una experiencia **para** los sentidos.
8. ☐ Más de un siglo está en su interior **para que** el cliente pueda aprender.

| 2.3. | 🎭 ⚙️ Lee la información del siguiente cuadro y añade ejemplos de tu invención para completarlo. Trabaja con tu compañero.

Expresar propósito y finalidad

x Para expresar **propósito** o **finalidad** podemos utilizar los siguientes conectores:

• **Para** + infinitivo ➜ Si el sujeto del verbo principal y el del verbo subordinado son el mismo:
— (Él) Ha llamado más de seis veces para (él) reservar mesa en el Celler de Can Roca.

• **Para que** + subjuntivo ➜ Si el sujeto del verbo principal y el del verbo subordinado son distintos:
— Ayer (él) llamó para que le (ellos) dijeran si había disponibilidad de reservas.
—

• **A** + infinitivo/**A que** + subjuntivo ➜ Solo se usan con verbos de movimiento:
—
— Marta ha venido a que le aconsejemos un buen lugar para celebrar su aniversario.

• **Por** + infinitivo ➜ Se utiliza para expresar, además de finalidad, una casualidad o algo no programado. Equivale a "con la intención de":
— Decidió hacer las prácticas en un restaurante por aprender algo de cocina. ¡Y ahora es chef!
—

• **Que** + subjuntivo ➜ Se utiliza normalmente después de verbos en imperativo o estructuras de mandato:
— Pedid un menú degustación, que vean lo bien que se come en este lugar.
—

CONTINÚA »

Expresar propósito y finalidad (Cont.)

✗ Hay otro grupo de conectores de finalidad que se usan generalmente en contextos formales:
- **Con tal de (que)**, **Con la esperanza de (que)**, **Con la intención de (que)**, **Con el fin de (que)**, **Con el propósito de (que)** + infinitivo/subjuntivo:

  — *Con tal de que le den gratis de comer, es capaz de cualquier cosa.*
  — *Perdone, quisiera hablar con el maître con el fin de que me aconseje con los platos.*

- **En mi deseo de/En su afán de** + infinitivo:

  — *En mi deseo de satisfacerle, le proporcionaremos una mesa en una sala privada.*

| **2.4.** |  Relaciona los elementos de estas tres columnas de forma que construyas frases con sentido lógico.

1. Llamé.................✱	que	✱ **a.** ganar más.
2. No se lo dije ....✱	por	✱ **b.** informarme de la reserva.
3. Haremos lo que sea ......✱	para (que)	✱ **c.** hablar, pero, en realidad, no tiene ni idea de gastronomía española.
4. Dile todo lo que piensas de los platos degustados ....✱	con tal de (que)	✱ **d.** molestar, pero estaba insípido.
5. Hablaré con ella ....✱	en su afán de (que)	✱ **e.** sepa que el restaurante nos ha encantado.
6. Reclamé ....✱	con la esperanza de (que)	✱ **f.** venga al Sublimotion.
7. Aceptó el trabajo de chef..✱		✱ **g.** llegar a tiempo al restaurante.
8. Habla ....✱		✱ **h.** me hicieran caso. El servicio fue nefasto.

| **2.5.** | ¿A cuál de los tres restaurantes que has visto te gustaría ir? ¿Para qué ocasión reservarías mesa en un sitio así? Escribe en tu cuaderno algunas frases utilizando los conectores finales.

Intercultura

> | 3 | Comenta con tus compañeros tu experiencia gastronómica.

✓ ¿Te gusta cocinar o prefieres que te preparen la comida?
✓ ¿Prefieres la cocina tradicional o la creativa?
✓ ¿Has estado en algún restaurante con estrellas Michelin? ¿Te gustó?
✓ ¿Cómo describirías la comida de tu país?
✓ ¿Cuál ha sido el mejor plato que has probado en tu vida? ¿Qué plato te gustaría probar y no lo has hecho? ¿Por qué?

Grupo cooperativo

> | 4 | ¿Tenéis algún restaurante favorito? En pequeños grupos, vais a escribir una crítica gastronómica. Seguid las pautas.

1. Poneos de acuerdo sobre algún restaurante famoso al que os gustaría ir.
2. Cada miembro del grupo se dedicará a investigar sobre uno o varios de estos aspectos:
   - Nombre del restaurante, dónde se encuentra, opinión general.
   - Opinión personal sobre el establecimiento, la decoración y el servicio.
   - Principales platos del restaurante.
   - Aspectos destacables y precio.
   - Recomendaciones generales.
3. Con la información obtenida, escribid una crítica gastronómica (positiva o negativa).
4. Leed el resto de críticas y decidid entre todos cuál es la que está mejor escrita.

>| 1 | Observad las portadas de los libros que acompañan a cada uno de los textos de la actividad 2. ¿Qué creéis que tienen en común estas obras?

| 1.1. | Existen muchas obras literarias en las que la gastronomía juega un papel central.
|591| Escucha el argumento de estos libros y resúmelo en unas líneas.

Los mares del sur ....
....
....

Como agua para chocolate ....
....
....

Caperucita en Manhattan ....
....
....

Cultura

>| 2 | En literatura, la gastronomía siempre ha estado presente para describir a sus personajes, sus sentimientos, la sociedad del momento o, simplemente, con un objetivo didáctico en lo que a la cocina se refiere. El profesor os va a asignar un texto a cada uno. Leedlo y relacionadlo con una de estas tres ideas.

> ✗ La comida como estado de ánimo   ✗ La gastronomía identifica una sociedad
> ✗ Pedagogía culinaria: el deleite de lo que se come

Alumno A

1. Nerviosa.
2. De forma alargada.
3. Tambor.
4. Verdura alargada de color morado por fuera y blanco por dentro.
5. Freír ligeramente.
6. Quitar la cáscara, la piel.
7. Trozos pequeños en forma de cubo.
8. Tipo de caldo que se usa para cocinar pescados.
9. Recipiente con agujeros que deja pasar los líquidos.
10. Cortada en trozos muy pequeños y muy finos.
11. Recipiente redondo para guisar.
12. Tostar un alimento por encima en el horno.
13. Vino rosado, más claro que el vino tinto.

(…) Saltó del sofá y Bleda despertó **alterada**[1] de su sueño, moviendo las orejas y los ojos, **rasgados**[2] y lectores, hacia el Carvalho que se dirigía hacia la cocina como si hubiera oído un **tam-tam**[3] inexcusable. Multiplicó las manos (…) hasta disponer sobre el mármol un ejército de programados ingredientes. Cortó tres **berenjenas**[4] en rodajas de un centímetro, las saló. Puso en una sartén aceite y un ajo que **sofrió**[5] hasta casi el tueste. Pasó en el mismo aceite unas cabezas de gambas mientras **descascarillaba**[6] las colas y cortaba **dados**[7] de jamón. Retiró las cabezas de gambas y las puso a hervir en un **caldo corto**[8] mientras desalaba las berenjenas con agua y las secaba con un trapo, lámina a lámina. En el aceite de freír el ajo y las cabezas de las gambas, fue friendo las berenjenas y luego las dejaba en un **escurridor**[9] para que soltaran los aceites. Una vez fritas las berenjenas, en el mismo aceite sofrió cebolla **rallada**[10], una cucharada de harina y afrontó la bechamel con leche y caldo de las cabezas de gambas cocidas. Dispuso las berenjenas en capas en una **cazuela**[11] de horno, dejó caer sobre ellas una lluvia de desnudas colas de gambas, dados de jamón y lo bañó todo con la bechamel. De sus dedos cayó la nieve del queso rallado cubriendo la blancura tostada de la bechamel, y metió la cazuela en el horno para que se **gratinara**[12]. Con los codos derribó todo lo que ocupaba la mesa de la cocina, y sobre la tabla blanca dispuso dos servicios y una botella de **clarete**[13] Jumilla que sacó del armario-alacena situado junto a la cocina.

Manuel **Vázquez Montalbán**
Los mares del Sur

Los mares del sur de Manuel Vázquez-Montalbán

CONTINÚA ▶▶

1. Recuperar algo que se ha perdido.
2. Juicio. Antónimo de locura.

3. Charla.

4. Plato, comida en México.

5. Bandeja.
6. Rabo de buey.

7. Torta fina de harina de maíz típica de México y otros países hispanos.
8. Árbol del albaricoque.
9. Cocida.
10. Tipo de dulce.
11. Crema hecha a base de masa de maíz, chocolate y agua.
12. Acción de picar, cortar en trozos muy pequeños.
13. Río pequeño.

14. Entristecido.
15. Irse.

Hacía tres meses, al probar una cucharada del caldo que Chencha le preparó y le llevó a la casa del doctor John Brown, Tita había **recobrado**[1] toda su **cordura**[2].

(…) Las palabras de John eran su único enlace con el mundo. Si pudiera hablar y decirle lo importante que era para ella su presencia y su **plática**[3]. Si pudiera bajar y besar a Alex como el hijo que no tenía, gozar de un **platillo**[4] cualquiera que fuera, si pudiera… volver a la vida. Un olor que percibió la sacudió.

Era un olor ajeno a esta casa. John abrió la puerta y apareció ¡con una **charola**[5] en las manos y un plato con caldo de **colita de res**[6]! ¡Un caldo de colita de res! No podía creerlo. Tras John entró Chencha bañada en lágrimas.

El abrazo que se dieron fue breve, para evitar que el caldo se enfriara. Cuando dio el primer sorbo, Nacha llegó a su lado y le acarició la cabeza mientras comía, como lo hacía cuando de niña ella se enfermaba y la besó repetidamente en la frente. Ahí estaban, junto a Nacha, los juegos de su infancia en la cocina, las salidas al mercado, las **tortillas**[7] recién cocidas, los huesitos de **chabacano**[8] de colores, las tortas de Navidad, su casa, el olor a leche **hervida**[9], a **pan de natas**[10], a **champurrado**[11], a comino, a ajo, a cebolla. Y como toda la vida, al sentir el olor que despedía la cebolla, las lágrimas hicieron su aparición. Por fin había logrado recordar una receta, al rememorar, como primer paso, la **picada**[12] de la cebolla…

John interrumpió estos recuerdos al entrar bruscamente en el cuarto, alarmado por el **riachuelo**[13] que corría escaleras abajo. Cuando se dio cuenta de que se trataba de las lágrimas de Tita, John bendijo a Chencha y a su caldo de colita por haber logrado lo que ninguna de sus medicinas había podido: que Tita llorara de esa manera. **Apenado**[14] por la intromisión, se dispuso a **retirarse**[15]. La voz de Tita se lo impidió. Esa melodiosa voz que no había pronunciado palabra en seis meses.

—¡John! ¡No se vaya, por favor!

John permaneció a su lado y fue testigo de cómo pasó Tita de las lágrimas a las sonrisas.

Como agua para chocolate de Laura Esquivel

1. Oficio del que arregla grifos, cañerías, etc.

2. Muy importantes.

3. Celebración.

4. Verse obligado a hacer algo.

5. Gesto que consiste en cerrar un ojo buscando la complicidad del interlocutor.

Su padre, el señor Samuel Allen, era **fontanero**[1], y su madre, la señora Vivian Allen, se dedicaba por las mañanas a cuidar ancianos en un hospital de ladrillo rojo rodeado por una verja de hierro. Cuando volvía a casa, se lavaba cuidadosamente las manos, porque siempre le olían un poco a medicina, y se metía en la cocina a hacer tartas, que era la gran pasión de su vida.

La que mejor le salía era la de fresas, una verdadera especialidad. Ella decía que la reservaba para las fiestas **solemnes**[2], pero no era verdad, porque el placer que sentía al verla terminada era tan grande, que había terminado por convertirse en un vicio rutinario, y siempre encontraba en el calendario o en sus propios recuerdos alguna fecha que justificase aquella **conmemoración**[3]. Tan orgullosa estaba la señora Allen de su tarta de fresa que nunca le quiso dar la receta a ninguna vecina. Cuando **no tenía más remedio que**[4] hacerlo, porque le insistían mucho, cambiaba las cantidades de harina o de azúcar para que a ellas les saliera seca y quemada.

—Cuando yo me muera— le decía a Sara con un **guiño**[5] malicioso–, dejaré dicho en mi testamento dónde guardo la receta verdadera, para que tú le puedas hacer la tarta de fresa a tus hijos.

"Yo no pienso hacerles nunca tarta de fresa a mis hijos", pensaba Sara para sus adentros.

Caperucita en Manhattan de Carmen Martín Gaite

| **2.1.** | 🌍 🗨 Resume tu texto literario a tus compañeros, comprobad vuestra respuesta anterior y contestad a las siguientes preguntas.

1 ¿Qué tienen en común los textos anteriores?

2 ¿Qué papel juega la comida en cada texto?

3 ¿Qué efectos les produce esta a cada uno de los personajes?

4 ¿Cuál de los tres platos constituye un verdadero tesoro familiar?

5 ¿En qué texto el olor especial de un plato le proporciona a la protagonista una cura emocional?

6 ¿Qué texto se acerca más a un recetario de cocina que a un texto literario?

| **2.2.** | 👤 📄 Lee ahora los otros dos textos y comprueba tus respuestas anteriores.

| **2.3.** | ⚓ 🌐 Volved a leer el texto de Vázquez-Montalbán (Texto A) y transformadlo en una receta de cocina al uso.

> 🍃 **Berenjenas a la crema con gambas**
>
> **Ingredientes**
>
> ....
>
> ....
>
> ....
>
> ....
>
> ....
>
> ....

>| **3** | ⚙ 🗨 Ahora, debatid en clase las siguientes cuestiones.

✕ ¿Qué relación tienen la literatura y la gastronomía?

✕ ¿Los libros de cocina pueden considerarse literatura? ¿Qué es la literatura gastronómica?

✕ ¿Qué relación tiene la gastronomía con otras artes, como el cine?

5 ▸ SÍMBOLOS ALFABETIZABLES Y NO ALFABETIZABLES EN ESPAÑOL

>| **1** | 🤿 🌐 Leed estas dos oraciones. ¿Qué tienen ambas en común? ¿Veis alguna diferencia entre los símbolos/signos? ¿Cuál creéis que es? Explicadla. Luego, comprobad vuestra respuesta leyendo la información del cuadro.

✓ zapitron@jmail.com   ✓ ¿A qué metal pertenece el símbolo *Ag*?

Los símbolos

✕ Los símbolos tienen características de las abreviaturas y de las siglas, pero son una representación convencional y fija, establecida por lo común por normas internacionales. Son abreviaciones de carácter científico-técnico y están constituidos solo por letras o por letras y números (símbolos alfabetizables) o por signos no alfabetizables.

✕ Los símbolos alfabetizables suelen adoptar la inicial de la palabra que designa el concepto que el símbolo representa, en la lengua tomada como referencia: *N* (inicial de palabra que designa el norte en inglés y en otras lenguas). Si la inicial coincide con la de otro símbolo, se añade alguna letra más: *Fe* (hierro) del latín *ferrum*, para evitar la confusión con la *F* de *flúor*.

✕ Los símbolos no varían de forma aunque se usen en plural.

✕ Los símbolos, a diferencia de las abreviaturas, se escriben siempre sin punto.

✕ Los símbolos se leen reproduciendo la palabra que designan. Por ejemplo, en la dirección de correo anterior: *zapitron@jmail.com* ➜ *"zapitrón arroba jotamail punto com"*.

| 1.1. | A continuación, tienes una lista de símbolos. Clasifícalos en alfabetizables (A) o no alfabetizables (NA). Si no conoces alguno, puedes buscarlo en el diccionario.

Símbolos	A	NA		Símbolos	A	NA		Símbolos	A	NA		Símbolos	A	NA
1 Ag	☐	☐		8 ©	☐	☐		15 E	☐	☐		22 ºF	☐	☐
2 @	☐	☐		9 NE	☐	☐		16 Au	☐	☐		23 &	☐	☐
3 €	☐	☐		10 min	☐	☐		17 m²	☐	☐		24 cal	☐	☐
4 km	☐	☐		11 ºC	☐	☐		18 +	☐	☐		25 =	☐	☐
5 EUR	☐	☐		12 -	☐	☐		19 NO	☐	☐		26 d.	☐	☐
6 ®	☐	☐		13 m	☐	☐		20 h.	☐	☐		27 l	☐	☐
7 ✓	☐	☐		14 g	☐	☐		21 †	☐	☐		28 £	☐	☐

| 1.2. | [60] Vas a escuchar una serie de signos no alfabetizables. Numéralos según su orden de aparición.

Cuadro 1

☐ ✓   ☐ +   ☐ @   ☐ =
☐ ®   ☐ ºC

Cuadro 2

☐ -   ☐ ºF   ☐ †
☐ €   ☐ &   ☐ ©

>| 2 | Escribe con tus compañeros de grupo cinco frases con sentido completo con el máximo número de símbolos alfabetizables y no alfabetizables.

| 2.1. | Ahora leed vuestras frases a la clase. El resto de compañeros debe escribirlas con los símbolos correspondientes. Gana el grupo que haya conseguido escribir la mayor cantidad de frases sin cometer errores.

¿Qué he aprendido?

1 ¿Qué recuerdos te produce/n...?

1. El olor a playa.
2. El sonido de las olas rompiendo contra las rocas.
3. El sabor a menta.
4. El color negro.
5. Una manta de lana.
6. El chocolate caliente.

2 Completa las siguientes frases.

a. De pequeño/a me fascinaba ....

b. En el colegio odiaba ....

c. No soportaba que ....

d. Me arrepentí de ....

3 Define los siguientes términos.

1. Minimalismo: ....

2. Textura: ....

3. Plato suculento: ....

4. Cocina de autor: ....

4 ¿Has aprendido mucho en esta unidad? ¿Ha sido interesante? ¿Puedes relacionar tus sensaciones con respecto al aprendizaje en ella con alguno de estos sentimientos? Justifica tu respuesta.

☐ nostalgia   ☐ alegría   ☐ aburrimiento   ☐ enfado   ☐ Otro: ....

Asocio mis sensaciones con .... porque ....

....

Contenidos funcionales

- Expresar concesión.
- Argumentar para convencer.
- Discutir sobre diferentes tipos de profesiones y perfiles profesionales.
- Presentar objeciones a lo dicho por otros.
- Captar la intención del hablante en determinadas conversaciones.

Contenidos gramaticales

- Oraciones y conectores concesivos: *aunque* + indicativo/subjuntivo, *por más/mucho/muy que*, *a pesar de que*, *pese a*.
- Gerundio circunstancial.
- Estructuras reduplicativas con valor concesivo.

Tipos de texto y léxico

- Artículo expositivo.
- Tertulia radiofónica.
- Entrevista.
- Reportaje.
- Definiciones.
- Diálogos coloquiales.
- Léxico relacionado con las nuevas tecnologías.
- Léxico relacionado con el trabajo y las profesiones.
- Expresiones idiomáticas relacionadas con el trabajo.

El componente estratégico

- Tomar notas a partir de un texto auditivo para comprender los aspectos relevantes.
- Hacer un esquema a partir de un texto escrito.
- Trabajar con definiciones, sinónimos y antónimos como estrategia de aprendizaje.
- Reflexionar sobre las ventajas e inconvenientes de las diferencias lingüísticas entre variantes hispanas.
- Reconocer si una información transmitida es conocida o desconocida.
- Interpretar un texto según la entonación del emisor.

Contenidos culturales

- Los cambios positivos y negativos que ha supuesto la tecnología en nuestra vida.
- Profesiones antiguas en vías de desaparición.
- Nuevas profesiones.
- México frente a las TIC.

Fonética/Ortografía

- Signos especiales de puntuación: (?), (!), […], (a),*.

1 UN MUNDO TECNOLÓGICO

> | 1 | Observa la siguiente imagen y descríbela. ¿En qué crees que estos avances tecnológicos nos han cambiado la vida? ¿Consideras imprescindible el conocimiento y manejo de la tecnología en la sociedad actual? Habla con tus compañeros.

| 1.1. | Cita algún aparato que consideres imprescindible en tu vida. ¿Cuál es el que has comprado más recientemente? ¿Te gusta comprar lo último en tecnología? Coméntalo con tus compañeros de grupo.

>| 2 | En los últimos años ha entrado en nuestras vidas un aparato revolucionario. Observad la imagen del texto de la actividad 2.1. ¿Sabéis cómo se llama? ¿Qué utilidad creéis que tiene?

| 2.1. | Lee ahora el texto y compáralo con tus ideas anteriores. ¿Conocías todas estas utilidades del aparato?

Uno de los últimos aparatos desarrollados por la tecnología que más destaca y llama la atención de todos son los llamados *drones*, pequeños aparatos voladores no tripulados y que pueden ser controlados de forma remota. Obviamente, un dispositivo de estas características sorprendería a cualquiera que levantase la cabeza y lo viera sobrevolando la ciudad a la entrega de un paquete o realizando tareas de vigilancia, todo un digno espectáculo de ciencia ficción que no es, para nada, ficción.

Desarrollados y puestos en servicio hace muy pocos años, los drones pueden ser usados en infinidad de tareas que el humano no puede o no quiere realizar, bien porque son tareas demasiado peligrosas como la exploración o la limpieza de residuos tóxicos, o bien, como no podía ser de otro modo, por sus fines bélicos. Sin embargo, los drones también son extremadamente útiles para otro tipo de tareas como el control de los incendios forestales, la geología, la agricultura, la construcción, y el control y análisis del tráfico en las grandes ciudades, entre muchas otras, ya que no ponen en peligro vidas humanas y son muy económicos de poner en marcha, no requiriendo de combustible para su funcionamiento.

Como comentábamos más arriba en este artículo, los drones son utilizados para el control, manipulación y limpieza de materiales nocivos o contaminantes. Los drones, advirtiendo algún tipo de escape en una central nuclear, podrían limpiar los materiales radiactivos liberados al aire sin comprometer de modo alguno la vida humana. Lamentablemente, para la fecha en que ocurrió el desastre en Fukushima (Japón), esta tecnología todavía no estaba lo suficientemente desarrollada.

En el ámbito del vídeo y la fotografía, se han comenzado a usar drones con cámaras integradas para así poder tomar fotografías aéreas de bodas y otros acontecimientos sociales. Habiendo visto sus posibilidades, la FIFA decidió usarlos en el Mundial de Fútbol de Brasil en 2014 para la emisión de los partidos, y también para el control e identificación de problemas entre la multitud de asistentes.

Recientemente, Amazon ha obtenido los permisos necesarios de la Administración de Aviación de su país de origen, EE.UU., para, en poco tiempo, comenzar a utilizar los drones para la entrega de paquetes.

Aun habiendo muchas reticencias sobre la utilidad de este nuevo artilugio, y a pesar de las dificultades para su puesta en marcha, no dejan de asombrarnos las cosas que pueden hacer por nosotros los drones, y quién sabe cuánto tiempo pasará hasta que se vuelvan indispensables para nuestra vida diaria, como sucedió con los *smartphones* y el Wi-Fi.

Adaptado de http://www.informatica-hoy.com.ar/gadgets/
Que-son-drones-sirven.php

| 2.2. | Lee de nuevo el texto y busca sinónimos de las siguientes palabras.

1 manejado: . . . .

2 guerrero: . . . .

3 perjudicial: . . . .

4 desconfianza: . . . .

5 autorización: . . . .

6 aparato: . . . .

| 2.3. | 👥🌐 En el texto anterior aparecen algunos gerundios. Localizadlos y completad con ellos la información del cuadro.

Gerundio circunstancial

✕ El **gerundio** es una forma verbal impersonal que actúa como complemento circunstancial del verbo. Puede expresar simultaneidad o anterioridad de la acción con respecto al tiempo en que se habla, nunca posterioridad, y tiene varios significados con respecto a la acción principal.

- Expresa **modo**:
  - *Logré graduarme en Psicología estudiando mucho.* (*¿Cómo lo logré?*)
  -

- Expresa **tiempo**:
  - *Llegando a la oficina, me encontré con el nuevo director.* (*Cuando llegué…*)
  -

- Expresa **causa**:
  - *Sabiendo que le gustaban los relojes, le compré uno por su cumpleaños.* (*Como sabía…*)
  -

- Expresa **condición**:
  - *Yendo en taxi, llegaremos más rápido.* (*Si vamos…*)
  -

- Expresa **concesión**:
  - *Aun sacando los billetes ahora, no nos ahorraremos mucho dinero.* (*Aunque saquemos…*)
  -

| 2.4. | 👤🌐 Analiza los siguientes frases y explica qué valor tienen las construcciones con gerundio.

1 Logré ascender en mi empresa trabajando duro. ....
2 Entrando en la tienda, empezó a sonar la alarma. ....
3 Sabiendo que estaba castigado sin salir, se fue a la calle con sus amigos. ....
4 Javier, trabajando de noche, está sufriendo alteraciones de sueño. ....
5 Aun lloviendo, saldremos este fin de semana. ....
6 Saliendo dos horas antes, llegas a tiempo al aeropuerto. ....

>| 3 | 👤🔊 Escucha una tertulia radiofónica donde varias personas hablan sobre los drones e indica a
|61| quién pertenecen estas afirmaciones.

	Eduardo	Valeria	Antonio
1 Opina que el principal problema de los drones es la intrusión en la privacidad.	☐	☐	☐
2 Considera que este artefacto tiene más puntos positivos que negativos.	☐	☐	☐
3 Está en contra de su utilización en conflictos bélicos.	☐	☐	☐
4 Cambia de idea cuando hablan de sobrevolar ciertos eventos.	☐	☐	☐
5 Señala que el uso de drones no está permitido en su país.	☐	☐	☐
6 No se cree la ilegalidad del uso de los drones en su país.	☐	☐	☐

| 3.1. | 👤🌐 Lee las siguientes expresiones extraídas de la audición y completa la información del cuadro que aparece en la página siguiente.

✕ Bueno, ¿y si lo miramos desde otro ángulo?
✕ Me baso en…
✕ Sí, ahora que lo pienso, lo que dices es cierto.
✕ Has dado en el quid.
✕ Lo que has dicho es indiscutible.

✕ Voy a exponerte una a una las razones por las que…
✕ Fíjate en…
✕ ¡Claro, hombre, eso es de cajón!
✕ Tengo la impresión de que estás equivocado.
✕ No digas más burradas.

CONTINÚA »

Argumentar para convencer

✕ **Intentar convencer** a alguien:
- No es que quiera convencerte, pero…
- Aunque tú digas…, yo te digo que…
- A pesar de eso, ¿no crees que…?

- Sí, pero desde otro punto de vista…
- [1] ....
- [2] ....

✕ **Expresar las razones** de algo:
- Como que…
- Deja que te explique…
- Estos son los pros y los contras que he sopesado…

- La cosa va así, mira…
- [3] ....
- [4] ....

✕ **Mostrar convencimiento**:
- ¡Bueno!, me pongo de tu parte.
- Me has convencido plenamente.
- Perdona, no había caído en eso.

- Sí, esto se me había pasado por alto.
- [5] ....
- [6] ....

✕ Decir a alguien que **está equivocado**:
- Te equivocas por completo.
- Estás arreglado.
- Eso que dices es una aberración.

- Me parece que te has hecho un lío.
- [7] ....
- [8] ....

✕ Decir a alguien que **está en lo cierto**:
- Has dado en el blanco.
- Creo que estás en lo cierto.
- Lo que has dicho no es ninguna tontería.

- Ahora has puesto el dedo en la llaga.
- [9] ....
- [10] ....

>| **4** | Aquí tienes otros avances tecnológicos. En grupos de tres, cada estudiante lee uno de los textos para saber en qué consiste su avance. Usando los exponentes de la actividad anterior, intentad convencer a los demás de que el vuestro es un avance necesario y las ventajas que tiene.

HOTEL FUTURISTA

El Henn-Na es un lujoso hotel que tendrá diez robots humanoides encargados de recibir a los huéspedes, llevar su equipaje y realizar tareas de limpieza y mantenimiento, entre otras. Además, se planea sustituir el uso de llaves para las habitaciones por tecnología de reconocimiento facial. Dado que el hotel atraerá a muchos turistas, los robots estarán programados para hablar de forma fluida japonés, inglés y chino, en primera instancia.

COCHES SIN CONDUCTOR

Relajarte mientras vas en coche al trabajo o a la escuela en plena hora punta parece un sueño, y los coches sin conductor podrían hacerlo realidad. Sin embargo, si bien es un avance interesante, no está libre de riesgos.

Todo sistema creado por humanos es imperfecto, no importa cuánto se haya probado, por lo que ese automóvil sin conductor que te facilita la vida podría tener algún fallo y provocar un grave accidente.

SMARTPHONES CON GPS

Dónde estás en cada momento del día, no importa si es de madrugada, la hora del almuerzo o en un paseo de fin de semana. Gracias a los móviles, sobre todo los *smartphones* con GPS, nunca más podrás esconder tu ubicación. Si bien los móviles permiten desactivar esta tecnología, no sabes si lo hacen realmente. La privacidad ya no existe, no importa cuánto intentes protegerte.

Extraído de http://tech.batanga.com

| **4.1.** | ¿Qué inventos o avances tecnológicos crees que podríamos ver en el mercado dentro de diez años? Habla con tus compañeros.

>| 1 | La tecnología ha avanzado tan rápido en los últimos veinte años que los adolescentes de hoy no logran imaginarse que alguna vez no tuvimos Internet o no existían los teléfonos móviles. ¿Crees que podrías vivir ahora sin móvil, sin Internet o sin tecnología? Habla con tus compañeros.

| 1.1. | El uso excesivo de las nuevas tecnologías es considerado una adicción que puede provocar graves consecuencias para las personas. ¿Conoces estos males causados por las nuevas tecnologías? Con tu compañero, relaciónalos con sus definiciones.

1. tecnoadicción . . . . *

2. nomofobia . . . . *

3. síndrome de la vibración fantasma . . . . *

4. portatilitis . . . . *

5. ciberadicto . . . . *

6. ciberacoso . . . . *

* a. Asedio entre jóvenes en la red hacia otros de su misma edad.

* b. Persona que depende excesivamente del uso de Internet en su vida diaria.

* c. Molestias y dolores musculares por usar y cargar ordenadores portátiles en exceso.

* d. Enfermedad causada por la falta de habilidad para tratar con las nuevas tecnologías de manera saludable.

* e. Uso abusivo del teléfono móvil, sintiendo miedo irracional a salir de casa sin él.

* f. Sensación que sienten muchas personas cuando creen que su móvil ha vibrado, y se apresuran a mirar quién les ha llamado o enviado un mensaje.

Sensaciones

| 1.2. | ¿Haces un uso adecuado de las nuevas tecnologías? ¿Estarías dispuesto a despegarte de estas al menos unas horas? Realiza el test que te va a repartir el profesor, y compara y comenta el resultado con tu compañero.

>| 2 | Observa a estas tres personas y decide qué importancia crees que tienen para ellas las nuevas tecnologías. Discútelo con tus compañeros de grupo razonando tu respuesta.

A ☐ Sergio, 45 años. Publicista y director creativo.

B ☐ Silvina, 39 años. Licenciada en Ciencias de la Comunicación.

C ☐ Diego, 33 años. Comerciante.

| 2.1. | Sergio, Silvina y Diego han decidido que sus vidas no dependan de las nuevas tecnologías y solo recurren a ellas cuando es estrictamente necesario. Escucha sus historias y relaciónalas con las imágenes anteriores. ¿Te han sorprendido? ¿Por qué? Habla con tu compañero.

| 2.2. | 👤🌐 Observa las frases extraídas de la entrevista y clasifícalas según proporcionen una información desconocida (D) para el interlocutor, o una información conocida o que se presupone conocida (C). Luego, lee la información del cuadro y comprueba tus respuestas.

Desconocida   Conocida

1 Aunque algunos esto lo vean como un problema, él lo soluciona diciéndoles que le manden un SMS. . . . . ☐ . . . . ☐

2 Aunque sea tan antiguo, no necesita más porque solo lo utiliza para hablar y enviar mensajes de texto. . . . . ☐ . . . . ☐

3 Aunque comprenda los nuevos equipos y las redes sociales, simplemente elige no utilizarlos. . . . . ☐ . . . . ☐

Oraciones y conectores concesivos

Las oraciones concesivas expresan una dificultad para el cumplimiento de la oración principal que no impide, sin embargo, su realización. El conector más habitual es *aunque*.

✗ *Aunque* + indicativo:

• Cuando queremos introducir **una información nueva que sabemos que es cierta** (A) y que puede dificultar la realización de la acción principal (B), la cual, a pesar de esas dificultades, se llevará a cabo, el verbo de la concesiva va en **indicativo**:
  – (A) *Aunque* ***ha empezado*** *a soplar el viento,* (B) *nos quedaremos en la playa.*

• Cuando queremos retomar lo que ha dicho nuestro interlocutor **dándole veracidad**, también usamos el indicativo en la concesiva:
  ● *¡Qué móvil más antiguo! No tiene ni cámara de fotos.*
  ○ *Sí, pero,* (A) *aunque no* ***tiene*** *cámara de fotos,* (B) *me va genial.*

✗ *Aunque* + subjuntivo:

• Cuando queremos introducir una **información de la que no tenemos pruebas sobre su veracidad** (si se ha cumplido o se cumplirá), el verbo de la concesiva va en **subjuntivo**:
  – (A) *Aunque* ***empiece*** *a soplar el viento,* (B) *nos quedaremos en la playa.*

• Cuando queremos retomar lo que ha dicho nuestro interlocutor, **pero queremos restarle importancia a lo que dice**, usamos también el subjuntivo en la concesiva:
  ● *¡Qué móvil más antiguo! No tiene ni cámara de fotos.*
  ○ *Pues* (A) *aunque no* ***tenga*** *cámara,* (B) *me va genial y no necesito comprar otro.*

• Cuando queremos indicar que **rechazamos una idea porque la encontramos muy difícil o imposible de realizar o de que se haya realizado**, entonces se usa el verbo en pretérito imperfecto (presente o futuro) o pluscuamperfecto de subjuntivo (pasado), respectivamente:
  – *Aunque los médicos me dijeran que me operara, yo no lo haría.*
  – *Aunque hubiera sabido la verdad, él no nos habría dicho/diría nada.*

✗ Hay un grupo de conectores concesivos que indican **intensidad** o **insistencia** en algo sin obtener los resultados deseados:

• *Por más* + (sustantivo) + *que* + indicativo/subjuntivo:
  – *Por más que busqué, no encontré las llaves del coche.*

• *Por mucho/a/os/as* + (sustantivo) + *que* + indicativo/subjuntivo:
  – *Por muchas horas que estudie hoy, lo tengo difícil para el examen de mañana.*

• *Por muy* + adjetivo/adverbio + *que* + subjuntivo:
  – *Por muy mal que le haya ido, creo que aprobará el examen.*

✗ Otro grupo de conectores aportan un énfasis mayor en el contraste de los elementos y se utilizan normalmente en un **registro formal**:

• *A pesar de/Pese a* + sustantivo/infinitivo/pronombre:
  – *A pesar de su reclamación, sentimos comunicarle que no podemos reembolsarle el importe de la factura.*
  – *Pese a haber terminado la universidad, no ha encontrado trabajo.*

• *A pesar de* + *que* + indicativo/subjuntivo:
  – *A pesar de que he llegado/haya llegado tarde, las puertas todavía están abiertas.*

| **2.3.** | Lee las siguientes situaciones y reescribe la información con una frase concesiva, según lo estudiado en el cuadro anterior. Ten en cuenta lo que quiere expresar el hablante para elegir el conector más apropiado.

1 Lo he pensado muchas veces, pero sigo sin entender que mucha gente decida vivir alejada de todo lo que la tecnología les puede proporcionar.

> **Yo** ▶ ....

....

2 Guille dice que muchas personas usan demasiado el WhatsApp e incluso que pueden llegar a wasapear con su familia estando en la misma habitación.

> **Guille** ▶ ....

....

3 Lucía siempre protesta porque la conexión a Internet en su casa es mala. Ana le dice que no proteste tanto porque en estos momentos no pueden cambiar de compañía.

> **Ana** ▶ ....

....

4 Roberto es comercial y siempre tiene que llevar el móvil para contactar con sus clientes. Él piensa que es malo para la salud. Su jefe le dice que no tiene más remedio que usarlo.

> **Jefe** ▶ ....

....

5 Lorena le dice a su amigo que en Bélgica ya hay carriles para escribir con el móvil mientras la gente camina. Nota en su cara cierta incredulidad.

> **Lorena** ▶ ....

....

6 Irene le recomienda a Javier que no dependa tanto de las nuevas tecnologías y disfrute de la familia y amigos. Pero Javier le dice que no cree que usar las nuevas tecnologías sea tan perjudicial. Irene le replica.

> **Irene** ▶ ....

....

›| 3 | Hoy día mucha gente ha decidido poner freno a vivir deprisa y bajarse de un mundo dominado por la tecnología para poder disfrutar de la vida. ¿Conoces el *movimiento lento* o *slow*? ¿En qué crees que consiste? Lee el texto y comprueba tus hipótesis.

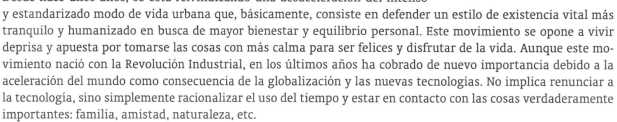

Desconexión consciente

Aunque me gusta estar siempre conectado, soy consciente de que la hiperconectividad satura y, en ocasiones, genera problemas. Por ello, es muy necesario aprender a seleccionar los tiempos de desconexión.

La desconexión voluntaria, intencional o consciente es asumir o participar en la filosofía del denominado *movimiento lento* o *movimiento slow*.

Desde hace unos años, se está reivindicando una desaceleración del intenso y estandarizado modo de vida urbana que, básicamente, consiste en defender un estilo de existencia vital más tranquilo y humanizado en busca de mayor bienestar y equilibrio personal. Este movimiento se opone a vivir deprisa y apuesta por tomarse las cosas con más calma para ser felices y disfrutar de la vida. Aunque este movimiento nació con la Revolución Industrial, en los últimos años ha cobrado de nuevo importancia debido a la aceleración del mundo como consecuencia de la globalización y las nuevas tecnologías. No implica renunciar a la tecnología, sino simplemente racionalizar el uso del tiempo y estar en contacto con las cosas verdaderamente importantes: familia, amistad, naturaleza, etc.

http://www3.gobiernodecanarias.org/medusa/ecoescuela/blog/2014/01/21/elogio-de-la-desconexion-consciente-slow-tech/

| **3.1.** | Prepara una breve exposición sobre los cambios que deberían darse en la sociedad para seguir esta filosofía de vida. Tus compañeros expresarán sus opiniones presentando objeciones a tus propuestas.

> | 1 | Si viviéramos en un mundo sin tecnología, recuperaríamos algunos oficios que hoy ya prácticamente han desaparecido. Entre todos pensad cuáles son y por qué ya no existen. Fijaos en el ejemplo.

> *Un oficio que ya no existe es el de sereno.*

> *¿Sereno?*
> *¿Y qué hacían los serenos?*

> *Eran los encargados de vigilar las calles y regular el alumbrado público por la noche y, en algunos barrios, de abrir los portales de las casas. Antes no existían los porteros automáticos y la gente tenía una llave del portal con la que abría por las noches. El sereno tenía llave de todos los portales del barrio con la que abrir si algún vecino había olvidado su propia llave. Como oficio, existió en España y en algunos países de Hispanoamérica desde el siglo XVIII.*

| 1.1. | Escucha este reportaje sobre algunos oficios que ya casi no existen. Toma nota del nombre de la actividad y de por qué ha desaparecido.

|63|

Oficio	Causa de su desaparición
1	
2	
3	
4	

| 1.2. | Con la pérdida de estos oficios también se pierden otras cosas, por ejemplo, como hemos oído en el reportaje, la calidad de los productos hechos artesanalmente. ¿Estás de acuerdo? En pequeños grupos, elaborad una lista de lo que se pierde y de lo que se gana con la desaparición de estos oficios. Luego, compartid vuestra lista con la de los otros grupos y comparadla. ¿Coincidís en vuestras apreciaciones?

Intercultura

| 1.3. | ¿Qué oficios se han perdido en tu país? ¿Cuáles crees que se perderán en los próximos años y por qué? Habla con tus compañeros.

> | 2 | El mundo en el que vivimos se halla en constante cambio, de ahí que aparezcan nuevos oficios para cubrir nuevas necesidades. Leed el siguiente titular y comentadlo en pequeños grupos.

¿Qué nuevos perfiles profesionales demandan las tecnologías emergentes?

El progreso tecnológico no destruye el trabajo, sino que lo transforma. Mientras desaparecen empleos tradicionales, también surgen nuevas profesiones.

| **2.1.** | Escucha una entrevista a un experto en nuevas tecnologías y ordena las profesiones de las que habla según se mencionen. Después, explícale a tu compañero en qué consiste cada una.

|641|

☐ gestor de robots

☐ diseñador de nubes

☐ controlador de drones

☐ programador de tecnología *háptica*

☐ arquitecto de realidad aumentada

| **2.2.** | En la entrevista has podido escuchar estas afirmaciones. Complétalas con la palabra que falta. Después, vuelve a escuchar y comprueba tu respuesta.

|641|

1 Sea como ...., la implantación de nuevas tecnologías no destruye el empleo, lo transforma.

2 .... lo que hagamos, la realidad es que la automatización de un gran número de profesiones tradicionales es ya imparable.

3 Le pese a quien le ...., los robots llegarán a ser compañeros habituales de trabajo.

4 .... o no, ya nadie puede negar la importancia clave que las nubes tienen para las pymes.

5 Les cueste lo que les ...., la mayoría de las empresas de paquetería tendrán su equipo de drones de aquí a unos años.

6 La tecnología háptica parece ser algo de última generación, pero lo .... o no, el primer sistema surgió en los años 50 para manipular sustancias radioactivas.

| **2.3.** | ¿Qué tipo de expresiones son estas? ¿Qué crees que comunican? ¿Para qué crees que se usan? Trabaja con tu compañero. Escribid vuestras conclusiones.

....

....

....

| **2.4.** | Leed la información del cuadro y comprobad vuestras respuestas anteriores.

Estructuras reduplicativas con valor concesivo

✗ Estas estructuras repetitivas tienen también un valor concesivo, con el matiz de indiferencia hacia la objeción planteada. Se construyen siempre con dos verbos iguales en modo subjuntivo y unidos por una constucción de relativo (**lo que**, **como**, **a quién**...):

— *Hagamos lo que hagamos, la automatización es imparable.*
(Aunque hagamos algo, no importa, porque la automatización es imparable).

✗ También se pueden construir con la estructura: verbo en subjuntivo + *o* + *no* + (verbo en subjuntivo):

— *Queramos o no (queramos), ya nadie puede negar la importancia de las nubes.*
(Aunque no queramos, la importancia de las nubes es incuestionable).

| **2.5.** | Ahora vamos a tuitear algunos comentarios bajo los siguientes *hashtag*. Un estudiante empieza a tuitear y los otros continúan.

#NosGusteoNo

#CuesteloqueCueste

#HagamosloqueHagamos

#SealoqueSea

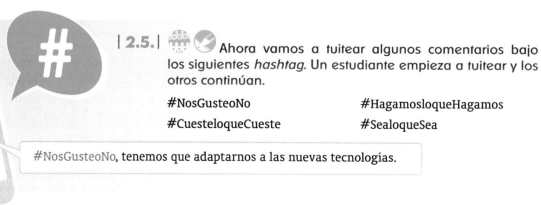

#NosGusteoNo, tenemos que adaptarnos a las nuevas tecnologías.

nuevo **PRISMA** • Nivel **B2**

>| **3** | 🌐🗨 Y tú, ¿cómo te adaptas a la tecnología? ¿Cuál es tu perfil laboral: más tecnológico o más tradicional? ¿Crees que tu forma de ser puede modificarse según el trabajo que realices o que tu trabajo dependerá directamente de tu forma de ser? ¿Con cuál de estas dos afirmaciones estás más de acuerdo? Habla con tus compañeros de grupo.

Está claro que una persona introvertida no puede trabajar de cara al público, una persona sin visión espacial no debería ser arquitecto, y alguien sin una personalidad fuerte no sería capaz de liderar equipos.

Para mí, el trabajo es la actividad en la que puedes moldear tu personalidad y fomentar cualidades que, de otro modo, quedarían relegadas y no tendrían cómo ni dónde desarrollarse.

| **3.1.** | ⚓🔤 Varios empleados del departamento de Recursos Humanos de una empresa ha recopilado las características que puede tener un trabajador. Con tu compañero, piensa cuáles son imprescindibles para determinados puestos de trabajo. Podéis usar el diccionario.

- ✕ emprendedor
- ✕ líder
- ✕ solitario
- ✕ infatigable
- ✕ con buena disposición
- ✕ irresponsable
- ✕ solidario
- ✕ ambicioso
- ✕ humilde
- ✕ con soltura
- ✕ conformista
- ✕ brillante
- ✕ creativo
- ✕ gandul
- ✕ con don de gentes
- ✕ luchador
- ✕ pragmático
- ✕ trabajador
- ✕ aplicado
- ✕ experimentado
- ✕ eficiente
- ✕ holgazán
- ✕ activo
- ✕ honesto
- ✕ idealista
- ✕ sacrificado
- ✕ perfeccionista
- ✕ remolón
- ✕ elocuente
- ✕ diplomático

| **3.2.** | ⚓➕ Con tu compañero, escribe los sinónimos y antónimos de los siguientes adjetivos. Si no están en la lista de la actividad 3.1., puedes buscarlos en el diccionario. ¿En qué creéis que os puede ayudar conocer los sinónimos y antónimos de una palabra?

- ✕ irresponsable
- ✕ conformista
- ✕ *gandul*
- ✕ humilde
- ✕ experimentado
- ✕ luchador
- ✕ brillante
- ✕ diplomático
- ✕ elocuente
- ✕ honesto
- ✕ con buena disposición
- ✕ idealista

Adjetivo	Sinónimo	Antónimo
gandul	*holgazán*	*trabajador*

>| **4** | ⚓🔤 Relacionad las siguientes expresiones sobre la forma de trabajar con su significado. ¿A cuál creéis que se refiere la imagen? Razonad vuestra respuesta.

1. Arrimar el hombro. ....✳
2. No dar ni golpe. ....✳
3. Trabajar codo con codo. ....✳
4. Ponerse manos a la obra. ...✳
5. Tener enchufe. ....✳
6. Escurrir el bulto. ....✳

✳ a. Empezar a trabajar.
✳ b. Ayudar.
✳ c. No hacer nada.
✳ d. Trabajar en equipo.
✳ e. Eludir el trabajo.
✳ f. Tener un trato de favor.

| **4.1.** | ⚓🔊 |65| En el equipo de esta empresa todos comentan hoy cosas. Escucha estas conversaciones de los empleados y elige la opción correcta. Después, compara tus respuestas con tu compañero y justifícalas si es necesario.

1 El compañero de Teresa...
- a. ☐ está manos a la obra.
- b. ☐ trabaja codo con codo.
- c. ☐ es un holgazán.

2 Javi...
- a. ☐ es un emprendedor.
- b. ☐ ha perdido su trabajo.
- c. ☐ tiene mucha experiencia.

CONTINÚA 》

3 El nuevo empleado…

a. ☐ es un gandul.　　b. ☐ tiene trato de favor.　　c. ☐ trabaja con soltura.

4 Pedro…

a. ☐ escurre el bulto con frecuencia.　　b. ☐ siempre arrima el hombro.　　c. ☐ es un solitario.

5 Sobre sus compañeros del departamento de calidad, Patricia…

a. ☐ dice que contarán con su ayuda.　　b. ☐ piensa que son muy solidarios.　　c. ☐ cree que no ayudarán.

| 4.2. | Vuelve a escuchar y señala cuál de estas actitudes percibimos en cada diálogo. Antes, lee la información que te damos en el cuadro de atención. Finalmente, revisa las respuestas de la actividad anterior.

	Irónica	Molesta	Despectiva	Directa	Incrédula
Diálogo 1	☐	☐	☐	☐	☐
Diálogo 2	☐	☐	☐	☐	☐
Diálogo 3	☐	☐	☐	☐	☐
Diálogo 4	☐	☐	☐	☐	☐
Diálogo 5	☐	☐	☐	☐	☐

Fíjate

En determinadas circunstancias, la entonación puede anular totalmente el componente léxico-gramatical de un enunciado, llevándonos a interpretar todo lo contrario de su significado superficial. Es el caso, por ejemplo, de la ironía o el sarcasmo, de la incredulidad, del enfado… Cuando entran en conflicto el componente léxico-gramatical y el entonativo, el interlocutor suele decantarse por el valor de la entonación, dado que esta parece tener un origen más espontáneo y natural que el componente léxico-gramatical, que es más elaborado y reflexionado.

| 4.3. | Después de realizar la actividad 4.2., ¿habéis tenido que corregir alguna respuesta de la actividad 4.1.? ¿Cuál? ¿Por qué? Comentad entre todos los errores que se han cometido.

4 MÉXICO FRENTE A LAS TIC

| **Cultura** |

> | 1 | Lee el artículo que aparece en la página siguiente sobre las nuevas tecnologías en México. Luego, junto a tu compañero, elabora un esquema siguiendo los consejos del cuadro.

Pautas para hacer un esquema

* Haz una lectura comprensiva del texto y realiza correctamente el subrayado para jerarquizar bien los conceptos (idea principal, secundaria…).
* Emplea palabras clave o frases muy cortas sin ningún tipo de detalle y de forma breve.
* Usa tu propio lenguaje.
* Empieza el esquema con una frase que exprese de forma clara la idea principal y que te permita ir descendiendo a detalles que enriquezcan esa idea.
* Por último, elige el tipo de esquema que más se adapte a tu estilo de aprendizaje: más visual, más ordenado, vertical, horizontal…

EL USO DE LAS NUEVAS TECNOLOGÍAS EN MÉXICO. UNA SOCIEDAD MEJOR INFORMADA

Autora: Lic. Gabriela Quintanilla Mendoza

Los esfuerzos realizados en México, a partir del año 2000, para que a través del uso de las tecnologías de comunicación e información se otorgue a la ciudadanía la mayor información posible, servicios y trámites, han dado lugar a una administración pública más eficiente y eficaz. Sin embargo, sigue siendo muy reducido el número de individuos que tienen acceso a estos servicios, debido a la falta de cultura informática y el acceso a computadoras, por lo que el reto sigue en la puerta.

A principios de la década de los noventa surgieron dos herramientas que revolucionaron las comunicaciones: el teléfono celular y el Internet.

Sin embargo, es importante destacar que el uso de las nuevas tecnologías de la información y comunicación (TIC), es decir, teléfono celular, computadoras, servidores, impresoras –y todo lo relacionado con la informática– y el Internet, empezaron a ser utilizados en los países subdesarrollados a finales de la década de los noventa, por lo que el desarrollo e impulso de las tecnologías en estos países todavía está muy limitado debido a varios aspectos, entre los que se pueden mencionar:

1. Reducido número de usuarios de computadoras y bajo conocimiento del manejo de estas.

2. Limitada cantidad de usuarios que acceden al Internet, dado que este servicio implica un costo y una conexión especial.

3. Desconocimiento del Internet como herramienta de comunicación, de su uso, ventajas y explotación.

4. Poca cultura informática y de utilización de los medios de comunicación digitales: computadora, correo electrónico, chat e Internet propiamente.

A partir el año 2000, la política y el gobierno de México se adecuaron a los cambios sociales y tecnológicos que prevalecían mundialmente.

La democracia digital empezó a tener auge en el país al desarrollarse una serie de acciones que permitía a los ciudadanos tener acceso a la información gubernamental.

El Internet, como un servicio de comunicación de utilidad pública, sigue siendo un reto para el gobierno mientras no se logre que la mayoría de la población tenga acceso a esta herramienta.

En la medida en que el gobierno federal y los gobiernos locales logren una ampliación en el conocimiento y uso de las nuevas tecnologías, su administración pública será más eficaz y eficiente, y dará lugar a una democracia más sólida.

Adaptado de www.ordenjuridico.gob.mx/Congreso/pdf/127.pdf

| 1.1. | Buscad tres términos en el texto que no se usan o no se usan igual en el español de España. ¿Creéis que estas palabras impiden la comprensión del texto? ¿Qué efectos positivos y/o negativos creéis que tiene entre los hispanohablantes la existencia de las variantes lingüísticas?

Grupo cooperativo

> | 2 | Vais a escribir un artículo que hable sobre la aplicación de las nuevas tecnologías en el mundo laboral. Aquí tenéis algunas preguntas sobre las que podéis reflexionar para preparar el texto. No olvidéis utilizar las estructuras estudiadas a lo largo de la unidad. Seguid las pautas.

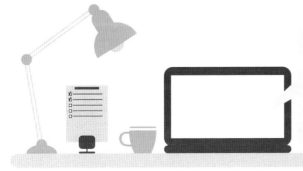

1. ¿Qué posibilidades de trabajo ofrecerán las tecnologías emergentes en nuestra sociedad?

2. ¿A qué desafíos se enfrentan las empresas tradicionales en proceso de transformación digital?

3. ¿Las nuevas profesiones relacionadas con el sector de la telefonía móvil son una moda o llegan para quedarse?

1 Dividid la clase en grupos de tres. Cada grupo hará una puesta en común de sus ideas y decidirá sobre lo que va a escribir.

2 El grupo, en consenso, pondrá un título al artículo (las primeras palabras son clave) y creará un esquema básico destacando las partes importantes del texto. El lector tiene que poder captar las ideas más importantes en pocos instantes.

3 Repartid entre los miembros del grupo las tareas: escribir la introducción, redactar la parte central o clave del artículo, buscar bibliografía para incluir que trate el tema elegido y aporte más información, escribir la parte final o conclusión y, por último, buscar una imagen sugerente para ilustrar el artículo.

4 Poned en común vuestro trabajo y corregidlo entre todos los miembros del grupo: ortografía, gramática, léxico, cohesión y coherencia.

5 Por último, colgad el artículo en la clase para que todos los compañeros puedan leerlo.

 Recuerda

✗ La **coherencia** se refiere al significado global de un texto. Un texto es coherente si tiene sentido y sus partes están bien organizadas. Además, debe tener un tema central y todas las ideas principales y secundarias deben estar relacionadas con ese tema.

✗ La **cohesión** se refiere a la organización lingüística de un texto. Mediante la cohesión se encadenan las distintas partes del mismo (palabras, oraciones, párrafos) para establecer relaciones de todo tipo entre ellas. Existen tres formas básicas de cohesión: léxica (uso de sinónimos, metáforas…), gramatical (uso de pronombres, concordancia…) y el uso de conectores (argumentativos, temporales, causales…).

5 ▸ SIGNOS ESPECIALES DE PUNTUACIÓN: (?), (!), [...], (a), *

>| 1 | Lee las siguientes oraciones. ¿Qué te llama la atención? ¿Conoces los signos? ¿Qué crees que expresan? Trabaja con tu compañero.

✗ Carlos es el más listo (?) de la clase.

✗ Por fin, después de quince años, terminó la carrera en la universidad y estaba tan orgulloso (!).

| 1.1. | Lee la información del cuadro para comprobar los resultados de la actividad anterior.

Signos especiales de puntuación

✗ Los signos de cierre escritos entre paréntesis se utilizan para expresar duda (los de interrogación) o sorpresa (los de exclamación), con un matiz de ironía en la mayoría de casos.

✗ En algunos tipos de texto (obras literarias, textos publicitarios o comunicaciones informales) es posible escribir dos o tres signos de exclamación para indicar mayor énfasis en la entonación exclamativa: *¡¡¡Traidor!!!*

✗ Se usan tres puntos entre corchetes para indicar, en la transcripción de un texto, que se ha omitido un fragmento del original: *"Pensé que él no pudo ver mi sonrisa [...] por lo negra que estaba la noche"*.

✗ Para escribir un mismo étimo en masculino y femenino, y evitar la repetición de la palabra, se escribe el vocablo en masculino y, a continuación, una *(a)* que hace referencia a su femenino: *Un(a) profesor(a)*.

✗ El asterisco, signo ortográfico auxiliar en forma de estrella se emplea en los casos siguientes:

• Como signo de llamada para notas al margen o a pie de página: *Beethoven* compuso una única ópera, titulada* Fidelio.

• En obras de gramática, se utiliza para indicar que una determinada construcción es "agramatical", es decir, incorrecta, por incumplir alguna de las reglas del sistema de la lengua: **Sus estos ojos; *Quiero que yo vaya a París*.

> | 2 | 👤👥⚙️ **Completa las oraciones con los siguientes signos: (¡!), (¿?), ¡¡¡!!!, […],*, (a), según corresponda.**

1 No voy a dejar que me ganes siempre. .....Venganza.....

2 Mi padre me ha despertado esta mañana a las 06.00 para decirme que me levantara para ir a clase y no empiezo hasta las 10.00. Ha sido tan simpático ......

3 Estimado..... cliente: vamos a proceder al reembolso de su factura.

4 Un señor de 70 años ..... ha sido el ganador de la maratón de Valencia.

5 Mira cómo empieza este famoso libro: "En un lugar de la Mancha, de cuyo nombre no quiero acordarme, no ha mucho tiempo que vivía un hidalgo .....".

6 .....Me gustaría que vienes a visitarme a Madagascar.

¿Qué he aprendido?

1 **Escribe una frase para cada uno de los valores del gerundio.**

1. Modo: ....

2. Tiempo: ....

3. Causa: ....

4. Concesión: ....

5. Condición: ....

2 **Fíjate en estas frases y señala si se refieren a información conocida o desconocida por el oyente y si expresan algún matiz. Después, tradúcelas a tu lengua. ¿Qué tipo de conectores y formas verbales utilizas?**

1. Aunque tener un móvil de última generación esté de moda, yo prefiero seguir con el de antes.
....

2. Por más que insistas, no conseguirás convencerme. Voy a comprarme este iPad aunque sea el más caro de todos.
....

3. A pesar de que muchos intentan mantener las tradiciones y las profesiones de sus abuelos, muchas desaparecerán para siempre.
....

4. Cueste lo que cueste, vamos a empezar a usar robots en esta empresa.
....

3 **¿Puedes escribir cinco adjetivos que recuerdes sobre las características que una persona debe tener en su perfil laboral? Después escribe un sinónimo y un antónimo.**

Adjetivo	Sinónimo	Antónimo
1.	....	....
2.	....	....
3.	....	....
4.	....	....
5.	....	....

4 **Reflexiona sobre el aprendizaje de léxico. ¿Cómo aprendes mejor el vocabulario?**

1. ☐ Relacionándolo con imágenes.

2. ☐ Poniendo las palabras en contexto.

3. ☐ Buscando la definición de la palabra.

4. ☐ Buscando el sinónimo.

5. ☐ Buscando el antónimo.

6. ☐ Haciendo listas de familias de palabras.

7. ☐ Relacionándolo con palabras similares de otras lenguas que hablo.

8. ☐ Traduciendo la palabra a mi lengua.

9. ☐ Escribiendo, junto a la definición, sus características gramaticales.

Contenidos funcionales

- Destacar o intensificar aspectos negativos del carácter de las personas.
- Hablar mal de alguien usando adjetivos positivos.
- Hablar de otros suavizando la crítica.
- Restar fuerza a la propia opinión.

Contenidos gramaticales

- Oraciones temporales.
- Colocaciones léxicas de verbos + adverbios en –*mente* y de verbos + nombres.
- Repaso general de los diferentes tipos de oraciones subordinadas.

Tipos de texto y léxico

- Conversaciones, registro coloquial.
- Artículo divulgativo.
- Documental de radio.
- Diálogos en un guion de cine.
- Léxico para describir el carácter de las personas.
- Léxico relacionado con las manías y las formas de comportarse.

El componente estratégico

- Estrategias de comprensión y relación de contenidos.
- Reflexionar sobre la combinación de las palabras en español.
- Análisis del microrrelato y técnicas para escribir uno.
- Estrategias para mejorar la fluidez y la naturalidad en la conversación.
- Reflexionar sobre la importancia de conocer otras culturas para evitar prejuicios y estereotipos.

Contenidos culturales

- Eneagrama.
- Microrrelato: *El coleccionista*, de David Generoso.
- Curiosidades de los genios.
- Costumbres y tradiciones en España: el Colacho, la Romería de Ataúdes, la Tomatina y el maestro Mateo, el santo de los cabezazos.

Fonética/Ortografía

- La pragmática en la pronunciación: recursos pragmáticos.

---

1 ¡MENUDO BICHO RARO!

> **| 1 |** Marca con un color las expresiones que sirven para hablar bien de alguien y, con otro, las que sirven para hablar mal. Luego, compara con tu compañero.

1 poner a alguien a parir
2 halagar
3 piropear
4 poner verde a alguien

5 reprochar
6 poner a caldo
7 elogiar
8 aplaudir

9 criticar
10 felicitar
11 poner por las nubes
12 echar en cara

|Sensaciones|

| 1.1. | En parejas, responded a estas preguntas.

- ¿Qué crees que es más fácil, hablar bien de alguien o hablar mal?
- ¿Sabes aceptar una crítica?
- ¿Cómo te sientes cuando recibes una crítica por lo que haces?
- ¿Y cuando recibes un halago?
- ¿Tú también criticas y halagas a otros?
- Fíjate en la imagen. ¿Con qué termino o expresión de los que has visto en la actividad 1 la asociarías?

> | 2 | 👥 📖 En el trabajo, hablar de otros o que otros hablen de ti puede afectar al ambiente molesto entre compañeros. Lee el texto y relaciona las frases marcadas en negrita con las expresiones que aparecen debajo.

Un mal compañero de trabajo destila pesimismo por donde camina y es peligroso.

Estos personajes oscuros que encontramos en todos los trabajos son aquellos para quienes todo el mundo es deshonesto y mal intencionado. Son aquellos que solo hablan mal de los otros. Son los que **no consiguen contener su envidia** y se burlan de todo lo innovador que no haya sido idea de ellos. De ahí que, constantemente, descarguen sus malas energías sobre los colegas de trabajo, amigos y familiares.

¿Son malas personas o es solo que se aburren mortalmente en su puesto de trabajo y no saben cómo sobrevivir a la jornada laboral? Sea como sea, lo mejor que podemos hacer es pasar olímpicamente de este tipo de personas ya que no nos traerán nada bueno. Así que no olvidemos su perfil…

– **Son autoritarios**, imponiendo su voluntad sobre los demás.
– **Son falsos**, mintiendo para parecer mejor de lo que son.
– Son irrespetuosos y muy críticos, menospreciando el trabajo de los otros.
– **No se atreven a decir lo que piensan de verdad.**
– Son bastante conflictivos y negativos, quejándose siempre de los demás.
– **Son ambiciosos y no tienen escrúpulos** cuando se trata de conseguir lo que quieren.
– **Son arrogantes y prepotentes**, creyéndose superiores a los otros.
– **Son muy jactanciosos, alardean de todo** y hablan de manera desenfadada.
– **Se ponen fácilmente a la defensiva.**

Adaptado de http://www.diariofemenino.com/trabajo/mundo-laboral/articulos/los-10-mandamientos-de-una-mala-companera-de-trabajo/

1 Ser un chulo: ....
2 Ser un creído: ....
3 Ser un trepa: ....
4 Ser un mandón: ....

5 Ser un poco susceptible: ....
6 Ser muy celoso: ....
7 Ser un cobarde: ....
8 Ser un hipócrita: ....

Destacar aspectos negativos del carácter de las personas

✗ Estos adjetivos negativos, cuando se usan con el verbo *ser*, si estamos pensando en alguien en concreto y no hablando en general, suelen ir acompañados de alguno de los siguientes elementos:

- *Es **un/una*** (con valor enfático): *Es un chulo.*
- *Es **muy**: Es muy receloso.*
- *Es **un poco*** (para mitigar el carácter negativo de la expresión): *Es un poco susceptible.*

| 2.1. | 🕵️ 🔊 Ana ha empezado hoy a trabajar en una nueva empresa y la primera persona a la que
[66] ha conocido es Inma. Escucha lo que esta le cuenta sobre las personas que trabajan allí y anota, por orden, cómo las define. A continuación, escribe al lado de cada palabra el número de la definición que le corresponde. Compara con tu compañero.

1 ....
2 ....
3 ....
4 ....
5 ....
6 ....
7 ....
8 ....
9 ....
10 ....

☐ A repipi, cursi
☐ B tiquismiquis
☐ C sobón/ona
☐ D pardillo/a
☐ E agarrado/a, tacaño/a
☐ F pijo/a
☐ G plasta
☐ H hortera
☐ I muermo
☐ J carca

x Estos adjetivos son coloquiales y, por tanto, solo se pueden usar entre personas con las que uno tiene mucha confianza.

x *Hortera, repipi, tiquismiquis, carca, plasta* y *muermo* son invariables. El masculino o femenino lo expresamos con *un/una* delante del adjetivo, excepto *un muermo*, que puede referirse también al femenino.

Intensificar un aspecto negativo del carácter de una persona

x Para intensificar un aspecto negativo del carácter de una persona puedes usar las siguientes estructuras:

- **Ser** + **un/una** + adjetivo + *monumental*:
  —Felipe es un tonto monumental.

- **Ser** + **un/una** + **pedazo de** + adjetivo:
  —Irene es una pedazo de idiota.

- Futuro imperfecto de **ser** + adjetivo:
  —¡Será tonta!

- ¡**Qué** + adjetivo!:
  —¡Qué plasta!

- ¡**Menudo** + adjetivo!:
  —¡Menudo chulo!

- ¡**Mira que** + **ser** + adjetivo!:
  —¡Mira que es cursi!

| 2.2. | 🔊 167 Después de unos días, Ana ha podido comprobar que Inma tenía razón. Estos son algunos de los comentarios que Ana ha escuchado de sus compañeros. ¿Qué crees que pensó al escucharlos? En parejas, reaccionad utilizando las estructuras anteriores.

| 2.3. | Pero en esta empresa todos hablan de todos y también de Inma. Fíjate en esta conversación y completa el cuadro siguiente con los ejemplos. ¿Qué diferencia hay con las expresiones anteriores?

*Esta chica siempre criticando a los demás… Debería mirarse a ella misma, porque no es muy **inteligente** que digamos estar todo el día chismorreando.*

*Cierto. Esta chica va de **lista**, cree que conoce a todos y en realidad no sabe nada de nosotros, pero le gusta hacerse la **interesante**, eso es todo.*

Hablar mal de otros con adjetivos positivos

x Para hablar mal de otros utilizando adjetivos positivos puedes usar las siguientes estructuras:

- **Ir** + **de** + adjetivo positivo:
  —

- **Hacerse** + **el/la** + adjetivo positivo:
  —

- **No** + **ser** + **muy** + adjetivo positivo:
  —

EL ENEAGRAMA

¿Quién soy?

Andrea Vargas

> | 3 | A Inma le apasiona todo lo relacionado con la personalidad y el autoconocimiento, quizá por eso cree que conoce muy bien a sus compañeros. Hoy ha traído este libro a la oficina y ha provocado la curiosidad de todos. ¿De qué crees que trata? ¿Te gustaría leer un libro como este? Háblalo con tus compañeros.

|3.1.| Para conocer el tema del libro, lee el siguiente texto y contesta las preguntas.

Hay tantos caminos para conocerse como seres humanos hay en este mundo. Existen algunas herramientas psicológicas que contribuyen a facilitar, profundizar y acelerar este proceso de autoconocimiento. El eneagrama es una de ellas. Es como un mapa de nuestro territorio emocional que podemos utilizar a modo de orientación y referencia para conocer nuestras limitaciones y potencialidades.

Desarrollado por Óscar Ichazo y Claudio Naranjo, el eneagrama es una herramienta tan útil y práctica que está siendo utilizada por psicólogos, psiquiatras y *coach* a fin de darle un enfoque más objetivo y resolutivo a sus terapias. También está siendo usado cada vez más por las empresas para desarrollar el autoliderazgo y la inteligencia emocional de las personas que trabajan para ellas. Incluso es empleado por muchos guionistas y escritores para crear personajes más profundos y verosímiles.

La palabra *eneagrama* significa en griego "nueve líneas". Y se llama así, principalmente, porque describe, a grandes rasgos, nueve tipos de personalidad, cada una de las cuales cuenta con su propio modelo mental. Este esqueleto psicológico también determina qué nos mueve a ser como somos y a hacer lo que hacemos; cuáles son nuestros principales rasgos de carácter, incluyendo nuestros defectos y cualidades; qué deseamos y de qué tenemos miedo; e, incluso, cuál es la piedra emocional con la que tropezamos una y otra vez a lo largo de nuestra vida.

Adaptado de http://elpais.com/elpais/2014/08/01/eps/1406890388_987753.html

1 ¿De qué forma se aplica la técnica del eneagrama en el mundo del cine?

2 ¿Qué aspectos de nuestra personalidad describe el eneagrama?

3 ¿De qué manera nos puede beneficiar conocernos desde este modelo?

4 ¿Qué opinas? ¿Te resulta interesante? ¿Sientes curiosidad por descubrir tu número?

|3.2.| El profesor os va a repartir unas fichas de trabajo para elaborar un mural con los nueve tipos de personalidad que propone el eneagrama. Seguid sus instrucciones. ¿Te sientes identificado con alguna de estas personalidades? Coméntalo con tus compañeros de grupo.

> **Fíjate**
>
> x Para relacionar conceptos con su definición, te aconsejamos:
> - Leer las palabras que transmiten el concepto.
> - Leer las definiciones atentamente.
> - Empezar por lo que sabes y/o conoces.
> - Fijarse en las palabras clave de la definición para deducir a qué concepto se refieren.
> - Buscar en la definición sinónimos de la palabra referida al concepto o expresiones que contengan dicha palabra.

|3.3.| Fíjate en estas frases y, con tu compañero, piensa con cuál de los nueve tipos de personalidad podríamos asociar cada una argumentando vuestras opiniones.

1 **Se aburre mortalmente** en una fiesta.

2 **Afirma categóricamente**.

3 **Pasa olímpicamente** de los conflictos.

4 **Desea ardientemente** ayudar a los demás.

5 **Se enamora perdidamente**.

6 **Protesta enérgicamente** contra las injusticias.

7 **Saluda efusivamente** a todo el mundo.

> **Fíjate**
>
> **¿Te suena bien esta frase?**
> - *A Juan le introdujeron ganas de salir. Cuando llegó a la calle, albergó un chasco porque vio que llovía.*
>
> x La combinación *introducir ganas no existe en español, pero sí *entrar ganas*. Lo mismo ocurre con *albergar un chasco*. En español, albergamos esperanzas e incluso odios, pero no chascos; estos los tenemos o nos los llevamos. Todas estas combinaciones típicas de verbo + nombre, nombre + adjetivo o verbo + adjetivo en –*mente* se llaman **colocaciones**.
>
> En http://www.dicesp.com/paginas

| 3.4. | 👤 ⚙️ Fíjate en las expresiones de la actividad 3.3., analízalas y, luego, completa la información del cuadro con los verbos propuestos.

> ✗ creer ✗ tocar ✗ prohibir ✗ afirmar ✗ negar ✗ fruncir
> ✗ guardar ✗ tomar ✗ mantener ✗ llover ✗ pagar ✗ informar
> ✗ fracasar ✗ llorar ✗ saludar ✗ albergar ✗ aburrirse ✗ correr

Colocaciones: relaciones típicas entre las palabras

✗ Una *colocación* es una combinación estable de palabras que se emplea de manera preferente, en lugar de otras también posibles, para referirse a algo o a alguien. Las estructuras más comunes son:

- Verbo + adverbio en **–mente**:

[1] .... mortalmente   [7] .... puntualmente
[2] .... categóricamente   [8] .... copiosamente
[3] .... firmemente   [9] .... religiosamente
[4] .... efusivamente   [10] .... rotundamente
[5] .... desconsoladamente [11] .... celosamente (un secreto)
[6] .... terminantemente   [12] .... estrepitosamente

- Verbo + nombre:

[1] .... el ceño   [4] .... una decisión
[2] .... la guitarra   [5] .... riesgos
[3] .... una conversación   [6] .... esperanzas

| 3.5. | ♻️ 🌐 En grupos de tres, asociad las colocaciones de la actividad anterior con los nueve tipos de eneagramas que habéis trabajado en las fichas de la actividad 3.2.

Tipo 1	
perfeccionista	estricto
ético	íntegro

Una persona que pertenece a este tipo puede guardar celosamente un secreto.

2 EL ARTE DE AMONTONAR

> | 1 | 👤 ⚙️ En el eneagrama se definen las personas del tipo 4 como aficionadas a coleccionar todo tipo de cosas. Pero, ¿qué cosas? Fíjate en estos verbos y escribe palabras que se pueden combinar con ellos. Puedes usar el diccionario.

Coleccionar	Recaudar	Recopilar	Amontonar

| 1.1. | Escucha las siguientes entrevistas realizadas para el documental *Esos locos coleccio-*
| 68 | *nistas* y completa la tabla.

	¿Qué colecciona?	¿Desde cuándo?	Proyectos para el futuro
Entrevista 1			
Entrevista 2			
Entrevista 3			

| 1.2. | En las entrevistas anteriores han aparecido algunos ejemplos de oraciones tempo-
rales. Lee la información del cuadro y, luego, clasifica los conectores según el momento que
expresen en relación con la oración principal.

Oraciones temporales

✗ Las oraciones subordinadas temporales indican el tiempo en que ocurre la acción expresada
en la oración principal. Algunos conectores temporales son:

- *Al*, *nada más*, *hasta*, *antes de*, *después de* + infinitivo:
  — *No dijo nada hasta finalizar el curso.*

- *Antes de que*, *después de que* + subjuntivo:
  — *Escondieron todos los regalos antes de que se diera cuenta.*

- *Cuando*, *en cuanto*, *tan pronto como*, *apenas*, *desde que*, *hasta que*, *cada vez que*… + indica-
tivo (cuando se refieren a un momento del presente o pasado) o subjuntivo (cuando se
refieren a una acción futura respecto a otra):
  — *Cuando estudiaba en la universidad, tenía bastante tiempo libre.*
  — *En cuanto lo saludé, me conoció.*
  — *Tan pronto como terminemos de comer, iremos al centro comercial.*
  — *Pensé que lo haría apenas tuviera tiempo.*

— *Después de que* (cuando se refiere a un momento del pasado) puede alternar el uso de
indicativo o subjuntivo sin que se aprecien diferencias de significado:
  — *Después de que supo lo que había pasado, me pidió perdón.*
  — *Después de que supiera lo que había pasado, me pidió perdón.*

— *Hasta que* se utiliza cuando la oración subordinada tiene un sujeto diferente a la principal, frente a *hasta*, que se utiliza cuando la oración subordinada tiene el mismo sujeto
que la principal:
  — *No (él) dijo nada hasta que (el curso) finalizó el curso.*
  — *No (él) dijo nada hasta (él) finalizar el curso.*

— Los conectores *siempre que* y *mientras* tienen valor temporal si se construyen con indi-
cativo, y principalmente valor condicional si se construyen con subjuntivo:
  — *Siempre que viene me trae caramelos.*
  — *Mientras vayas con cuidado, no me importa dejarte el coche.*

✗ La relación temporal que estos conectores establecen entre las acciones de la oración principal
y subordinada se puede clasificar en:

[1] Acción habitual: *cuando*

[2] Acción simultánea: ....

[3] Repetición de la acción: ...., ...

[4] Límite de una acción: ....

[5] Acción anterior a otra: ....

[6] Acción posterior a otra: ....

[7] Acción inmediatamente posterior a otra: ...., ...,
.... , ..., ...

| **1.3.** | 👤 🌐 Completa las frases con los verbos propuestos en el tiempo correcto, según la relación temporal que se establece entre las acciones. Algunas de las frases se refieren a las entrevistas que has escuchado antes, ¿a cuáles?

> ✕ saber   ✕ poner   ✕ desarrollar   ✕ haber   ✕ tener
> ✕ decidir (2)   ✕ enterarse   ✕ dejar   ✕ encontrar   ✕ conocer

1 Cuando yo .... de que hay una posibilidad de conseguir una nueva pieza, ... en marcha todos los contactos para llegar el primero. El último fue el que te comentaba de Australia: en cuanto .... de su existencia, ... que ese era para mí.

Entrevista ☐

2 En cuanto nuestro proyecto se .... y se .... más, estoy seguro de que .... más comunidades que se unirán a nosotros.

Entrevista ☐

3 Al principio pensé que lo .... cuando .... unas cuantas piezas, suficientes para satisfacer mi deseo de tocar el espacio.

Entrevista ☐

4 Después de que se .... las primeras piezas en la zona, el gobierno .... enviar a un equipo completo de investigación.

Entrevista ☐

| **1.4.** | ♻ 🌐 En grupos de tres, leed el titular que os va a repartir el profesor y seguid sus instrucciones.

> | **2** | 🎯 🌐 ¿Por qué crees que la gente colecciona objetos? ¿De dónde crees que surge esa necesidad humana de acumular cosas? Y tú, ¿qué coleccionas? ¿Desde cuándo? Coméntalo con tus compañeros.

| **2.1.** | 👤 🌐 Lee el siguiente texto sobre el coleccionismo y fíjate en las expresiones marcadas en negrita. Después, analízalas y completa con ellas el cuadro que aparece en la página siguiente, según lo que expresen.

Muchas son las especulaciones sobre cuál es el origen del coleccionismo. La idea de colección como tesoro se remonta a la propia historia del hombre, mostrando la colección como una forma de acumulación que produce prestigio por la exhibición de lo poseído y, al mismo tiempo, ligada a lo oculto de los templos, palacios reales y criptas. Y parece ser que 5000 años [a] **antes de que comenzara** la era cristiana ya se tienen referencias de que existía el coleccionismo como una "actividad muy ligada a la naturaleza social del hombre".

Uno de cada tres americanos son coleccionistas. Esto indica que el nivel de fanatismo por coleccionar objetos es más común de lo que muchos imaginan. Muchos de estos aficionados están dispuestos a gastar grandes sumas de dinero, [b] **lo valga realmente o no** la pieza codiciada, con la única finalidad de poder agregar a la lista un nuevo objeto [c] **que no esté** en su colección.

Las nuevas tecnologías han sido una herramienta esencial para este tipo de 'afición'. Internet es una vía simple y cómoda para comprar artículos de colección. [d] **En caso de que quieras** comprar o vender, es imprescindible el uso de eBay, uno de los sitios de comercio más grande del mundo, y que, en sus inicios, se dedicaba a reunir a coleccionistas [e] **para que encontraran** personas con intereses similares y pudieran intercambiar productos, [f] **aun estando** a miles de kilómetros.

[g] **Como el coleccionismo depende** de los gustos de cada uno, **pueden existir** [h] **tantas colecciones como personas que coleccionan**. También difiere el tipo de coleccionista. Así, por ejemplo, encontramos a los "completistas", que son aquellos que, como su nombre indica, intentan completar las colecciones para tener una muestra de cada uno de los artículos que se reúnen. Muchos, [i] **después de terminar una colección**, pueden renunciar a esta afición o simplemente comenzar una nueva. Parece ser que la elección del tipo de coleccionismo viene determinada por las aficiones y el desarrollo cultural de cada persona. [j] **De ahí que sean** aspectos básicos la especialización, el espacio, los medios económicos, saber seleccionar y clasificar y, además, exponer y compartir.

CONTINÚA »

Los tipos de elementos a coleccionar son muy variados. Se pueden reunir desde cajas de fósforos hasta armas de fuego. Dentro de las colecciones más raras del mundo se encuentra, por ejemplo, la de cámaras de vídeo de Dimitris Pistiolas, de Atenas, que posee la colección privada más grande del mundo de cámaras de cine.

Tiene en su haber 937 modelos *vintage* y proyectores. [k] **Y aunque nos parezca imposible**, también existe una colección de pelos de celebridades, pasión de John Reznikoff, de Estados Unidos, que colecciona cabellos que van desde los de Abraham Lincoln, Edgar Allan Poe o Albert Einstein hasta los de Marilyn Monroe.

Adaptado de http://www.biobiochile.cl/2012/05/26/el-arte-de-amontonar-las-10-colecciones-mas-raras-del-mundo.shtml

Tipos de oraciones subordinadas (Repaso)

[1] ☐ Finalidad, objetivo que se quiere conseguir.
[2] ☐ Consecuencia.
[3] ☐ Anterioridad.
[4] ☐ Referencia a algo indeterminado.
[5] ☐ Causa, sinónimo de *porque*.

[6] ☐☐ Objeción equivalente a *a pesar de*.
[7] ☐ Condición.
[8] ☐ Posterioridad.
[9] ☐ Objeción hacia algo que nos resulta indiferente.
[10] ☐ Comparación de igualdad.

Cultura

> **3** En nuestra vida todos somos grandes coleccionistas de experiencias. Así lo cuenta David Generoso en su microrrelato *El coleccionista*. Escribe los fragmentos que faltan en el lugar correspondiente y disfruta de su lectura.

- ✕ compraba en el quiosco y que leía de camino a casa
- ✕ que vomitaba sobre el papel
- ✕ De niño, coleccionaba cromos
- ✕ su cuerpo en interminables recreos
- ✕ un bote de cristal después de haberles cercenado el rabo

El coleccionista

[1] .... que pegaba en los álbumes con un engrudo[1] que le fabricaba su abuela, lagartijas que introducía en [2] ...., conchas que recogía los veranos en la playa y que se acumulaban en una bolsa de plástico el resto del año.
De joven hizo acopio de tebeos que [3] ...., suspensos que aumentaban el consumo de ibuprofeno entre sus padres, moratones que tatuaban [4] ....
De adulto recopiló fracasos amorosos, reproches, gritos, portazos, noches en vela, advertencias laborales, despidos, deambulaciones, pequeños hurtos, atracos, prisiones.
En su vejez, coleccionó recuerdos [5] .... Hasta que se desprendió del último y murió.

Texto cedido por David Generoso, http://davidgeneroso.com/

[1] Pegamento casero que se fabrica con harina y agua.

| **3.1.** ¿Cómo definirías un microrrelato? ¿Qué lo diferencia de una novela o un cuento? Con tu compañero, elabora tu definición. Estos conceptos pueden ayudaros. ¿Cuáles podéis ver reflejados en *El coleccionista*?

Características del microrrelato: hiperbrevedad, concisión, espacios esquemáticos, condensación temporal, personajes mínimamente caracterizados, metaficción[1], ironía, humor y exigencia de un lector activo.

[1] La metaficción es una técnica narrativa en la que el autor o algún personaje se mete dentro de la narración para aclarar algo, hacer juicios de valor sobre la obra misma o hablar de técnicas narrativas o de literatura en general.

|3.2.| Vais a escribir un microrrelato. Elegid un tema que os interese, preparad el vocabulario que vais a necesitar y, después, leédselo a vuestros compañeros de clase.

|Sensaciones|

|3.3.| ¿Qué os ha resultado más difícil y más fácil a la hora de escribir vuestro microrrelato? ¿Qué emociones os han transmitido los microrrelatos de vuestros compañeros?

3 LA GENTE Y SUS MANÍAS

>| 1 | Habla con tus compañeros y descubre si tienen alguna manía curiosa o graciosa. Después, haced una lista con todas las manías de la clase.

|1.1.| ¿Te consideras una persona ordenada, meticulosa, supersticiosa, hipocondriaca, asustadiza...? Fíjate en las imágenes y comenta con tu compañero a qué manías podrían referirse.

>| 2 | Varias personas han escrito en un foro sobre miedos y manías. ¿A cuál de las fotografías anteriores no se refieren en ningún momento?

Foro. Tú y tus manías

¿No puedes soportar las manías de los que viven contigo? Cuéntanoslo.

Sandra Lo que más me molesta de mi hermana es su miedo a todo, en especial, a la oscuridad, y eso es lo peor porque compartimos habitación y ella se empeña en dejar la luz encendida hasta que se duerme. Me parece fatal, es que **tú no puedes hacer eso si no tienes una habitación propia**, digo yo. ¿Qué os parece?

➔ Responder

Javier Bueno, eso no es tan malo, al fin y al cabo es solo un ratito al acostaros. **Sería peor que estuviera limpiando todo el día** y quisiera tener la casa como los chorros del oro. Yo conozco a alguien así y **es horrible que te estén echando la bronca continuamente** solo por pisar el suelo. Así que… ¡ánimo!

➔ Responder

Vanesa Pues yo confieso mi manía. ¡Soy superdesordenada! Es imposible que mi habitación esté recogida, siempre hay algo tirado por el suelo. Es pesado para mi familia, lo sé, porque no es solo mi habitación, es la cocina, el baño… pero por más que lo intento, ni siquiera veo el desorden. **Probablemente no sea para tanto**… y a lo mejor los maniáticos son los otros.

➔ Responder

Jesús Es muy fácil decir que ni siquiera ves el desorden, pero yo te pregunto: ¿lo intentas? **Uno sabe que es desorganizado, pero que en el caos está su orden**; sin embargo, no se da cuenta de que no vive solo. La convivencia es algo muy duro, por eso **sería mejor que tuvieras un poquito más de empatía. Puede ser que me equivoque, pero tu actitud me parece demasiado cómoda.**

➔ Responder

|2.1.| Utiliza las opiniones que aparecen en el texto anterior para completar los ejemplos del siguiente cuadro.

Restar fuerza a la propia opinión

× Para desdibujar la **1.ª persona** al opinar, se usa:
- *Ser* (en presente o condicional) + adjetivo + *que*. Es una estructura que generaliza la opinión:
  - _____
  - _____
  - _____

- Utilizando la **2.ª persona del singular** se intenta crear o mantener una relación de solidaridad o implicación con la persona que escucha:
  - _____

- Ocurre lo mismo con la estructura *uno/una* + verbo en **3.ª persona del singular**, pero en este caso la persona que habla se aleja más de la persona que escucha:
  - _____

- En los textos escritos y en los discursos de carácter expositivo se usa la **1.ª persona del plural** a modo de conclusión:
  - *Con todo esto, creemos que los foros de opinión son un buen lugar para desahogarse y resolver los conflictos de la convivencia.*

× También es posible utilizar algunos elementos atenuadores, tanto para opinar como para expresar acuerdo y desacuerdo. Estos introductores acentúan la modestia, incompetencia o ignorancia de la persona que habla:
- Si no me engaño,…
- Tengo entendido que…
- Puede ser que me equivoque, pero…
- No sé mucho de este asunto, pero…
- Parece ser que…
- Por lo visto…
  - _____

× Otro recurso para atenuar la opinión es utilizar los conectores de probabilidad: *probablemente, posiblemente, quizás…*:
  - _____

× Las construcciones *creo que, me parece que, me temo que…* pueden funcionar como atenuadores cuando el hablante da información negativa a otra persona:
  - *Creo que no vamos a salir esta noche.*

|2.2.| Escucha este diálogo que podemos ver en el cortometraje español *Expreso nocturno*. [691] ¿Cómo describirías el carácter de los personajes a partir de su comportamiento? ¿Cuáles son sus manías? ¿Qué manía crees que tendrá el personaje? Habla con tus compañeros. Luego, visionad el corto para comprobar vuestras hipótesis.

|2.3.| Escribe un comentario para el foro con tu opinión sobre estos personajes y utiliza las técnicas que hemos visto para atenuar la opinión.

● ● ●
Foro. Tú y tus manías

Es una pesadez tener que pasar la noche en un tren. Sería mejor que un señor como el del corto tuviera un compartimento privado y no molestara a la gente con sus manías. Damos por hecho que cualquiera está dispuesto a aguantar nuestras rarezas y no tiene por qué ser así. Es una actitud bastante egoísta.

→ Responder

EXPRESO NOCTURNO

....
....
....
....

| **2.4.** | En parejas, imaginad que sois compañeros de piso. Preparad un diálogo sobre las manías del otro.

Fíjate

✗ En el momento de la dramatización, es mejor no leer lo que habéis escrito: intentad memorizar y añadir una parte improvisada. Así es una conversación en la vida real: no hay guion. Este ejercicio os ayudará a trabajar la fluidez y la naturalidad cuando habléis en español.

Alumno A

No soportas los ruidos estridentes. Te molesta incluso que alguien llame al telefonillo de tu casa. Buscas el silencio y la tranquilidad. Te sientes cada vez más incómodo viviendo en una gran ciudad.

Alumno B

Eres bastante tolerante con las manías de los otros, pero que tu compañero de piso desconecte el telefonillo porque le molesta el ruido te parece excesivo, porque, cuando alguien viene a casa, te tiene que llamar al móvil.

>| **3** | Dicen que la gente es más maniática en el trabajo que en casa. ¿Crees que según a qué te dediques puedes desarrollar más o menos manías? En pequeños grupos, pensad en diferentes profesiones y sus posibles manías.

"Yo tengo una pequeña manía, soy veterinario, me encantan los animales, pero, además, tengo mi casa llena de gatos. Dicen que se llama *ailuromanía*, tener esta pasión excesiva por los gatos… ¡Vaya palabra más rara!".

"Pues mejor eso y que no te pase como a mi prima, que le ha dado por estar todo el día tocándose el pelo, es algo compulsivo e irritante. También tiene un nombre, se llama *tricotilomanía*. No sé si tendrá que ver con que es peluquera…".

| **3.1.** | Parece ser que los más maniáticos son los artistas. Escucha este programa de Radio 3 | 70 | sobre el tema y responde a las preguntas.

1 Escribe al menos cinco manías de cinco escritores diferentes.

2 ¿Cuál era la rutina de García Márquez antes de que llegaran los ordenadores?

3 Aparte de en un folio o un ordenador, ¿qué más puede servir a un escritor para apuntar sus ideas?

4 ¿Qué significado tiene para el que habla escribir en la cama?

5 En la conferencia se utilizan estas tres expresiones: *soplarles al oído*, *simple y llanamente* y *quedarse anclados*. Explícalas con tus propias palabras.

Grupo cooperativo

| **3.2.** | Vais a preparar un concurso sobre curiosidades y manías de diferentes artistas de todo el mundo. Seguid las pautas.

1 En grupos de tres, vais a elaborar al menos diez preguntas sobre un personaje relacionado con la cultura (música, literatura, pintura, etc.) de cualquier época y de cualquier país, y tres posibles respuestas de las cuales solo una será la correcta. Buscad información en Internet del personaje elegido.

2 Después, en equipos, jugaremos en clase con todas las preguntas de todos los grupos. Ganará el equipo que más preguntas acierte.

Ejemplo: *¿Cuál era una de las manías de Picasso?*

1. *Pintaba siempre de noche.*   2. *Nunca madrugó.*   3. *En su taller siempre sonaba música clásica.*

4 LA GENTE Y SUS COSTUMBRES

>| 1 | Muchas veces las costumbres típicas de un lugar pueden llegar a crear un estereotipo que no siempre se corresponde con la realidad y que, incluso, puede terminar convirtiéndose en un prejuicio. ¿Se te ocurre algún ejemplo? Haced una lluvia de ideas.

| 1.1. | Para evitar caer en clichés, lo mejor es conocer bien al otro, su idiosincrasia y su forma de comportarse. Relacionad estas definiciones de la RAE con cada término. ¿Sabéis a qué tradición se refiere la foto? ¿De qué país es?

1. Transmisión de noticias, composiciones literarias, doctrinas, ritos, costumbres, etc., hecha de generación en generación. . . . . *

2. Modo habitual de obrar o proceder establecido por tradición o por la repetición de los mismos actos y que puede llegar a adquirir fuerza de precepto. . . *

3. Conjunto de reglas establecidas para el culto y ceremonias religiosas. . . . . *

* **a.** rito

* **b.** costumbre

* **c.** tradición

Intercultura

| 1.2. | Piensa en una costumbre, una tradición y un rito que sean típicos en tu país o en tu ciudad y explícales a tus compañeros en qué consisten.

>| 2 | A lo largo de la historia y hasta nuestros días, cada pueblo o grupo de personas han encontrado formas diferentes de llevar a cabo sus celebraciones y ritos. Aquí tienes los nombres de cuatro fiestas bastante curiosas que se celebran en España. ¿Las conoces? ¿Imaginas qué se hace en cada una? En pequeños grupos, escribid una hipótesis para cada una.

	¿Qué se hace?	¿Dónde?	¿Por qué?
El Colacho o la fiesta de saltar bebés			
La Romería de Ataúdes			
La Tomatina de Buñol			
Los cabezazos a la estatua del maestro Mateo			

Cultura

| 2.1. | Lee un breve texto sobre cada una de estas fiestas y comprueba si las hipótesis de tu grupo se aproximaban a la realidad.

El Colacho. Esta fiesta se celebra en Burgos (España) y no ha dejado de celebrarse desde 1621. Consiste en una jornada en la que un grotesco personaje cubierto por una máscara recorre las calles del pueblo representando al diablo, mientras que los vecinos le increpan con insultos. Lo más sorprendente es que, a lo largo del recorrido, los lugareños levantan altares de flores y posan en el suelo a los niños que ese año hayan nacido en el pueblo para que, a su paso, el Colacho haga una parada y les salte por encima. De este modo, se llevará con él todos los males que puedan acontecer.

Romería de Ataúdes. En San Xosé de Ribarteme, Pontevedra, desde hace más de cinco siglos, cada 29 de julio es costumbre que los vivos se acuesten en ataúdes y sean llevados por el pueblo. La procesión se realiza en honor a santa Marta, patrona de los que están en peligro de muerte. Marta era la hermana de Lázaro, a quien Jesucristo resucitó. Los penitentes ofrecen este acto a la santa como agradecimiento por haber sido salvados de una enfermedad. Sus familiares y amigos los transportan en el ataúd desde la parroquia de la localidad hasta el cementerio, para luego regresar al punto inicial. Esta festividad se considera, según un periódico inglés, la segunda más rara del mundo.

La Tomatina. La singular batalla de tomates de Buñol, Valencia, ha alcanzado tal popularidad que ya la han incluido en un videojuego y comienzan a celebrarla en otras partes del mundo. Por ejemplo, Sutamarchán, el mayor productor de tomates en Colombia, celebra esta fiesta desde hace seis años pero en su versión criolla; en Quillón, Chile, también ya van por la tercera edición de su "guerra del Tomate". En Buñol, se estima que cada año se usan unos 150 mil tomates en la fiesta.

Darle cabezazos a una estatua. En la catedral de Santiago de Compostela, cerca del Pórtico de la Gloria, se encuentra la figura del *maestro Mateo*, conocido como el santo "dos croques" (*de los cabezazos*), pues entre los estudiantes se volvió tradición darle cabezazos intentando recibir su sabiduría. Los viajeros de la zona, especialmente los peregrinos, no dudaron en adoptar la misma costumbre. Sin embargo, esta práctica ha sido prohibida por el bien de la obra.

>| **3** | En pequeños grupos, escribid un decálogo intercultural para favorecer el entendimiento entre culturas y la apertura hacia lo diferente.

| **3.1.** | Compartid vuestros decálogos, llegad a uno común entre todos con las mejores ideas que hayan surgido y pegadlo en la clase. Esto os ayudará a comprender mejor la cultura de la lengua que estáis aprendiendo y la de otros compañeros.

5 LA PRAGMÁTICA EN LA PRONUNCIACIÓN

>| **1** | ¿Sabes qué es la pragmática? Junto con tu compañero busca una definición. Como ayuda, lee detenidamente el siguiente texto.

Estás tranquilamente en casa y llaman al timbre. Es tu vecina la del 5.º, que pasaba por casualidad por tu puerta y ha decidido llamarte. Le abres la puerta, entra en tu salón y comenzáis a charlar sobre temas banales. Ella se acomoda en tu sofá y te dice: *Pues hace calor hoy, ¿no?*

Tú no sabes realmente qué quiere, dudas entre levantarte y prepararle un refresco bien frío o poner el aire acondicionado. Te decides por levantarte, diciéndole que te excuse un minuto, y le traes una bebida bien fría. Ella, cuando la ve, te dice: *Muchas gracias, pero no bebo refrescos con burbujas*. No acertaste, entonces decides beber-

te el refresco a la vez que le das al botón de encendido del aire acondicionado. Ella, con cara de miedo, te dice: *¡Nooo! El frío se me coge en el pecho y estoy todo el verano resfriada, no soporto los aires acondicionados*.

No encuentras solución posible, pero ella te la da: *¿Por qué no abres la ventana? Entrará la brisa marina y nos refrescará*. No puedes creerte que una simple apreciación del tiempo pueda llevar tantos significados implícitos.

La pragmática es: ....
....

> | 2 | Existen muchos recursos pragmáticos que modifican el significado de lo que decimos. Vamos a estudiar cuatro recursos que utilizamos con frecuencia en español. Fíjate en el siguiente cuadro y relaciona las definiciones con sus ejemplos.

Recursos pragmáticos

1. **Interrogativas eco**: preguntas que se repiten con el fin de explicar o especificar algo que ha aparecido con anterioridad en el discurso. ....*

* **a.** *El café estaba riquíííísimoooo.*

2. **Interrogativas retóricas**: preguntas que no necesitan respuesta explícita ya que se deduce de la conversación..........*

* **b.** *Te he dicho que NO-LO-TO-QUES.*

3. **Alargamientos fónicos**: en la pronunciación se alargan grupos fónicos para expresar disconformidad, atenuar una repetición o intensificar una valoración. ....*

* **c.** *¿No crees que se han portado muy mal los niños hoy?*

4. **Pronunciación enfática**: intensificación de las sílabas de una palabra para recalcar una información anterior. ....*

* **d.** ● *¿Cuándo te vas?*
  ○ *¿Cuándo me voy adónde?*

| 2.1. | En la pragmática, un elemento fundamental es la intención del hablante, así como la percepción del contexto que tenga el oyente. Tu profesor te va a dar una ficha que detalla estos recursos con más profundidad. Con todos ellos, cread un diálogo en parejas y representadlo para la clase. Vuestros compañeros tendrán que identificar de qué recursos se trata.

¿Qué he aprendido?

1 Define los siguientes términos que has trabajado en esta unidad.

1. Hortera: ....
2. Tacaño: ....
3. Maniático: ....
4. Rito: ....

2 Escribe un verbo que pueda combinarse con estas palabras.

.... rotundamente.   .... riesgos.   .... efusivamente.
.... estrepitosamente.   .... una decisión.   .... terminantemente.

3 Termina las frases libremente.

1. En cuanto lo supieron, ...
2. A medida que iban conociéndola más, ...
3. Después de que lo prohibieran, ...
4. Antes de empezar a estudiar español, pensaba ....

4 Según lo que has aprendido a lo largo del curso, señala en qué grado crees que puedes hacer las siguientes tareas en español.

	Mucho	Poco	Nada
1 Soy capaz de entender las ideas principales de textos complejos, incluso si son de carácter técnico, siempre que estén dentro de mi campo de especialización.	○	○	○
2 Puedo relacionarme con hablantes nativos con un grado suficiente de fluidez y naturalidad, de modo que la comunicación se realice sin esfuerzo.	○	○	○
3 Puedo producir textos claros y detallados sobre temas diversos y defender mi punto de vista sobre temas generales, indicando los pros y los contras de las distintas opciones.	○	○	○

B2

PRUEBA DE EXAMEN DEL NIVEL B2

Basada en el modelo de examen DELE[1], nivel B2

- Introducción

- Prueba 1: Comprensión de lectura

- Prueba 2: Comprensión auditiva

- Prueba 3: Expresión e interacción escritas

- Prueba 4: Expresión e interacción orales

[1] Diploma de Español como Lengua Extranjera (Instituto Cervantes).

INTRODUCCIÓN

La realización correcta de esta prueba acredita, según el MCER (*Marco común europeo de referencia para las lenguas*) que tienes el nivel B2 y eres capaz de:

Comprender		Hablar		Escribir
Comprensión auditiva	*Comprensión de lectura*	*Interacción oral*	*Expresión oral*	*Expresión escrita*
• Entender las ideas principales de la audición y tomar información concreta. • Reconocer información concreta en conversaciones informales o formales. • Reconocer información concreta y detallada, e interpretar y extraer conclusiones. • Entender la idea principal de monólogos o conversaciones breves. • Reconocer información concreta y detallada, interpretarla y sacar conclusiones de monólogos extensos. • Comprender las ideas principales de conferencias o charlas y otras formas de presentación académica. • Comprender la mayoría de los documentales radiofónicos y otro material grabado, e identificar el estado de ánimo y el tono del hablante.	• Comprender las ideas principales y la información concreta de textos informativos más o menos complejos. • Localizar información concreta e importante en textos, e interpretar significados como sentimientos, actitudes, valoraciones, etc. • Reconstruir la estructura de un texto e identificar las relaciones entre las ideas del mismo. • Identificar estructuras gramaticales para completar un texto largo más o menos complejo. • Identificar en textos extensos los detalles relevantes. • Conseguir información, ideas y opiniones procedentes de fuentes muy especializadas dentro de mi campo de interés.	• Participar en una conversación con cierta fluidez y espontaneidad. • Tomar parte activa en debates sobre temas cotidianos. • Explicar y defender mis puntos de vista. • Desarrollar mi argumentación con un lenguaje persuasivo para reclamar y defender mis intereses. • Expresar y sostener mis opiniones en discusiones, proporcionando explicaciones, argumentos y comentarios adecuados.	• Presentar descripciones claras y detalladas de temas relacionados con mi especialidad. • Explicar un punto de vista sobre un tema exponiendo ventajas e inconvenientes.	• Escribir textos claros y detallados sobre temas que me interesan. • Escribir redacciones o informes que trasmitan diferentes informaciones. • Redactar mis argumentos apoyando o no un punto de vista concreto. • Escribir cartas que destaquen la importancia que doy a determinados hechos o experiencias incluyendo mis emociones.

Además, este examen, que sigue el modelo del examen **DELE**[1] **B2**, consta de cuatro pruebas:

- Prueba 1: Comprensión de lectura (70 minutos).
- Prueba 2: Comprensión auditiva (40 minutos).
- Prueba 3: Expresión e interacción escritas (80 minutos).
- Prueba 4: Expresión e interacción orales (20 minutos + 20 minutos de preparación).

El tiempo indicado entre paréntesis para la realización de cada prueba es el mismo del que se dispone en el examen DELE. Además, se reproducen las instrucciones y el formato del examen oficial, para que puedas conocerlo y para que te sirva de práctica en el caso de que desees presentarte a estos exámenes para obtener el diploma.

[1] El DELE (Diploma de Español como Lengua Extranjera) es un título oficial, acreditativo del grado de competencias y dominio del idioma, que otorga el Instituto Cervantes en nombre del Ministerio de Educación de España. Más información en: http://diplomas.cervantes.es/index.jsp

La prueba 1 consta de cuatro tareas y dura 70 minutos.

Número de ítems: 36.

A partir de textos informativos, expositivos, artículos de opinión, noticias, textos literarios e históricos, etc. de ámbito público, profesional o académico, el candidato deberá demostrar en las diferentes tareas que es capaz de:

- comprender las ideas esenciales y la información específica de textos informativos complejos;
- localizar la información específica y relevante en los textos, infiriendo sentimientos, actitudes y valoraciones;
- reconstruir la estructura de un texto e identificar las relaciones entre las ideas;
- identificar estructuras gramaticales para completar un texto extenso complejo.

Tarea 1

Instrucciones

> | 1 | Usted va a leer un texto sobre la relación entre la música y la literatura. Después, debe contestar a las preguntas (1-6). Seleccione la respuesta correcta (a, b, c).

LA MÚSICA Y LA LITERATURA

La relación entre la música y la literatura ha sido una de las más antiguas y provechosas colaboraciones que se han producido entre las distintas manifestaciones del arte. La poesía nació unida a la música, canciones y rimas, y se emplearon, primeramente, para que se recordaran los distintos acontecimientos de la sociedad. La música y la literatura han estado ligadas desde la época de los trovadores, los cuales fusionaban la poesía con la música.

Joaquín Sabina

Las relaciones que poseen ambas manifestaciones artísticas se centran en paralelismos, mutua influencia y similitudes, generando una simbiosis mágica que nos ayuda a ver de una forma más estética el mundo en el que vivimos. El tango es uno de los géneros que tienen una carga lírica más fuerte, llegando a ser un poema musicalizado que conmueve al que lo sabe apreciar.

Los cantantes y músicos optan por recurrir a la poesía y a la literatura para tomar versos de sus poemas favoritos. Se encuentran casos como el de Joan Manuel Serrat, Silvio Rodríguez o Joaquín Sabina, entre otros, que trabajan en proyectos que aúnan música y literatura. El escritor Mario Benedetti, cuya obra incluye poesía bastante accesible al público, resulta atractivo para cantantes de todo tipo. Desde comienzos de los años setenta, ha escrito numerosas letras de canciones, muchas de las cuales le fueron solicitadas por músicos y cantantes amigos que las han ido incorporando a sus repertorios y a sus discos.

Un debate que en los últimos años se ha incentivado, debido a que Bob Dylan ha sido candidato al Premio Nobel de Literatura en varias ocasiones, es si la música puede llegar a considerarse un género literario como tal. La lírica de Dylan es avasalladora, tanto que se ha ganado la admiración y el respeto de muchos escritores y críticos de literatura. Serrat apunta que "Dylan es un hombre que entiende las cosas de una forma lúcida y que aglutina todo el pensamiento de progreso, sin el cual no se entendería la música de los últimos cincuenta años". Por tanto, vemos que, cuando un músico introduce en sus letras elementos literarios, y nutre su lírica leyendo y analizando grandes obras literarias, está alimentando su música de una forma tremendamente provechosa y eso se nota porque el público siempre responde.

Ojalá todos los que hacemos música tuviéramos a la literatura en cualquiera de sus manifestaciones como nutriente; así, dejaríamos de escuchar letras sin sentido que hablan de frivolidades absurdamente superficiales, donde los fanfarrones hacen alarde de su poco ingenio.

Adaptado de http://www.elnuevodiario.com.ni/blogs/articulo/867-musica-literatura/

CONTINÚA

1 El texto dice que la música y la literatura…
- ○ a. han estado conectadas desde hace mucho tiempo.
- ○ b. son dos de las manifestaciones artísticas más antiguas.
- ○ c. han estado relacionadas desde antes de la época de los trovadores.

2 Según el texto, la relación entre la música y la literatura…
- ○ a. se refleja actualmente en el tango porque tiene una carga lírica bastante fuerte.
- ○ b. influye en los poemas musicalizados.
- ○ c. influye de una forma estética en la percepción que tenemos del mundo donde vivimos.

3 El texto nos informa de que los cantantes y músicos…
- ○ a. toman solo la poesía más accesible al público para sus canciones.
- ○ b. toman textos de la literatura para sus canciones.
- ○ c. desde los años setenta, empiezan a escribir sus letras a partir de poemas.

4 El autor del texto dice que en los últimos años se está debatiendo…
- ○ a. si la música debe formar parte de la literatura.
- ○ b. si Bob Dylan debería o no obtener el Premio Nobel de Literatura.
- ○ c. si las canciones de Bob Dylan son poesía o no.

5 Por lo que dice el texto, cuando se incorporan más elementos literarios a una canción…
- ○ a. su música puede llegar a considerarse un género literario.
- ○ b. el público siempre reacciona con recelo.
- ○ c. su calidad aumenta.

6 El autor del texto desea que…
- ○ a. las letras de las canciones se llenen de frivolidades.
- ○ b. los que hacen música usen la literatura en sus canciones.
- ○ c. la gente deje de escuchar las canciones sin una buena letra.

Tarea 2

Instrucciones

2 Usted va a leer cuatro textos en los que cuatro personas interesadas en la ciencia dan su opinión sobre algunos libros de divulgación científica que han leído recientemente. Relacione las preguntas (7-16) con los textos (A, B, C o D).

A. SAMUEL

***Una breve historia de casi todo.* Bill Bryson**

En este libro, Bill Bryson intenta entender qué ocurrió entre la Gran Explosión y el surgimiento de la civilización, cómo pasamos de la nada a lo que ahora somos. El autor aborda materias tan terriblemente aburridas como geología, química y física, pero lo hace de forma tal que resultan totalmente comprensibles. La cuestión es cómo sabemos lo que sabemos. En sus viajes a través del tiempo y del espacio, Bryson se topa con una espléndida colección de científicos asombrosamente excéntricos, competitivos, obsesivos e insensatos. Sin ninguna duda, este es un librito de fácil lectura que nos puede abrir una puerta a temas de los que habitualmente solemos escaparnos por miedo a la dificultad que imaginamos.

B. SUSANA

***El hombre que hablaba con los delfines.* José Ramón Alonso**

Este es ya el tercer libro de José Ramón Alonso. De nuevo nos trae una buena dosis de ciencia actual, sugerente, contada con sentido del humor. Un disfrute de lectura, un placer para los sentidos. Copito de Nieve, Franz Kafka, Nicolae Ceausescu y Elizabeth Taylor; la anorexia, el sexo, la inteligencia, el amor y el asesinato, todos desfilan por las páginas de este nuevo libro del gran escritor de la divulgación científica española. El estudio de la mente es también el estudio de quiénes somos. Todas las creaciones sublimes del ser humano: la literatura, la pintura, la escultura o la música, y también todos nuestros sentimientos, pensamientos y decisiones, tienen lugar en el cerebro.

CONTINÚA »

C. ÁLEX

Vacas, cerdos, guerras y brujas. Marvin Harris

Si quieres disfrutar de un amenísimo estudio antropológico y científico, no dejes de leer esta obra, que aspira a una mejor comprensión de las causas de los estilos de vida, sobre todo de los estilos de vida aparentemente irracionales e inexplicables. Y Marvin Harris aborda esta misión con cautela y erudición, habitualmente derribando verdades que creíamos absolutas, incluso desmitificando muchos estudios antropológicos de campo por su falta de objetividad científica. Sin duda, Harris ha elegido deliberadamente casos controvertidos y tan curiosos que invitan al lector a devorar las páginas, a pesar de que estemos hablando de un ensayo de antropología, un tipo de libro, en principio, alejado del lector convencional.

D. ANA

El templo de la Ciencia. Eugene Chudnovsky, Javier Tejada y Eduardo Punset

El libro nos sumerge en la ciencia, estableciendo un paralelismo arquitectónico con un templo, como nos indica el título. Matemáticas, química, física, biología, partículas elementales, cosmología, complejidad, la energía, el cerebro humano, la conciencia y la creatividad, la evolución humana: todos los grandes aspectos de la ciencia, todas las secciones y los pasillos del Templo se muestran con gran claridad a los no iniciados.

El talento combinado de dos científicos de talla mundial y la preciosa aportación del mayor divulgador de la ciencia en España convergen en un libro de agradable e instructiva lectura, repleto de ilustraciones originales. Dos mil quinientos años de saber científico, incluidos los descubrimientos más recientes, puestos al alcance de todos los lectores.

A Samuel **B** Susana **C** Álex **D** Ana

7 ¿Quién habla de un libro que se basa en toda una metáfora de la ciencia ya desde el título?.......... ○ ...... ○ ...... ○ ...... ○

8 ¿Quién opina que esta rama de la ciencia no es, en principio, para un lector corriente?.......... ○ ...... ○ ...... ○ ...... ○

9 ¿Quién se encuentra con científicos a lo largo de sus páginas, descubriendo sus rarezas y atrevimientos? .... ○ ...... ○ ...... ○ ...... ○

10 ¿Quién ha leído un libro que describe la ciencia a través de una imagen?.......... ○ ...... ○ ...... ○ ...... ○

11 ¿Quién habla de un libro que desmonta creencias extendidas, consideradas habitualmente como ciertas? .... ○ ...... ○ ...... ○ ...... ○

12 ¿Quién nos anima a leer para perder el miedo a textos a veces complejos? .... ○ ...... ○ ...... ○ ...... ○

13 ¿Quién está interesado en la aparición de la vida? .... ○ ...... ○ ...... ○ ...... ○

14 ¿A quién le interesa más el comportamiento de las diferentes culturas y su explicación? .... ○ ...... ○ ...... ○ ...... ○

15 ¿Quién habla de un libro que relaciona las expresiones artísticas con los procesos mentales?.......... ○ ...... ○ ...... ○ ...... ○

16 ¿A quién le parece su libro gracioso o cómico a veces? .... ○ ...... ○ ...... ○ ...... ○

Tarea 3

Instrucciones

> **3** Lea el siguiente texto, del que se han extraído seis fragmentos. A continuación, lea los ocho fragmentos propuestos (A-H) y decida en qué lugar del texto (17-22) hay que colocar cada uno de ellos. Hay dos fragmentos que no tiene que elegir.

INVISIBILIDAD DEL CINE MEXICANO

La entrega de los Premios Ariel la semana pasada fue ocasión para festejar a los creadores cinematográficos mexicanos y para revisar la situación de la industria del cine y de las políticas públicas que se han diseñado para promoverla. Los datos señalados por Blanca Guerra, presidenta de la Academia Mexicana de Artes y Ciencias Cinematográficas, indican una gran paradoja: por un lado, este año se han producido más películas que en años anteriores, pero por otro, solo el 12% del total de los espectadores vieron películas mexicanas. A pesar de que la cifra creció respecto a años anteriores, [17] ...., el cine mexicano sigue siendo invisible.

Suele argumentarse que el cine mexicano no se ve porque no tiene público, [18] .... Es cierto que lo que mueve a los que exhiben las películas son los beneficios y que el volumen de copias se distribuye según "la demanda del público", de ahí que esto favorezca al cine norteamericano. Pero sabemos que los gustos y las preferencias se construyen y se nutren, de ahí que la única manera de cambiar la tendencia es a través de políticas que tengan en cuenta todos los eslabones de la creación cinematográfica.

[19] ...., si no se cambia la distribución, la exhibición y la promoción de sus obras. El cine es para verse en las pantallas en primer lugar y es ahí donde se cierra el circuito creativo. No creo que podamos esperar a que los dueños de las salas de exhibición modifiquen el negocio y apuesten más por el cine mexicano. Para muestra está el caso de la *Jaula de oro*, que fue la película más premiada de esta entrega de Arieles y [20] .... Esto contrasta enormemente con la difusión muy extensa de cualquier película hollywoodense.

Aunque el Estado no sea el distribuidor, [21] ...., porque es quien tiene la obligación de vigilar porque la cinematográfica desarrolle una buena capacidad para reproducirse en todo el país. [22] ...., evitar los monopolios de distribución, potenciar la creación de cineastas mexicanos, aumentar las reducciones fiscales... y, así, darle visibilidad a un cine que todavía hoy cuenta con pocos espectadores.

Adaptado de http://m.eluniversal.com.mx/notas/articulistas/2014/06/70561.html

Fragmentos

A De poco sirven los incentivos económicos para ayudar a los creadores mexicanos

B Al igual que en otros campos, el error está en pensar que inyectar más dinero es la solución al problema.

C El Estado mexicano tiene que diseñar estrategias para el desarrollo del cine mexicano

D que hoy solo se exhibe en unas pocas salas y en horarios restringidos en Ciudad de México

E cuando el cine mexicano solo era visto por un 4% del público, y pese a que el Estado mexicano promoviera descuentos fiscales para la creación cinematográfica

F sí es el responsable de la distribución de las películas mexicanas

G Esta tarea compete al Estado mexicano y como cualquier política pública, no puede ser eficaz si solamente ataca una parte de la cadena, o sea, solo a la producción

H porque no ha logrado tocar la fibra más sensible de los espectadores, y que los dueños de las salas de cine solo buscan obtener rendimientos

Tarea 4

Instrucciones

> | **4** | Lea el texto y rellene los huecos (23-36) con la opción correcta (a, b, c).

LO QUE ME QUEDA POR VIVIR

Mi padre siempre dijo que yo atraía el dinero, que no era en absoluto casual que mi nacimiento se hubiera producido tres días después de que a él le [23] .... la Lotería del Niño. Casi al mismo tiempo que yo salía del hospital, contaba mi padre, él acudía al concesionario [24] .... recoger su primer coche y daba la entrada en la inmobiliaria para el primer piso. Yo lo escuchaba y me sentía dentro de esa lista de propiedades: casa, coche, niña. Yo, en tercer lugar.

Le gustaba recalcar que, [25] .... yo era la niña de la lotería, había querido celebrar mi llegada al mundo con un bautizo por todo [26] ....: un coro, un cura vestido de gala, flores blancas y monaguillos. Mucha pompa para un pobre auditorio: mi padre, un administrativo de la empresa que se prestó a hacer de padrino, mi tía, que fue la madrina, y el obligado grupo de beatas que se apunta a un bombardeo. [27] .... mi madre, que se recuperaba en casa, asistió; ni mis hermanos, que se habían quedado con ella. Nadie. A mi padre le gustaba la escena y se recreaba en ella. Mi bautizo era un ejemplo que ilustraba su convencimiento de que mi don empezó a mostrarse desde el inicio: una entrada al mundo solitaria pero majestuosa.

[28] .... , mi madre tenía una idea de mi presencia más centrada en lo sentimental que no por ello alteraba menos mi impresionable mente [29] .... Con esa naturalidad con que las madres de antes juzgaban a sus hijos ante terceros, le contaba a menudo a alguna amiga: "Mi marido [30] .... ocho, a él qué más [31] .... daba, en cambio, yo, cuando vi que estaba embarazada de esta, me harté de llorar. Después de cuatro hijos, qué disgusto". Por fortuna, siempre acababa por añadir: "Y ahora, mírala, mi alegría".

[32] .... el dinero era el elemento que había bendecido mi entrada al mundo, según mi padre, y mi carácter alegre [33] .... permitía mi permanencia en él, según mi madre. Las dos cosas me fascinaban y me provocaban cierto estado de alerta, era [34] .... para merecerse la vida hubiera que andar a diario demostrando tus virtudes. Mis padres nos describían con dos o tres rasgos a cada uno, como si hubiéramos nacido ya con una etiqueta en el dedo gordo del pie. Si Ángela había sido traída al mundo para ser una niña concienzuda y formal, Pepe estaba condenado a la infelicidad [35] .... su carácter idealista, Nico era un niño de acción y sería siempre querido sin esforzarse demasiado y Andrés haría lo posible para vivir sin dar [36] ...., yo debía ser fiel a mis dos virtudes, la sonrisa y la capacidad casi milagrosa de atraer el dinero, al menos el suficiente para no tener que preocuparme por él.

Adaptado de Lo que me queda por vivir de Elvira Lindo

23	○ a. dieran		○ b. tocara		○ c. saliera
24	○ a. con		○ b. sobre		○ c. para
25	○ a. dado que		○ b. porque		○ c. siempre que
26	○ a. lo inmenso		○ b. lo alto		○ c. lo posible
27	○ a. No		○ b. Sin		○ c. Ni
28	○ a. Por partes		○ b. En parte		○ c. Por su parte
29	○ a. infantil		○ b. pequeña		○ c. lactante
30	○ a. tendrá		○ b. hubiera tenido		○ c. tuviera
31	○ a. le		○ b. lo		○ c. se
32	○ a. Como		○ b. Porque		○ c. Así que
33	○ a. la que		○ b. lo que		○ c. quien
34	○ a. como si		○ b. mientras		○ c. siempre que
35	○ a. para		○ b. a		○ c. por
36	○ a. pez en el agua		○ b. palo al agua		○ c. entre dos aguas

La prueba 2 consta de cinco tareas y dura 40 minutos.

Número de ítems: 30.

Las tareas se realizan a partir de textos orales breves, con articulación muy clara y de distinto tipo (textos informativos, promocionales, monólogos breves y largos, y conversaciones). Generalmente las tareas tienen apoyo visual y consisten en:

• entender las ideas principales de la audición y tomar información concreta;
• reconocer información concreta en conversaciones informales o formales;
• reconocer información concreta y detallada, e interpretar y extraer conclusiones;
• entender la idea principal de monólogos o conversaciones breves;
• reconocer información concreta y detallada, interpretarla y sacar conclusiones de monólogos extensos.

Tarea 1

Instrucciones

> | 1 | 🔊 Usted va a escuchar seis conversaciones breves. Escuchará cada conversación dos veces. Después
| 71 | debe contestar a las preguntas (1-6). Seleccione la opción correcta (a, b, c).

Conversación 1

1 El hombre le dice a su amiga que...
- a. ha hecho un curso en programación.
- b. la medida no tiene vuelta atrás.
- c. se van a quedar sin trabajo.

Conversación 2

2 Esther se enfada porque...
- a. puede hacer la maleta más adelante.
- b. todavía no había cogido el móvil.
- c. ya había hecho toda la maleta.

Conversación 3

3 Respecto al pintor que busca, la mujer dice que...
- a. acaba de mudarse al tercero.
- b. debe ser alguien conocido.
- c. es muy caro.

Conversación 4

4 Roberto asegura que...
- a. no es necesario vacunarse todavía.
- b. para viajar a Kenia no son obligatorias las vacunas.
- c. ya había hablado de las vacunas con Carmen.

Conversación 5

5 La chica le reprocha al chico...
- a. su desorganización.
- b. su falta de atención.
- c. su ironía.

Conversación 6

6 Inma no quiere ver la película...
- a. porque ya la había visto otra persona antes.
- b. porque no es la que pensaba que iban a ver.
- c. porque ella no puede entender el idioma de la película.

Tarea 2

Instrucciones

> | 2 | 🔊 Usted va a escuchar una conversación entre dos amigos que hablan sobre la búsqueda de traba-
| 72 | jo. Indique si los enunciados (7-12) se refieren a Pepi (A), a Manuel (B) o a ninguno de los dos (C). Escuchará la conversación dos veces.

	A Pepi	**B** Manuel	**C** Ninguno
7 Piensa que llevarse mal con alguien puede ser menos soportable en una pequeña empresa.	○	○	○
8 Tiene disponibilidad para viajar si eso le va a servir para tener un buen sueldo.	○	○	○
9 Ha estado un tiempo sin trabajar.	○	○	○
10 Considera que tener contactos en una pequeña empresa puede abrirte muchas puertas.	○	○	○
11 No quiere quedarse haciendo siempre lo mismo.	○	○	○
12 Considera que trabajar en una pyme puede darte la experiencia necesaria para crear tu propia empresa después.	○	○	○

Tarea 3

Instrucciones

> **3** 🔊 Usted va a escuchar parte de una entrevista a Anxo Pérez, quizás uno de los españoles que
>
> |73| más lenguas domina. Escuchará la entrevista dos veces. Después debe contestar a las preguntas (13-18). Seleccione la respuesta correcta (a, b, c).

Preguntas

13 En la entrevista, Anxo dice que su éxito se debe a...

- ○ a. su capacidad políglota.
- ○ b. haber trabajado en la Organización de Naciones Unidas.
- ○ c. haber sabido aprovechar su tiempo libre.

14 Esta persona afirma que el éxito...

- ○ a. está relacionado con la procedencia de cada persona.
- ○ b. no depende de la situación socioeconómica de cada uno.
- ○ c. depende del dinero y los contactos que tengamos.

15 El entrevistado dice que en España...

- ○ a. el dominio de idiomas es paralelo al resto de Europa.
- ○ b. la enseñanza de idiomas carece de eficacia.
- ○ c. se sigue un sistema tradicional de enseñanza basado en la conversación.

16 El método de enseñanza del chino creado por esta persona...

- ○ a. ha sido reconocido por el mismo Gobierno chino como algo único en el mundo.
- ○ b. da resultados gracias a su metodología basada en la comunicación.
- ○ c. permite al alumno hablar y escribir en chino a los ocho meses.

17 El entrevistado aconseja a los desempleados...

- ○ a. conocer idiomas.
- ○ b. explicar las cosas con claridad en su currículum.
- ○ c. buscar aquello que lo diferencia del resto.

18 Anxo también recomienda...

- ○ a. enviar el currículum a todas las empresas que sean necesarias.
- ○ b. detectar una necesidad en la empresa donde vas a enviar el currículum.
- ○ c. empezar trabajando gratis en la empresa que te interesa.

Tarea 4

Instrucciones

> **4** 🔊 Usted va a escuchar a seis personas que hablan sobre los resultados de un estudio realizado por el
>
> |74| Centro Reina Sofía sobre el interés de los jóvenes españoles en la política. Escuchará a cada persona dos veces. Seleccione el enunciado (A-I) que corresponde al tema del que habla cada persona (19-24). Hay nueve enunciados. Seleccione solamente seis.

Enunciados

A. Los actos de protesta que suponen algún tipo de violencia son los menos valorados.

B. A pesar del desencanto político, la gran mayoría de jóvenes españoles tiene la intención de ejercer su derecho a voto.

C. Por culpa de la crisis, muchos valores se están perdiendo en la juventud actual.

D. Hoy en día, los jóvenes españoles se fían menos de los políticos de toda la vida.

E. Según un reciente estudio, a los españoles les interesa cada vez menos la política.

F. Cuando se trata de implicación política a través de acciones en Internet, la participación aumenta significativamente.

G. Para muchos jóvenes algunas de las instituciones más relevantes de la vida social han perdido credibilidad.

H. Los medios de comunicación no son objetivos ni neutrales, por el contrario, están totalmente manipulados.

I. La indignación, la impotencia y la falta de confianza hacen que solo un 23% de los jóvenes vote en las elecciones.

PERSONA	ENUNCIADO		PERSONA	ENUNCIADO
19 Persona 1			**22** Persona 4	
20 Persona 2			**23** Persona 5	
21 Persona 3			**24** Persona 6	

Tarea 5

Instrucciones

> | **5** | Usted va a escuchar un reportaje sobre el consumo de productos ecológicos en España. Escuchará
|75| la audición dos veces. Después, debe contestar a las preguntas (25-30). Seleccione la opción
correcta (a, b, c).

Preguntas

25 Según el texto, los jóvenes del siglo XXI…
- a. prefieren vivir en zonas rurales para cultivar sus alimentos.
- b. se preocupan más por el medioambiente y la salud.
- c. trabajan en empresas que no dañan el planeta.

26 El reportaje informa de que el consumo de productos bio…
- a. ha aumentado en Europa.
- b. no cambia mucho en España.
- c. crece, sobre todo, en Reino Unido.

27 En la audición se dice que los alimentos orgánicos…
- a. son únicamente frutas y verduras.
- b. solo los consumen los vegetarianos.
- c. pueden ser productos animales o vegetales.

28 El audio informa de que SuperSano es…
- a. un herbolario.
- b. una frutería ecológica.
- c. una tienda bio.

29 El locutor afirma que Jesús Sánchez se compromete a…
- a. igualar los precios con los productos no biológicos.
- b. negociar la producción ecológica.
- c. seguir abriendo establecimientos en todo el país.

30 Según el reportaje, Disfruta&Verdura…
- a. ha abierto ya 24 tiendas en toda España.
- b. te lleva la compra a casa.
- c. es el único supermercado bio *online*.

» PRUEBA 3. EXPRESIÓN E INTERACCIÓN ESCRITAS

La prueba 3 consta de dos tareas: una de interacción y otra de expresión, y dura 80 minutos.

- La tarea 1 consiste en redactar un texto epistolar, formal o informal, en el que se expongan las ideas y argumentos de manera clara y bien estructurada.

- La tarea 2 consiste en redactar un texto formal en forma de artículo de opinión para un periódico, blog, revista…, en el que se expongan las ideas principales y las secundarias de manera clara y bien estructurada.

Tarea 1

Instrucciones

> | **1** | Usted alquiló un apartamento en el barrio de Malasaña, en el centro de Madrid, a través de una web de intercambio de casas. Escriba un mensaje electrónico a la web en el que le anuncie su descontento porque no reunía las características que aparecían en la oferta.

En el mensaje deberá:
- presentarse y explicar los motivos de su correo;
- comentar las características que tenía el apartamento que había alquilado en la web;
- indicar los aspectos negativos con los que se ha encontrado;
- explicar por qué solicita la devolución del dinero u otra compensación;
- despedirse.

Número de palabras: entre 150 y 180.

Tarea 2

Instrucciones

> | 2 | Elija solo una de las dos opciones que se le ofrecen a continuación:

Opción 1

Usted está haciendo una investigación sobre el empleo en México y tiene que escribir un informe con el análisis del siguiente gráfico referido a los salarios. Según las estadísticas, la carrera mejor pagada es Minería y Extracción, con un promedio de 24 800 pesos al mes, y la peor es Bellas Artes, con solo 6100 pesos, según el Instituto Mexicano para la Competitividad (Imco).

Número de palabras: entre 150 y 180.

Las 10 carreras **mejor** pagadas

1.	Minería y Extracción	24800
2.	Finanzas, Bancos y Seguros	19700
3.	Salud Pública	17000
4.	Servicios de Transportes	16800
5.	Física	16300
6.	Música y Artes Escénicas	16100
7.	Ciencias de la Tierra y la Atmósfera	15800
8.	Medicina	15600
9.	Ciencias Ambientales	15000
10.	Ingeniería en Vehículos de Motor	14200

Las 10 carreras **peor** pagadas

1.	Criminología	8400
2.	Formación Docente para Educación Física	8300
3.	Formación Docente para Educación Básica (Preescolar)	8000
4.	Historia y Arqueología	8000
5.	Matemáticas	8000
6.	Comunicación y Periodismo	7900
7.	Formación para la Enseñanza de Asignaturas	7200
8.	Formación Docente para Educación Básica (Primaria)	7200
9.	Trabajo y Atención Social	7000
10.	Bellas Artes	6100

Adaptado de http://www.altonivel.com.mx/41921-top-10-las-carreras-mejor-y-peor-pagadas.html

Redacte un texto en el que deberá:
- hacer referencia a los datos más relevantes del gráfico;
- comparar de forma general los datos;
- resaltar aquellos datos que considere más significativos para su estudio;
- expresar su opinión sobre la información recogida en el gráfico;
- elaborar una conclusión.

Opción 2

Buscando información e ideas para sus próximas vacaciones, usted ha leído el siguiente artículo en una página web llamada *La vuelta al mundo*. Como en la página es posible publicar comentarios y compartir opiniones, ha decidido enviar un texto en el que explica lo que piensa sobre este modelo de vida. Debe señalar en qué está de acuerdo y en qué no lo está, argumentar sus ideas, plantear preguntas o sugerencias, y proponer alguna aportación.

Número de palabras: entre 150 y 180.

CONTINÚA ▶▶

⬤⬤⬤ LA VUELTA AL MUNDO

Si trabajas a cambio de un sueldo, si tu hora laboral tiene un precio, si tarificas tu tiempo o si, en definitiva, el dinero que ganas es directamente proporcional al tiempo que inviertes, tienes un serio problema: estás vendiendo tu vida.

Es probable que no seas consciente de tal catástrofe, porque vives en una sociedad que ha aceptado eso como norma establecida, pero si pudieras verte con nuestros ojos, te darías cuenta del mal negocio que estás haciendo.

Nosotros nos percatamos de eso hace casi once años, en el transcurso de nuestra primera vuelta al mundo. Siempre decimos que aquel viaje cambió nuestra vida, y lo cierto es que quizás el cambio más significativo se debió al hecho de descubrir lo equivocados que estábamos con nuestros conceptos sobre el dinero y el tiempo. Todo empezó con la valoración que hicimos de aquel gran viaje.

Sí, no había duda, viajar era lo que queríamos hacer el resto de nuestras vidas. Había sido un año inolvidable, en el que habíamos encontrado la llave de nuestra felicidad. Ahora solo se trataba de seguir haciendo lo mismo. Y entonces hicimos una lista de todas las cosas que queríamos hacer durante los próximos años: ir a África, a la India, a montañas remotas, a selvas vírgenes, a desiertos lejanos, a países exóticos… Queríamos desayunos de más de una hora, tertulias a la hora del café con otros viajeros, cenas con personas interesantes. Queríamos aprender nuevos idiomas, leer libros inspiradores, dedicar nuestro tiempo a causas humanitarias. Deseábamos caminar hasta que nos dolieran los pies, nadar en playas paradisíacas, conocer culturas extraordinarias…

Adaptado de http://lavueltaalmundo.net/viajar/turismo/blog/ingresos-pasivos

Redacte un texto en el que deberá incluir:

- una introducción general sobre los viajes y las ventajas y desventajas de viajar;
- una valoración sobre el estilo de vida propuesto en el texto;
- posibles inconvenientes que los autores del texto podrían encontrarse si llevaran a cabo sus propósitos;
- alguna experiencia personal o algún ejemplo que ilustre su opinión;
- una valoración final.

⟫ PRUEBA 4. EXPRESIÓN E INTERACCIÓN ORALES

La prueba consta de tres tareas. Una de las tareas también es, en parte, de comprensión lectora.
Dura 20 minutos y el candidato dispone de 20 minutos de preparación previa para las tareas 1 y 2.

- En la tarea 1 deberá mantener un monólogo y una conversación posterior sobre la situación propuesta (6-7 minutos).
- En la tarea 2 deberá mantener un breve monólogo y, luego, conversar sobre el tema que sugiere la situación (5-6 minutos).
- En la tarea 3 deberá desarrollar una conversación informal a partir de un estímulo escrito o gráfico (3-4 minutos).

Tarea 1

Instrucciones

 1 Le proponemos un tema con algunas indicaciones para preparar una exposición oral. Tendrá que hablar durante 2 o 3 minutos sobre las ventajas e inconvenientes de una serie de soluciones propuestas para una situación determinada. A continuación, conversará con el entrevistador sobre el tema.

CONTINÚA ⟫

→ **TEMA: Los videojuegos y los adolescentes**

→ **SITUACIÓN:** En su país se ha abierto un debate sobre el excesivo uso de los videojuegos por parte de los adolescentes. Expertos en el tema se han reunido para hablar de ello y discutir sobre los beneficios y perjuicios de esta práctica.

Lea las siguientes propuestas y, durante dos minutos, explique sus ventajas e inconvenientes; tenga en cuenta que debe hablar, como mínimo, de cuatro de ellas. Luego, charlará con el entrevistador sobre el tema durante tres o cuatro minutos.

Para preparar su intervención, al analizar cada propuesta, debe plantearse por qué le parece una buena solución y qué inconvenientes tiene, a quién beneficia y a quién perjudica, si puede generar otros problemas, si habría que matizar algo, etc.

> Los padres deberían controlar a sus hijos para que jueguen con moderación, ya que la actividad lúdica digital es beneficiosa para la socialización de los niños siempre que no se abuse de ella.

> Es verdad que esta práctica despierta la imaginación y la creatividad de los jugadores, pero favorece la incomunicación, ya que se pierden momentos de relación humana muy enriquecedores.

> Largos periodos de entrenamiento en el mismo juego hacen crecer las habilidades visomotoras y aumentar la habilidad psicomotriz y del ritmo del jugador.

> Estar largas horas jugando hace más probable un aumento de la ansiedad y del estrés del organismo a lo largo del día, ya que el propio juego puede suponer una fuente de inquietud.

> Si un adolescente conoce el mundo de las consolas y los videojuegos, facilita la integración social con sus iguales que, como él, también están muy puestos en el tema; por tanto, facilitaremos una adaptación social al entorno.

> Algunos de los juegos a los que están expuestos los menores pueden potenciar comportamientos de cooperación, actitudes de potenciación de la inteligencia, etc., pero hay otros que fomentan actitudes racistas o xenófobas.

Tarea 2

Instrucciones

2 | Estas personas están realizando un curso. Imagine la situación y hable de ella durante, aproximadamente, 2 o 3 minutos. Estos son algunos aspectos que puede comentar:

- ¿Qué están haciendo? ¿Por qué?
- ¿Puede describirlos físicamente?
- ¿Puede imaginar su carácter?
- ¿A qué se dedica cada uno de ellos?
- ¿Qué relación tienen entre ellos?

- ¿Qué cree que están diciendo?
- ¿Puede describir el lugar? ¿Y el ambiente que se respira?
- ¿Qué ha ocurrido antes?
- ¿Qué va a ocurrir después?
- ¿Cómo va a terminar la situación?

CONTINÚA »

Tarea 3

Instrucciones

>| **3** | Este es un cuestionario realizado para conocer el uso de las redes sociales. ¿Le importaría participar en la encuesta? Seleccione las respuestas según su experiencia y converse con el entrevistador durante 3 o 4 minutos.

➜ **¿Utilizas las redes sociales?** ☐ Sí ☐ No

➜ **¿Cuáles de las redes sociales o portales de contenidos 2.0 conoces?**
☐ Twitter ☐ Google+ ☐ Facebook ☐ Youtube ☐ Instagram ☐ Tuenti ☐ LinkedIn

➜ **¿Cuáles de las siguientes utilizas o visitas? Enuméralas por orden de más a menos visitada.**
☐ Twitter ☐ Google+ ☐ Facebook ☐ Youtube ☐ Instagram ☐ Tuenti ☐ LinkedIn

➜ **Aproximadamente, ¿cuántas horas a la semana dedicas a visitarlas?**

___ Twitter	___ Facebook	___ Instagram	___ LinkedIn
___ Google+	___ Youtube	___ Tuenti	

Fíjese ahora en los resultados obtenidos tras la realización de la misma encuesta entre la población española.

➜ **¿Utilizas las redes sociales?** 79% Sí 21% No

➜ **¿Cuáles de las redes sociales o portales de contenidos 2.0 conoces?**
92% Twitter; 75% Google+; 99% Facebook; 88% Youtube; 64% Instagram; 76% Tuenti; 59% LinkedIn

➜ **¿Cuáles de las siguientes utilizas o visitas? Enuméralas por orden de más a menos visitada.**
49% Twitter; 41% Google+; 94% Facebook; 68% Youtube; 18% Instagram; 22% Tuenti; 22% LinkedIn

➜ **Aproximadamente, ¿cuántas horas a la semana dedicas a visitarlas?**

3,42 Twitter	4,84 Facebook	2,60 Instagram	1,71 LinkedIn
3,16 Google+	3,62 Youtube	3,26 Tuenti	

Adaptado de http://www.iabspain.net/wp-content/uploads/downloads/2014/04/V-Estudio-Anual-de-Redes-Sociales-versi%C3%B3n-reducida.pdf

Comente ahora con el entrevistador su opinión sobre los datos de la encuesta y compárelos con sus propias respuestas:

- ¿En qué coinciden? ¿En qué se diferencian?
- ¿Hay algún dato que le llame la atención especialmente? ¿Por qué?